JN485306

교리와 장정 새롭게 읽기

리좀의 해석학을 기대하며

교리와 장정 새롭게 읽기

리좀의 해석학을 기대하며

초판 1쇄 발행 2025년 12월 25일

지은이 황창진 · 이충범 · 조현호 · 박요한 · 정대인 · 양재훈 · 이진경 · 민경식 · 이찬석 · 이은경
펴낸이 장현수
펴낸곳 메이킹북스
출판등록 제 2019-000010호

디자인 홍규선
편집 홍규선
교정 안지은
마케팅 이지현

주소 서울특별시 구로구 경인로 661, 핀포인트타워 912-914호
전화 02-2135-5086
팩스 02-2135-5087
이메일 making_books@naver.com
홈페이지 www.makingbooks.co.kr

ISBN 979-11-6791-797-3(03230)
값 18,000원

© 황창진 · 이충범 · 조현호 · 박요한 · 정대인 · 양재훈 · 이진경 · 민경식 · 이찬석 · 이은경
2025 Printed in Korea

잘못된 책은 구입하신 곳에서 바꾸어 드립니다.
이 책의 전부 또는 일부 내용을 재사용하려면 사전에 저작권자와 펴낸곳의 동의를 받아야 합니다.

홈페이지 바로가기

메이킹북스는 저자님의 소중한 투고 원고를 기다립니다.
출간에 대한 관심이 있으신 분은 making_books@naver.com로 보내 주세요.

교리와 장정 새롭게 읽기

리좀의 해석학을 기대하며

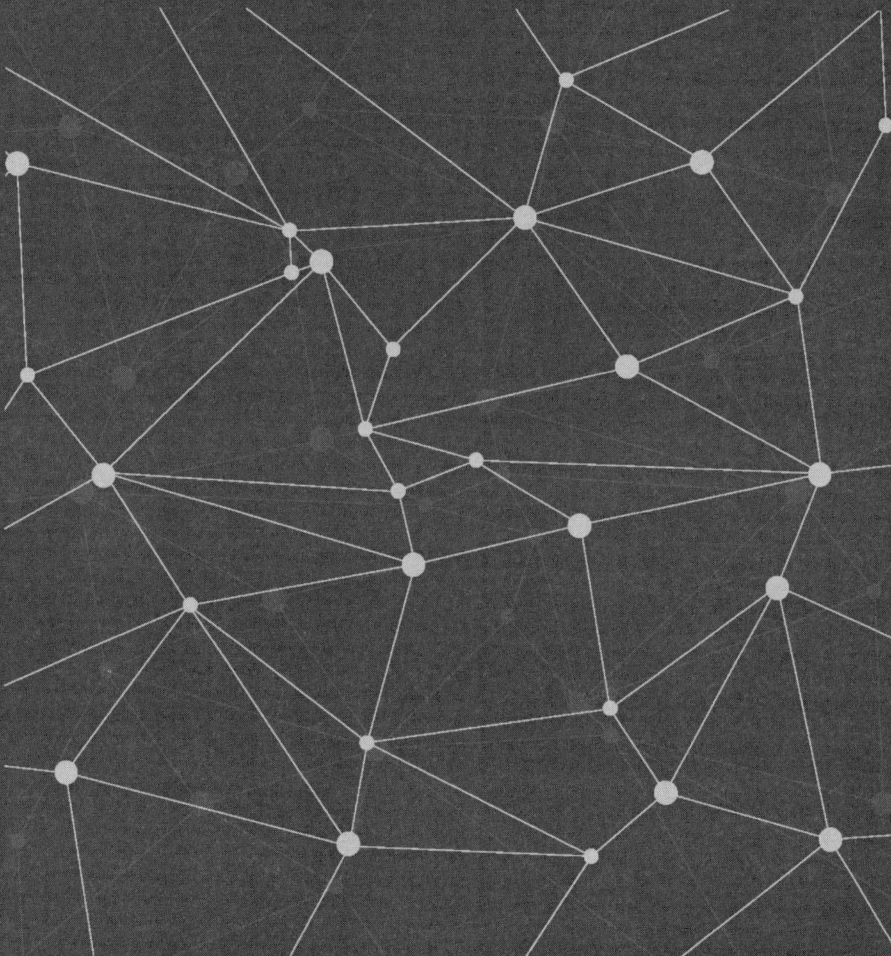

황창진 | 이충범 | 조현호 | 박요한 | 정대인 | 양재훈 | 이진경 | 민경식 | 이찬석 | 이은경

공저

메이킹북스

공적교회연구소

Author Profile

황창진 : 협성신학교와 동 목회신학대학원에서 신학을 공부하고 국가평생교육진흥원을 거쳐 수원대학교 사회복지대학원(사회복지학, MSW) 이후 협성대학교 대학원(사회복지학)에서 감리교 은급제도 연구로 학위(Ph.D.)를 받았다. 현 산돌감리교회 담임목사이며 공적교회연구소 소장, 협성대 객원교수로 일하고 있다. 저서로는 『되어감의 길, 그 길을 걷는 사람들』 등이 있다.

이충범 : 연세대학교 철학과와 감리교신학대학교 신학과를 졸업하고 미국 드류(Drew)대학 신학부에서 신학 석사학위를, 대학원에서 중세신비주의 연구로 박사학위를 취득했다. 현재 협성대학교 교회사 교수로 일하고 있다. 저서로는 『노래로 듣는 설교』, 『중세신비주의와 여성』 등이 있다.

조현호 : 협성대학교 신학과와 신학대학원을 졸업하고, 실천신학대학원대학교에서 선교와 디아코니아학으로 실천신학 박사학위(Ph.D.)를 취득했다. 현재 기독교대한감리회 중앙연회 여주서지방 백사중앙교회 담임목사로 재직하고 있으며 공적교회연구소 연구원으로 일하고 있다.

박요한 : 성결대학교 신학부에서 공부하고 협성대학교 대학원에서

석사과정(Th.M.)과 예배와 설교학으로 박사학위(Ph.D.)를 취득했다. 현재 협성대학교 박사원 동문회장과 공적교회연구소 연구원으로 일하고 있으며 은현감리교회 담임목사로 재직하고 있다.

정대인: 협성대학교 신학과를 졸업했고, 동 대학원에서 조직신학 전공으로 박사를 취득했다. 현재는 협성대학교 객원 및 연구교수로 재직 중에 있으며 공적교회연구소 연구원으로 일하고 있다. 이질성과 영성을 주제로 제도종교 이후의 기독교와 주체성 등의 주제를 현대철학과의 관계에서 탐구하는 연구를 하고 있다.

양재훈 : 고려대학교 영어교육학(BA), 협성대학교 신학대학원(Th.M), 캐나다, 맥매스터 대학교 종교학과(MA), 영국 세필드 대학교(성서학과, Ph.D.)에서 공부하고 현 국립공주대학교 특수교육학과 박사 과정에 있다. 기독교대한감리회 목사이며 협성대학교 신학과(신약학)와 에이블아트 스포츠 학과 교수로 재직 중이다. 저서로는 『판소리의 신학적 풍경』, 『웨슬리가 전한 산상수훈』, 『웨슬리와 함께 읽는 사복음서』 등이 있다.

이진경 : 연세대학교 경제학과와 감리교신학대학교 대학원을 졸업했고, 독일 부퍼탈/베텔(Kirchliche Hochschule Wuppertal/Bethel)신학교 신약학 전공으로 박사(Dr.theol.)를 취득했다. 현재 협성대학교 교수 및 교목으로 재직 중에 있다.

민경식 : 연세대학교 신과대학(학사)과 연세대학교 대학원(석사)을 졸업한 뒤 독일 뮌스터대학교(Ph.D.)에서 수학했다. 현 연세대학교 학부

대학 교수, 연세대학교 RC교육원장으로 재직 중이며, 세계신약학회(SNTS) 정회원으로 있다.

이찬석 : 감리교신학교 및 동 대학원에서 신학을 공부하고, 미국 Drew University에서 M.Div와 Ph.D 학위를 받았다. 남서울대학교 교양학부 교수를 역임하였고, 현재 협성대학교 신학과에서 조직신학 및 웨슬리 신학을 가르치고 있다. 한국조직신학회 회장을 역임하였고, 저서로는 『글로컬 시대의 기독교 신학』, 『감리교는 무엇을 믿는가?』 등이 있다.

이은경 : 감리교신학대학교와 동 대학원을 졸업하고, 독일 로이틀링엔 감리교신학대학에서 수학한 뒤 튀빙엔대학교 교육학부에서 박사학위(Dr.rer.soc.)를 받았다. 현재 감리교신학대학교 학술연구교수, 감리교생태목회연구소 소장으로 활동하고 있다. 『기술신학』, 『기술윤리』, 『생태사물신학』, 『철학, 중독을 이야기하다』, 『포스트휴머니즘과 교육학』 등 다수의 공저와 논문이 있으며 『영성심리학』을 번역했다.

발 간 사

정인우 목사(홍천교회/공적교회연구소 이사장)

기독교대한감리회 총회 설립에 대한 전권위원장 웰치 감독은 1930년 12월 2일 제 1회 총회 자리를 통해 위원회가 목적한바 세 가지를 선언적으로 설명했다. 첫째, '이 새 교회는 반드시 진정한 기독교회가 되게 하고자' 하는 것, 둘째, '이 교회는 진정한 감리교회가 되게 하자는 것', 셋째, '이 교회는 한국적 교회가 되게 하고자 한 것'이었다. 이 선언 앞에서 감리교인이라면 누구나 가슴이 웅장해짐을 느끼게 되리라고 여겨진다.

하지만 작금의 감리교회의 현실은 오히려 우리의 가슴을 움츠리게 만든다. 한국 개신교회가 성장이 멈추었다는 이유를 들어 위기를 말하지만, 우리 감리교회의 위기는 이와 더불어서 진정한 기독교회, 진정한 감리교회, 진정한 한국교회라는 우리의 처음 선언을 잊었기 때문이다. 감리교회가 이 땅에서 사라지는 것이 아니라 감리교 정신이 사라지고 능력 없는 형식적 종교만 남게 될 것을 염려했던 웨슬리 목사님의 마음도 이런 것이 아니었을까?

웰치 감독의 진정한 감리교회가 되게 하자는 선창에는 "진정 감리교회는 진보적이므로 생명이 있는 이의 특색을 가졌으니 곧 그 시대와 지방을 따라 자라기도 하며 변하기도 할 것"(교리와 장정, 31.)이라는 의미가 담겨 있다. 그러나 교회가 빠르게 변화하는 사회 속에서 유연성을 가지지 못한 채로 근본주의적 입장만을 고수하게 되면 다양한 사회의 문제들에 제대로 응답하지 못한다. 복음의 담지자임을 자처하면서도 세상 속의 빛이 아니라 세상과 괴리되어가는 게토를 이루는 상황으로 나갈 뿐인 것이다.

사사화(私事化)된 한국교회는 여러 문제들을 만들어 내고, 근본주의 기독교는 정치와 손을 잡고 기독교 파시즘적 양상을 보이곤 한다. 얼마 전 계엄과 함께 불거진 우리 사회의 극심한 위기 상황의 한가운데에는 일단의 개신교회가 있었던 것이 사실이다. 이러한 상황은 세상이 교회를 근심스러운 눈으로 보게 하는 요인이 되니 안타까운 일이다.

공적교회연구소는 이러한 문제의식 속에서 출발하였다. 감리교회가, 나아가 한국교회가 지니는 공교회성, 그리스도를 주로 고백하며 그리스도의 몸을 이루는 한 몸 공동체, 하나님의 나라를 향해 함께 걷는 즐거운 신앙의 길을 어떻게 회복할 수 있을까 하는 고민이 그 첫 발걸음 속에 담겨 있었다.

"교리와 장정 새롭게 읽기"는 공적교회연구소의 첫 번째 프로젝트였다. 그리고 이 작업을 한 권의 책으로 출간하게 된 것은 감사한 일이다. 이 작업을 통해서 감리교회의 전통 속에 우리가 잊고 있던 소중한 유산이 있음을 확인하고 다양한 눈으로 새롭게 읽어내며 함께 나누고 싶은 마음이 작업의 과정 중에 담겨 있었다. 그리고 네 번의 정기 세미나를 통해 발표된 글들을 모아서 책으로 내어놓게 되었다.

이 일을 위해 기꺼이 헌신해 주신 황창진 소장님과 김동우 총무님을 중심으로 하는 운영위원들, 지혜를 모아주신 연구소의 연구원들, 그리고 힘을 실어주신 이사진들께 깊은 감사를 드린다. 무엇보다 연구소의 요청에 기꺼이 응답해주신 여러 필진들에게 마음 깊은 감사를 전한다.

교회에 관하여 들려오는 소식들이 희망적이지 못한 어려운 시절에 매회 세미나를 참여하는 것은 마음의 설렘을 경험하게 하는 행복한 시간이었음을 고백한다. 바라기는 이 작은 책이 감리교회 구성원들의 마음에 희망을 불씨를 살리는 불쏘시개가 되길 소망한다.

우리 구주 예수 그리스도와 함께 하나님 나라의 희망을 심어가시기를 소망하며 감사 인사를 드린다.

2025년 12월 초

목 차

발간사 7

- 정인우

제언: 리좀Rhizome의 해석학을 기대하며 12

- 황창진

역사 기술 방법론의 추이와 감리교회사의 알리바이 23

- 이충범

감리교회와 에큐메니칼 디아코니아 58

- 몰트만의 정치신학을 중심으로 -

- 조현호

말씀의 연합사건인 성례 의미 연구 82

- 박요한

감리교 구원의 공공성 108

- 종교적 공론의 불/가능성에 관한 단상 -

- 정대인

웨슬리언 성령론 129
- 기독교대한감리회 교회와 장정의 성령론 -
- 양재훈

타자를 위한 기독론 153
- 이진경

기독교대한감리회의 성서관 171
- 민경식

감리교회가 고백하는 종말론 187
- 이찬석

탈진실(Post-truth)의 시대, 208
교리교육의 필요성에 대한 고찰
- 이은경

제언: 리좀Rhizome의 해석학을 기대하며[1)]

황창진 목사(산돌교회/공적교회연구소 소장)

목회자가 목회를 수행해나가는 과정에서 자주 논의되는 이야기 주제가 있다. 그것은 목회 현장에서의 '신학 무용론'이다. '목회에서 신학은 필요 없어'라는 전제로 시작하는 대화는 '몇 명 모이냐?', '결산은 얼마나 되느냐?' 하는 논의로 이어지고, 논의 종결부로 갈수록 사람 모으는 법, 헌금하는 법에 대한 조언으로 흘러가게 된다. 물론 교회를 세우고 일으켜야 하는 과정에서 인적 자원과 결산의 규모는 중요한 일이기에 부정하지 않는다. 그러나 규모의 과제를 풀어나가는 과정에서 신학 무용론이라는 담론에 너나없이 동의하는 태도가 교회의 건강성을 담보하는 데 있어서 바람직한 태도일까?

정말 그럴까?

과거의 근본주의 신학은 과학에 대하여 강력한 저항을 하였다. 전통주의에서 계몽주의로 넘어오는 시기에 교회가 보인 지동설에 강력하게 저항했던 태도가 바로 그것이다. 이러한 태도는 '폐쇄적 자기논리'라는 진영에 머물면서 보여주는 획일적이고 일방적인 태도이다. 특히 근본주의에 기반한 문자적 성서해석은 성서를 문자적으로만 읽어나가

---

1) 이 작업을 수행함에 있어서 공적교회연구소의 지향을 필진들과 공유했다. 이후 각 논문들을 모으는 편집작업 과정에서 각 저자의 시각과 의견을 존중하였음을 알린다.

다가 획일적이고 배타적인 성서해석이라는 함정에 빠지기도 한다.

그러나 성서를 읽고 그 뜻을 회중에게 이야기해야 하는 목회자들에게는 항상 요구되는 것이 있다. 그것은 2천 년 전 신화적 세계관에서 쓰여진 성서를 어떻게 오늘날에도 여전히 유효한 하나님의 말씀으로 읽어내고 선포할 것인가 하는 것이다. 즉 시간과 공간의 갭gap을 극복할 수 있는 해석학적 능력이 요구된다는 것이다. 이를 위하여 기독교 신학은 기독교 역사 이래로 성서를 건강하게 읽어낼 수 있는 해석학에 관한 고민을 꾸준히 이어왔다.

이러한 해석학적 흐름은 역사적인 방법들로 자료비평, 양식사 비평, 전승사 비평, 편집 비평 등이 있고 문학적 방법으로는 구조주의 비평, 내러티브 비평, 탈구조주의 비평, 독자반응 비평 등의 연구방법을 가능하게 했다.[2] 이러한 해석학적 분류 방법은 종교사적인 성서해석과 신학적 성서해석으로 분류하기도 한다. 종교사적 성서해석에 집중하는 사람들은 교리적 영향으로부터 벗어난 성서해석을 해나가며 성서의 기자가 말하려고 하는 본래의 의미를 밝혀내는 데 심혈을 기울인다. 그러나 신학적 성서해석에 집중하는 연구자들은 성서본문에 충실히 집중하면서 성서의 말씀 속에서 오늘 우리들에게 다가오는 뜻과 의미를 밝혀내는 일에 집중하는 모습을 보인다.[3]

이러한 해석학적 과정에는 그리스도교 신앙의 건강성을 담보하고 성서에 기록된 하나님의 뜻을 보편타당한 말씀으로 재해석하여 오늘

---

2) 스티븐맥킨지·스티븐 헤인즈, 유연희 역, 『성서비평 방법론과 그 적용』(일산: 한국기독교연구소, 2022), 16 이하 참조.

3) 김창선, "역사적 성서해석과 신학적 성서해석-양자택일의 문제인가?," 「장신논단」 제22집, 2004, 70.

의 삶에 적용하고자 하는 의도가 담겨 있는 것이다. 이러한 작업은 일방적이고 인간의 반 이성적인 행태에서 나타나는 자의적인 성서해석을 경계하고 그리스도교 신앙의 건전성을 지켜오게 하는 중요한 과정이었다. 더불어 건강한 해석학적 방법론의 논의와 수립은 성서의 권위를 지켜나가고 인식론적 지위를 유지하는 데 중요한 요인이 되었다는 것을 인정하지 않을 수 없다. 성서해석 방법론의 과정은 성서가 하나님의 실재를 경험하는 데 독보적인 인식론적 권위를 가지고 그리스도인들이 하나님에게 다가가는 가능성과 이를 위한 신앙경험을 안내하고 지지하는 데 기여한다는 것을 뒷받침하고 있는 것이다.[4]

해석학의 역사는 성서의 배경이 되는 고대의 세계관을 극복하고 오늘날의 세계관에 타당한 성서읽기를 가능하게 하였다. 그리고 설교자들은 성서 해석학에 관한 방법론을 공부함으로 해석학적 기법들을 통합적으로 체화시키면서 성서를 읽어내고 그렇게 읽어서 깨달은 성서의 이야기를 회중에게 전할 수 있어야 하는 것이다.

그러나 최근의 한국교회는 교회성장이라는 눈앞의 과제에 시선을 빼앗긴 동시에 심하게 극우화되는 경향을 보이며 교회를 성장시키는 기술skill 연마와 성서문자주의에 매몰된 채로 목회자들의 해석학적 자질을 확보하는 일에는 상대적으로 많은 관심을 갖지 못하게 하였다.

이러한 모습은 교단을 운영해나가는 데도 영향을 주고 있다. 극우화된 교회는 광장의 중심부를 차지하고 있으면서 자의적으로 해석한 일방적인 메시지를 쏟아내고 있고, 이에 대안이 되어야 하는 교회들은 파편화되어 극우로 기울어진 교회의 중심을 회복시키는 역할을 해내

4) 윤철호, "기독교 전통의 위기와 회복, 그리고 성서해석학," 「성서마당」 제147호, 2023, 48~49.

지 못하고 있는 형국이다.

이 같은 경향은 교회 내부에서도 명확하게 나타나고 있는데 교단의 법을 해석하는 데 있어서 공정하고 일관성 있는 법 해석과 이에 따른 공정한 적용을 하지 못하고 있는 것이 그것이다. 감리교회의 경우, 같은 사안이 각 연회의 상황과 진영에 따른 재판부의 입장에 따라서 그 결과가 상이하게 나온 것이 여러 번이었다. 이는 교회가 파벌의 논리를 이겨내지 못함과 온정주의를 극복하지 못하는 것이 원인이거니와 한편으로는 텍스트(text)를 컨텍스트(context)에 의하여 보편타당하게 읽어내는 능력으로서의 해석학적 소양을 갖추는 데 목회자들이 실패했기 때문이다.

이러한 상황을 가능하게 한 것은 교회성장 논리와 각 진영의 기득권을 지켜야 한다는 획일적이고 일방적인 상황에서 기인한다고 할 수 있다. 기능을 다한 패러다임으로서의 사고방식을 꾸준히 해체하고 새로운 가치와 삶의 방식을 수용하는 유연한 사고思考가 형성되지 않는 경화된 교회의 사고체계는 해석학적 능력을 함양해 나가는 데 걸림돌로 작용하고 있다. 해석학적 소양의 함양이 제대로 이루어지지 않는 이유는, 교회 성장을 위한 기술을 습득하는 것보다 해석학적 소양을 체화하는 것이 훨씬 더 어렵고 장기간의 노력을 요구하는 작업이기 때문이다. 실제로 많은 설교자들은 이 과정에 참여하기를 주저하고 기피하는 경향을 보인다.

피에르 부르디외는 그의 저서 『구별짓기』에서 네 가지 자본으로서의 '아비투스habitus'를 이야기하면서 이 개념이 사회적 위계를 결정하는 요인으로 작용한다고 이야기한다. 부르디외가 이야기하는 아비투스는 사회적 위치와 교육, 그리고 사회적 계급 위상에 따라서 나타나는 성향을 의미한다. 그리고 그 성향은 사회적 계층을 구별하는 데

척도가 된다는 것이다. 부르디외는 그것을 자본이라고 말하는데 그것은 경제자본, 문화자본, 사회자본, 상징자본이라고 분류한다. 그중 문화자본은 다른 자본보다도 사회적 경계를 더욱 많이 만들기도 하는데, 그 이유는 문화자본은 짧은 시간에 획득하기가 어렵기 때문이다. 즉 경제자본이 한순간에 정점에 오를 수 있는 자본이라면 오랜 과정을 통해서 체화된 문화자본은 꾸준한 학습을 통해서 체화되기 때문에 쉽게 따라갈 수 없다는 것이다.[5)]

이러한 아비투스 개념 중에서 설교자에게 있어서 해석학적 소양을 문화자본이라고 분류하고 문화자본으로서의 아비투스인 해석학적 소양이 설교의 격조를 결정하는 사회적인 능력이 된다고 적용해 볼 수 있다. 설교의 격을 결정하는 것은 설교자의 문화자본으로서의 해석학적 소양이라는 것이다. 그러나 획일적인 사고에 젖어 있는 현실교회는 문화자본으로서의 해석학적 소양을 함양하는 시도를 할 기미를 보이지 않는다. 이러한 해석학에 대한 경직된 자세는 교회의 미래를 담보하지 못할 뿐만 아니라 성서해석과 더불어서 교회의 법을 해석하는 데 있어서도 여전히 법 정신을 고려하지 않은 채 문자적이고 진영논리에 매몰된 자세로 교회의 법을 해석하고 적용할 것이다.

사실 기독교 신학은 유목주의nomadism의 전통을 가지고 있다고 해도 과언이 아니다. 아브라함으로 시작되는 히브리의 역사는 신을 찾아가는 여정이었고 이 과정에서 서로에게 상생의 상징을 주는 일을 주저하지 않았다. 굳어버린 유대교를 읽어낸 예수는 십자가에 올라가는 것을 마다하지 않으면서 타락한 성전의 모습을 냉정하게 지적하며 성전의 재영토화 작업(내 집은 기도하는 집)을 수행하기도 했다. 또한 바

---

5) 도리스 메르틴, 배명자 역, 『아비투스』 (파주: 다산초당, 2020), 17 이하 참조.

울은 '먹는 자는 먹지 않는 자를, 먹지 않는 자는 먹는 자를 비판하지 말아라 … 먹는 사람도, 먹지 않는 사람도 주님을 위하여 그렇게 하는 것'(롬14:3, 6)이라는 그리스도교 신앙의 유연함을 역설하였다. 그러나 교리와 제도, 패거리 문화에 매몰된 굳어버린 종교는 예수와 바울이 언급하고 있는 그리스도교의 유연성을 받아들이지 않았다. 이를 비판하는 것으로 보이는 『카라마조프가의 형제들』에 나오는 〈대심문관〉에서는 굳어버린 교회의 상징인 나이가 아흔이나 먹은 늙은 대심문관이 세상에 나타난 예수에게 노골적으로 다음과 같이 이야기한다.

> "도대체 뭐하러 우리를 방해하러 온 것이냐? … 나는 내일 너를 단죄하여 가장 극악한 이단자로 화형에 처할 것이다. … 도대체 왜 우리를 방해하러 온 거냐?"[6)]

스페인의 세비야에 나타난 예수가 오늘의 교회에 나타나면 오늘의 교회는 대심문관과는 달리 그 예수를 수용할 수 있는 안목과 유연성을 가지고 있을까? 예수를 믿는다고 하면서 '이념에 포장된 예수'에 경도되어 있는 오늘의 교회는 아마도 예수를 알아보지도 못할 것이다. 그 이유는 명확하다. 유목적 사고의 전통과 실천을 망각해버리고 굳어버린 교리와 제도에 매몰된 채로 머물러 있으면서 바벨탑을 쌓고 있기 때문이다.

이에 "교리와 장정 새롭게 읽기" 작업을 시작하면서 기조로 제안한 것이 질 들뢰즈의 '리좀Rhizome'이라는 개념이다. 제언의 기조를 '리

---

6) 표도르 도스토예프스키, 김연경 역, 『카라마조프가의 형제들 1』 (서울: 민음사, 2014), 527, 530.

좀'으로 잡은 것은 점점 답답하게 조여오는 개신교회(감리교회)의 시간과 공간이 느껴졌기 때문이다.

"교리와 장정 새롭게 읽기 작업"에 임하면서 다시 생각하게 된 '리좀의 해석학'은 교리와 전통에 매몰된 채 욕망을 충족시켜주는 것으로서의 기독교의 정체성은 다양한 배치물을 접촉하는 것으로 자각에 이르고 그 자각은 새로운 영토를 찾아서 길을 떠나게 하는 동력이 된다는 것을 시사하고 있기 때문이다. 더불어 그 여정에서의 다양한 접촉은 현 교회의 모습이 심하게 비틀려 있다는 것을 자각하게 할 것이고 본래적인 교회로 거듭나게 할 수 있는 새로운 삶의 자리가 있다는 것을 깨닫게 할 것이다. 이러한 과정이 순환적으로 경험되는 교회는 굳어버린 영토에 머물지 않고 끊임없이 자신의 욕망을 제어하며 다양한 접촉을 통하여 본래적인 존재로서의 교회의 모습을 지향할 것이다.

더불어 교리와 장정을 읽어나갈 때 질 들뢰즈의 '리좀' 개념을 기반으로 생각해보자는 제언은 해석학적 확장성을 염두에 두고 있다고도 할 수 있다.[7)]

질 들뢰즈의 리좀(뿌리줄기)이라는 개념은 질 들뢰즈의 은유적인 철학적 표현이라고 할 수 있는데, 리좀은 수직적 삶의 양식 대비 수평적 삶의 양식을 의미하기 때문이다. 뿌리줄기는 땅속에서 수평으로 뻗어나가면서 땅속의 뿌리에서 땅 위로의 줄기를 내기도 하는 식의 번식활동을 한다. 이러한 뿌리식물의 대표적인 것이 대나무이고 감자라고 할 수 있다.

질 들뢰즈는 리좀 개념을 풀어내면서 '새로운 유형의 관계맺기'라는 표현을 사용한다. 질 들뢰즈가 제안하는 '새로운 유형의 관계맺기'라

7) 김도남, "책의 리좀과 읽기의 리좀: 들뢰즈와 과타리의 『천개의 고원』 1장 '리좀'을 중심으로," 「한국초등교육」 제35권, 2024, 참조.

는 리좀의 양식(form)은 설교자들에게서는 새로운 해석학적 동기(motivation)와의 만남으로 적용할 수 있다.

질 들뢰즈는 '새로운 유형의 관계맺기' 작업을 탈영토화와 재영토화라는 개념과 함께 설명하고 있다. 탈영토화는 지금까지의 텍스트text에 대한 접근방식을 성찰적으로 극복해내는 일이라면 재영토화는 새로운 자신의 영토를 확보하는 일로서의 텍스트에 대한 새로운 접근방식이라 할 수 있다. 기존의 텍스트 읽기 방식으로서의 해석학적 접근이 과거 시대의 유산이라면 현재의 영토에 대한 성찰적 접근은 흔들리는 컨텍스트context에서 텍스트를 읽어나가는 일에 대한 접근방식에 변화를 가지고 오게 하고 이는 재영토화의 작업을 가능하게 하기 때문이다. 더불어 재영토화 작업을 할 때에 중요한 것이 집단적 배치물이다. 집단적 배치물은 여럿, 다수, 혼종, 다종, 다양 등을 함의한다. 즉 고원의 각 봉우리로서의 배치물을 이해한다는 것은 다양성을 이해한다는 것을 의미하는 것이고 이러한 작업을 '새로운 형태의 관계맺기 유형'이라고 한다.[8)]

교회가 새로운 형태와 관계를 맺는 구조를 갖는다면 감리교회 또는 개신교단을 위한 새로운 배치물은 무엇일까? 그것은 유구히 흘러오는 교회의 역사와 더불어서 신학적 전통, 그리고 교단 내에 존재하는 다양한 형태로서의 목소리와 건강한 교회의 제도들일 것이다. 교리와 장정은 초기 감리교회의 역사성을 담보하는 내용을 성실하고 담아내고 있다. 그러나 오늘의 우경화된 일부 감리교회의 구성원들은 자신의 진영의 입맛에 맞게 그러한 내용을 수정 또는 제거하려는 움직임을 보이고 있다.

---

8) Ibid., 120 이하 참조.

또한 텍스트를 향한 일극화된 해석학적 접근은 이천여 년의 교회전통을 통해서 축적되어온 신학적 전통을 읽어내지 못하게 하는 걸림돌이 된다. 신학적 작업을 통해 켜켜이 쌓인 전통은 오늘의 시간과 공간에서 합리적이고 타당하게 하나님의 뜻을 밝혀낼 수 있는 다양한 가능성을 담지하고 있다. 다만 설교자들의 일방성과 게으름이 이러한 가능성을 활성화시켜 내지 못하고 있을 뿐이다.

더불어 각 단위의 목회자 모임들은 교단의 운영에 관하여 다양한 제언 작업을 수행하고 있다. 이것은 지난 시간의 교단의 구조, 즉 들뢰즈가 자신의 리좀 개념을 펼치면서 언급한 수목형 구조로서의 수직적 교회 질서에 한계를 느낀 개신교회의 구성원들이 교단의 발전적인 그림을 상상하면서 자생적인 각 단위를 구성하고 다양한 목소리를 내는 상황을 말하는 것이다. 이러한 개신교회 안에 자생적으로 등장하는 단위들이 존중을 받고 그 목소리가 유의미하게 작용할 때 우리는 질 들뢰즈의 리좀형 구조로서의 교단의 수평적 구조, 그리고 텍스트에 관한 다양한 해석학적 틀을 경험할 수 있게 되는 것이다. 다만 염려가 되는 것은 교단 내에서 자생하는 일부 단위들은 지난 시간에 익숙한 수목형 구조를 기반으로 등장하면서 교단 내 권력다툼과 권력 쟁취를 위한 세력 확장형의 구조를 여전히 유지하는 있다는 것이다.

그러므로 다양한 해석학적 지평을 지향하는 리좀으로서의 교회의 뿌리는 이질성을 두려워하지 않는다는 전제하에 다양한 타자와의 접속을 수용해야 한다. 이러한 접속을 이어가는 해석학적 이질성은 다양성이라는 삶의 자리에 들어서게 되고 고원의 다양한 봉우리[9]를 경험함으로써 내재화되는 접속의 축척은 화해와 일치를 가능하게 하는 자

9) 고원의 다양한 봉우리는 다양한 접속점을 말하는 것이다.

비로운 해석학적 삶의 자리에 이르게 한다는 기대를 갖게 한다.

우리가 살아가는 삶의 자리는 생물과 같아서 쉼 없이 변화하고 있다. 그리고 2천 년 전에 기록된 성서는 흔들리는 오늘의 삶의 자리에서 여전히 유효한 하나님의 말씀으로 읽혀야 한다. 그러나 성서문자주의에 기반한 성서 읽기는 개화기에 전해진 선교사들의 전통에조차도 다가가지 못하는 모습을 보이고 있는 것이 사실이다. 그러므로 설교자들은 리좀의 삶을 살아가는 것으로 끊임없이 탈영토화와 재영토화가 가능한 해석학적 소양을 함양하는 작업에 자기를 밀어 넣을 수 있어야 한다.

이러한 설교자로서의 자세는 교회의 법을 해석하는 작업에도 영향을 줄 것이다. 끊임없는 '새로운 유형의 관계맺기'로서의 리좀의 해석학은 자기중심성(교회성장, 진영논리)을 포기하고 고원의 지표면 아래를 수평으로 움직이며 고원의 봉우리를 두루두루 섭렵하는 모습으로서의 객관적이고 합리적인 본문 읽기를 가능하게 한다. 그리고 끊임없이 연결되는 새로움은 보다 합리적으로 텍스트를 읽고 타당하게 삶의 자리에 적용하도록 설교자와 텍스트를 읽는 독자讀者를 추동하는 동력이 될 것이다.

이런 의미에서 텍스트를 읽어나간다는 것은 리좀의 해석학을 수행하는 작업이 되어야 한다. 즉 교회의 구성원들이 텍스트를 합리적으로 읽어낼 수 있는 타당한 요인들과 '꾸준히 새로운 관계 맺기'를 수행하며 재영토화된 삶의 자리는 결국 탈영토를 시도하게 된다는 순환적 사고를 받아들이게 되어야 한다는 것이다.

교회의 구성원들이 이렇게 성서와 더불어서 교회의 규칙을 읽어나갈 수 있을 때 교회는 보편타당하면서도 교회의 개별성을 확보한 채로 운영되는 공적인 교회공동체가 될 수 있을 것이다.

공적교회연구소는 ‘교리와 장정 새롭게 읽기’ 작업을 시작한 이래로 이제 그 결과물로서 한 권의 책을 세상에 내어놓게 되었다. 이 작업을 마무리하는 시점에서 리좀으로서의 수평적인 기초 위에서 끊임없이 결과물을 생산하는 뿌리줄기로서의 해석학적 소양이라는 싹이 다시 움터 오르기를 기대한다. 그렇게 움터 오르는 해석학적 소양은 더욱 타당하고 공정하게 교리와 장정을 읽어내게 하는 동력이 될 것이고 그러한 교리와 장정 읽기는 감리교회를 건강한 삶의 자리 위에 굳건히 서게 할 것이다.

역사 기술 방법론의 추이와 감리교회사의 알리바이

이충범 교수(협성대/역사신학)

역사에 '만약이란 없다'는 말이 있다. 저잣거리에 돌아다니는 이 말만큼 몰역사적이고, 무책임하고, 비인간적인 말은 없다. 역사는 늘 성찰되어야 하고 반추되어야 한다. 개인적으로 만약 웨슬리 형제와 조지 휫필드/레이디 헌팅턴, 프란시스 애즈베리와 로버트 스트로우브릿지/제임스 오켈리의 권력투쟁에서 후자가 승리했다면 감리교의 역사와 감리교회의 모습은 어떠했을까 궁금하다. 그리고 권력투쟁에서 양보하거나 밀려난 이들을 통해 성찰할 수 있는 요소는 없는 것인지 성찰해본다. 그러다 보면 역사는 늘 승자 독식의 전유물일 수밖에 없는가? 하는 질문을 하게 된다. 지금도 여전히 승자는 늘 역사 속에서 성자화(saint-inization)되고 분자들의 욕망을 대표한다. 그것은 늘 내겐 불만이다.

역사를 과거 사실을 객관적으로 나열하고 엮는 작업이라고 생각하는 사람은 이제 없다. 1960년대에 이르러 합리론·유물론·기계론적 역사 서술방식은 종언을 고했다. 이는 실증사학으로 대변되는 랑케(Leopold von Ranke)류의 편년/기전체(編年/紀傳體, historiography)로 과거를 기술하고 정립하는 것에 대한 근원적 반성이었다.[1] 동일하게 콜링우드(R.

1) Felix Gilbert, *History: Politics or Culture*, (Princeton: Princeton University Press, 1990), 19.

G. Collingwood)와 같이 역사적 사건들의 주관적 의미 재구성,[2] 즉 기사본말체(紀事 本末體, meta-history)를 해석자의 시각에서 구성하는 역사적 작업 역시 재고되기 시작했다.[3] 이러한 반성을 통해 역사학 분야에서는 전통적이고 고전적인 연구방법론과 차별되면서 그 단점들을 보완하는 새로운 방법론들이 시도되어 왔다.

이 토의에서는 먼저 역사 연구 분야에서 실험되어 왔던 서술 방법론들과 역사철학의 유형을 간략하게 검토해보고자 한다. 그리고 이에 비추어 감리교회사에서 소거된 알리바이들을 정리한다. 마지막으로 이를 통해서 전통적 감리교회사 서술 방법론이 갖고 있는 한계를 드러내 보고자 한다. 이러한 작업을 하는 것은 미래 한국 감리교회사 기술에 유용한 힌트를 제공할 것이라 믿기 때문이다.

1. 역사 기술 방법론에 관한 검토

1) 순진성을 넘어선 역동적 해석학(Radical Hermeneutics beyond *Naiveté*)

역사학의 대표적이고 고전적인 방법론을 텍스트 이해와 해석이라고 볼 때, 역사학의 방법론은 한마디로 해석학이라고 말할 수 있겠다. 앞서

---

2) R. G. Collingwood, *The Idea of History*, (Oxford: Oxford University Press, 1978), 214.

3) 콜링우드의 역사적 사건의 구성은 일찍이 도우슨(C. Dawson)의 메타 역사학과 그 맥락을 같이한다. Christopher Dawson, "The Problem of Metahistory", In *The Dynamics of World History*, John Mulloy, ed. (London: Sheed and Ward, 1957), 287. 서론 전체는 이충범, 『중세신비주의와 여성』(서울: 동연, 2011)에 빚진 바 크다.

언급한 바와 같이 텍스트의 이해 및 해석은 지극히 주관적인 작업으로 그러한 작업을 통해 과거 사실의 객관적 재구성은 보증되기 어렵다. 콜링우드에 의하면 메타 역사학은 객관적 사실을 구성하려고 시도하는 역사와 구별되는 것으로서 일종의 '의미화'를 위한 해석학적 작업이다. 그러나 최근의 해석학은 이러한 순진성을 넘어 텍스트와 해석자의 역동적 관계에 주목한다.

이 연구방법론은 전통적인 해석학적 방법론의 발전으로서 텍스트와 해석자 간의 창조적 혹은 상호역동적 관계에 주목하고 있다. 이러한 역사해석방법론은 이론적 기반으로 가다머(Hans-Georg Gadamer)에 의존하고 있다. 이 방법론을 사용하는 역사 학자군은 텍스트를 해석의 대상이 아닌 수행적(performative) 모티브로 이해한다.

텍스트가 수행적인 이유는 텍스트 자체가 저자의 주관적 의도를 넘어서 의미 과잉 상태이기 때문이다. 따라서 해석과 이해는 텍스트와 해석자가 만나는 대화의 지점이고 이 지점에서 해석의 대상과 해석자의 주체의 지평이 무너지고(horizon *verschmeltzung*) 새로운 의미가 산출된다. 따라서 이들에게 전통적인 역사학의 방법론은 순진할 뿐만 아니라 나이브하다.

역사 해석자가 이제까지 텍스트와 현대의 독자, 혹은 과거와 현재를 연결해주는 중개자였다면 이들에겐 창조자, 혹은 인식론적 번역자(epistemological translator)가 된다. 그리고 역사 텍스트를 읽는다는 것은 의미가 생산되는 사건(meaning event) 혹은 텍스트가 활약하는 사건(textual performance)이며 텍스트 해석을 통해 주-객의 의미론적 일치(semantic union)가 이루어진다. 따라서 텍스트는 새로운 의미를 마주치기 위한 부름으로 이해한다.[4]

---

4) Michael Sells, *Mystical Languages of Unsaying*, (Chicago: University of Chicago

2) 문화 및 간학문적 연구(Cultural and Interdisciplinary Studies)

최근의 역사 연구에서 두드러진 경향 중에 하나는 문화연구를 역사학에 적용하고 있다는 점이다. 최근 유행하는 문화연구는 과거와는 달리 문화 전반에 대하여 다루지 않고 특정한 시기 혹은 특정한 집단에 대한 '삶의 특별한 방식'으로 다룬다. 따라서 교회사학 역시 이러한 경향에 충실하다고 볼 수 있다. 종교 및 교회 역사학에 문화연구를 적용한 가장 좋은 예는 바이넘(Caroline Walker Bynum)의 연구일 것이다. 바이넘은 중세 여성들의 먹을거리를 통해 중세 여성의 종교성을 규명하였으며 중세교회에서 다루어지고 있는 인간의 몸과 종교성의 연관 관계의 기술을 시도하였다.

이 외에도 중세의 성(sexuality)에 대한 접근으로 중세 신비주의의 영적혼인에 대한 이해를 시도한 연구(Dyan Elliot)나, 중세 하기오그래피(hagiography)나 이야기(narrative) 연구를 통해 중세교회와 종교문화를 이해한 연구들이 있다. 이렇게 문화연구를 교회 역사학에 적용하는 연구는 필연적으로 간(間)학문간 접근에 관심을 가질 수밖에 없다. 과거 교회를 이해하기 위해서 건축, 미술, 음악과 같은 대표적 문화뿐만 아니라 복식사, 먹거리 문화, 옐로우 페이퍼, 심지어는 밤거리 문화에 대한 연구까지 관심의 영역을 확대하고 있다.

3) 미시사 연구

아날(*annales*) 학파는 19세기 낭만주의 사학을 계승하며 실증사학에

Press, 1994), 4-10. 마이클 셀즈는 이 방법론을 적용하여 전통적인 아포패티즘 신학의 침묵을 재해석했다.

서 소거된 사학의 주관성을 부활시키고자 시도된 한 방법론을 역사에 적용한 일군의 학자 집단을 지칭한다. 1960년 당시 아날학파의 선구자들은 신과학 혁명을 통해 깊은 각성을 경험했는데 신과학은 확실성을 가능성으로, 정확한 측정값을 상대적 개념으로 대체해버렸다. 이러한 신과학을 통해 고전 역학의 절대성이 붕괴되는 것을 목도한 이들은 역사학 연구에 있어서 객관성이라는 이상에 도달하려는 구도자적인 모습을 포기한다. 그리고 중요한 인물이나 사건 중심의 역사 기술을 벗어나 구조 중심의 서술방식을 선택했다.[5)]

한편, 아날학파는 역사 서술의 관점을 '낮은 곳'으로 끌어내렸지만, 지나친 계량화로 인해 구체적인 '인간'이 빠진 역사학으로 전락했다는 비판을 받아 왔다. 그러던 중, 아날학파의 한계를 극복하고 개별 인간의 심성과 문화를 클로즈업해서 역사를 서술하려는 시도가 등장하는데, 이러한 의도가 미시사의 핵심 개념이다.[6)] 미시사 연구는 다양한 시공간 속에 잠복해 있는 특정한 이념을 역사서술의 영역으로 끌어들이기 위해 역사적 표본의 규모를 극단적으로 축소하고 그 표본을 돋보기로 들여다보듯 기술한다. 이로 인해 미시사를 줌인 역사(zoom-in history)라고 부르기도 한다. 그 결과, 미시사는 거시 사회사, 거시 정치사, 거시 경제사를 미시 문화사로 전환시켰다.

그러나 미시사학자들은 이러한 서술이 시대와 공간의 대표성(거시적 구조)을 담보할 수 있다고 믿는다.[7)] 가령, 우리나라에서 번역되어 출판

---

5) 김응종, 『아날학파』(서울: 민음사, 1997), 9-15.

6) 중앙일보(2000. 08.18.), https://www.joongang.co.kr/article/3957304, 2025년 9월 19일 접속

7) Carlos Ginzburg, 장문석 역, "미시사, 내가 알고 있는 몇 가지 것들," 『역사연구』 제7호 (2000): 223-224.

된 서적 중 16세기 한 방앗간 주인의 생각을 추적하여 당대 소시민이 갖고 있던 세계관 및 타종교에 관한 인식을 파악한 카를로 긴즈부르그(C. Ginzburg)의 『치즈와 구더기』, 18세기 파리의 인쇄공들이 길고양이들을 처형하고 희화화한 사건을 통해 민중과 노동자의 삶을 구성한 로버트 단턴(R. Darnton)의 『고양이 대학살』, 남프랑스 한 마을의 이단 심문관의 수사와 심문기록을 통해 그 시대 삶을 재현한 엠마누엘 르 루아 라뒤리(E. Le Roy Ladurie)의 『몽타이유』 등을 그 예로 들 수 있다.

4) 탈구조주의와 페미니즘(poststructual and feminist studies)

북미의 교회사학계에서 최근 가장 활발하게 활동하고 있는 그룹은 탈구조주의 혹은 후기구조주의의 역사방법론을 교회사연구에 적용한 연구자들이다. 대부분 초대교회사, 교부학, 혹은 유대교를 연구하는 학자들에 의해 많은 저작들이 나오고 있는 실정이다. 이들은 역사를 수직적으로 보지 않고 수평적으로 보며, 수평적 역사의 단층에서 각 항(term)들의 위치를 파악하고 이웃관계를 설정한다. 그리고 수평적 역사단층에서 생성되는 주체들에 관심한다. 따라서 이러한 연구는 권력관계로 귀착되는 필연성을 가지고 있다. 왜냐하면 생성되는 주체들은 단층(담론 혹 *episteme*) 내에서 생산되고, 단층의 각 항들은 힘의 흐름과 연관관계에 의하여 엮여(web) 있기 때문이다.

이들의 연구는 역사적인 단편들을 담론의 공간 내에 위치시키고, 담론의 규칙성을 찾아내며, 역사적인 사건의 발생의 기원을 담론 내에서의 '힘'의 관계 속에서 기술하려는 작업이라고 할 수 있을 것이다. 미셸 푸코(Michel Foucault)는 이러한 방법론을 계보학적 역사 방법론이라고 명명했는데 이러한 역사방법론은 통사(通史)로서의 수직적 형식과 의미성을 부여하려는 것이 아닌 일종의 공시적인 연구라고 볼 수도 있다.

이러한 방법론을 적용한 작품 중 가령 주디스 퍼킨스의 『고통받는 자아(Suffering Self)』 같은 작품은 초대교회의 주체(subject)가 어떻게 육체적 고통과 연결되어 있는가를 해명한 작품으로서, 고통받는 자아를 생산해 낸 초대교회 지층의 힘의 역학관계를 서술하고 있다.[8] 따라서 탈구조주의의 방법론은 본질상 페미니즘 계통의 역사학자들이나 유대교 학자들의 주목을 받아 적극적으로 활용되고 있다. 왜냐하면 이 역사 연구에 따르면, 주체란 규정된 규칙의 실천양식으로서의 담론구조 내에서 생산되는 특정하고 공시적이며 개연적인 생산물이라는 것이며[9], 또 이러한 생산을 위해서 특정한 권력 장치가 왕왕, 매우 억압적이고 강제적인 지배적 권력으로 작동하기 때문이다.

2. 사례로 보는 감리교회사의 알리바이들

1) 감리교회의 탄생 설화

대다수의 교인들은 감리교는 존과 찰스 웨슬리 형제가 잉글랜드 구석구석을 다니면서 사람들을 전도해 교회를 세우면서 탄생했다고 배웠다. 그러나 이는 당시 현실과 전혀 다른 신화라는 것을 아는 데는 그

---

8) Judith Perkins, *The Suffering Self*, (London and New York: Routledge, 1995).

9) 양운덕, 『미셸 푸코』 (서울: 살림출판사, 2004), 10-11

리 많은 시간이 필요치 않다. 심지어 홀리클럽은 존과 찰스 형제가 만든, 그들이 지도한 경건모임이라고 굳게 믿기도 한다. 홀리클럽을 드나들던 사람들의 면면을 조금 세심히 살펴보면 이 역시 100점을 줄 만한 정답은 아니다.

존 클레이턴(J. Clayton)은 홀리클럽에 합류하기 전에 이미 신도회(society)를 이끌고 있었고, 웨슬리 형제에게 금식을 가르쳐 줬다. 그는 매우 철저하고 고지식한 청교도적 신앙을 유산으로 물려받았고, 맨체스터 출신답게 매우 강력한 제임스 국왕 지지자(Jacobite)였다.

웨슬리 형제와 함께 조지아로 파송된 벤자민 잉험(B. Ingham) 역시 홀리클럽 출신이나 독립적인 부흥운동가였다. 웨슬리 형제의 조지아 활동이 선교사역인지 공무파견인지 하는 논란은 있지만 벤자민 잉험이 선교사인가 하는 논쟁은 없을 만큼 잉험은 철저한 선교적 마인드를 가진 사람이었다. 찰스는 6개월도 못되어, 존은 2년도 못 넘기고 도망치듯 잉글랜드로 돌아왔지만 잉험은 가장 늦게까지 남아서 일했다. 존 웨슬리의 프레데리카(Frederica) 신도회 역시 잉험의 작품이었다. 잉험은 웨슬리 형제처럼 국교회 사제의 아들이었고, 헌팅턴 백작 부인(페러스 백작 딸)의 시누이 마가렛 헤이스팅스(M. Hastings)와 결혼하여 "귀족 마가렛이 감리회 설교자에게 몸을 던졌다."는 유행어가 돌아다닐 정도로 세기적인 결혼을 했다. 헌팅톤 백작부인을 감리회에 인도한 사람도 잉험의 연인이었던 시누이 마가렛이었다. 그는 1742년 모라비언도 감리회도 아닌 잉험파(the Inghamites)를 형성했다.[10]

조지 휫필드(G. Whitefield)는 잉글랜드 부흥운동의 선두주자이자 전국구 스타였다. 그의 재능은 존 웨슬리가 "앞으로 휫필드 뒤만 따르면서

---

10) Salem Congregational Chapel. https://martintop.org.uk/, 2025년 9월 19일 접속.

평생을 살아도 큰 사역을 할 수 있다."고 할 정도였다. 20대 초반의 휫필드는 존 웨슬리보다 먼저 부흥운동에 뛰어들어 브리스톨 신도회를 접수하고 킹스우드 학교 부지까지 사놓았다. 그리고 이를 조지아에서 돌아온 웨슬리 형제에게 넘기고 헌팅턴 백작부인의 권유에 따라 조지아로 건너갔다. 존 갬볼드(J. Gambold) 역시 모라비안 부흥운동에 참여하여 후에 모라비안 감독까지 지냈다. 결론적으로 말하면 홀리클럽의 참여자들은 리더와 추종자의 관계가 아니라 개개인이 독립적인 신학, 조직, 신앙을 가진 대등한 관계였다는 점이다. 또 당시 옥스퍼드와 캠브리지에는 이와 유사한 학생 클럽이 유행이었다.

18세기 브리튼 섬과 아일랜드에는 소위 부흥운동, 성령운동이 휩쓸고 있었다. 그리고 웨슬리 형제보다 먼저 이 운동에 뛰어들어 브리튼 섬을 뒤흔들고 있던 사람들이 수없이 많았다. 이들 중 웨슬리 형제보다 먼저 사역을 시작했거나 더 큰 영향력과 지도력을 갖고 있던 사람들의 이름을 한번 열거해보면, 잉글랜드의 안소니 호넥(A. Horneck), 조지 휫필드(G. Whitefield), 헌팅턴 백작부인(Lady Huntington), 웨일즈의 하웰 해리스(H. Harris), 다니엘 로우랜드(D. Rowland), 그리피스 존스(G. Jones), 스코틀랜드의 어스킨 형제(Ebenezer and Ralph Erskine), 아일랜드의 로렌스 쿠클란(L. Coughlan), 모라비언 필립 몰더(P. Molther) 등이 브리튼과 아일랜드를 누비며 군웅할거하고 있었다.

그렇다면 우리는 왜 이들의 이름을 기억하지 못한 채 유일하게 존 웨슬리의 이름만 기억하는 것일까? 당연하게도 현재 남아 있는 가장 큰 교단들이 웨슬리언 교단들이기 때문이고, 특히 초창기 감리회가 존 웨슬리를 수장으로 표방하며 미국 점령에 성공하며 감리교회를 창립했기 때문이다. 특히, 신대륙을 장악했던 애즈베리와 콕(T. Coke)은 자신들의 수위권을 지키기 위해서라도 존 웨슬리 사도계승을 주장해야만 했다. 그렇다면 다른 부흥 운동가들의 조직 혹 교단은 현재 존재하지 않는가? 이들은 우리가 알 수 없을 만큼 작은 교단으로 축소되었거나, 거대한 종교운동 안으로 통합 및 흡수되었다.

웨슬리 형제의 성공(?) 원인이 존 웨슬리가 조직의 명수였기 때문이라는 평가도 있지만, 이처럼 신화적인 평가도 없다. 당시 웨슬리 형제의 감리회 조직은 단 하나도 그들 자신이 창안한 조직은 없었고, 거의 다 실험되었거나 시행되고 있던 조직들을 그대로 답습했다. 단순하게 웨슬리 형제의 성공 이유를 추론해보면, 후발주자였던 웨슬리 형제들은 시간이 지남에 따라 많은 신도회들을 그들 아래 통합하기 시작했는데, 그것이 가능했던 것은 웨슬리 형제의 신학적 모호함과 처세술에 있었다.

> "내가 존경하고 사랑하는 폐하를 위해 내가 할 수 있는 모든 것은 ... 나는 매일 공적으로나 사적으로 폐하의 모든 적들이 혼란에 빠지도록 하나님께 부르짖습니다."[11]

> 문: 우리는 귀하가 뉴저지 장로교 부흥주의자 길버트 테넌트(G. Tennent)를 '그리스도의 충실한 목회자'로 칭했다고 들었습니다. 그렇지만 장로교인으로 안수 받은 사람이 참된 목회자가 될 수 없음은 명백하지 않습니까?
>
> 조지 휫필드: 저는 테넌트 목사가 정말로 충실한 목회자임을 확신합니다.
>
> 문: 당신의 친구이자 동료인 찰스 웨슬리는 잉글랜드 국교회를

---

11) Frank Baker, Reginald Ward, Richard Heitzenrater, eds. *The Works of John Wesley, Biccentennial Editions vol. 26.* (Nashville: Abingdon Press, 1991), 152.

열렬히 지지하는데 당신은 왜 그렇게 하지 않습니까?[12]

> "장로교인들은 우리를 장로교인이라 하고, 교회에 다니는 사람들은 우리를 자기들의 신부처럼 생각했다. 가톨릭 신자들은 나를 훌륭한 가톨릭이라고 믿었다."[13]

> "손을 잡으라는 말을 통해 나는 '내 의견과 하나가 되시오'라고 말하지 않습니다. 당신은 그럴 필요가 없습니다. 나는 기대하지도 않습니다. 또한 내가 '당신의 주장에 따르겠습니다'라고 말하지도 않겠습니다. 그럴 필요도 없습니다."[14]

위에 나열한 대표적인 웨슬리 형제의 정치, 신학적 행보와 감리회 정체성 설정을 보면 웨슬리 형제의 성공 요인을 쉽게 파악할 수 있다. 감리회는 누가 보기에도 신앙과 종교생활 면에서 제3의 종교개혁 세력이었다. 그러나 직제나 신학에선 종교개혁 이전의 국가종교의 체제를 고수했다. 게다가 신학적으로 자신의 정체성을 느슨하게 표명하며 철저하게 왕권의 우산 아래 복속했다. 미국으로 건너가선 한술 더 떠서 주교제(episcopacy) 교회를 설립했다. 이런 면에서 웨슬리 형제의 감리(監)회는 '종교체험과 태도 면에서는 종교개혁 좌파 + 정치적으로는 우파 + 신학적으로는 중도적 국교회 신학 + 직제면에서는 극우적 가톨릭'을 혼합한 보기 드문 형태를 갖고 있었다. 이렇게 된 이유는 단

---

12) 마크 놀, 한성진 역, 『복음주의의 발흥』 (CLC, 2020), 19.

13) Charles Wesley, *The Journal of the Rev. Charles Wesley, vol. 2.* ed. Thomas Jackson, (London: Hutchunson and Co., 1849), 231.

14) Frank Baker, vol 3, 70.

하나 생존과 발전을 위한 현실적 선택이었고, 그 선택은 성공했다.

역사엔 정치나 처세술이라곤 없고, 신화화한 성공한 자와 그의 성공 신화만 남아 있다.

2) 하나님이 심판하셔서 천국으로 데려간 설교자

1773년 필라델피아 성 조지 교회에서 미국 감리회 첫 연회가 개최되었다. 그해 6월 존 웨슬리의 특명을 받고 파송된 토마스 랭킨(T. Rankin)이 소집한 회의였다. 웨슬리로부터 총괄 동역자(General Assistant)라는 한 단계 높은 직책을 받고 식민지에 입국한 랭킨은 반년 전의 프란시스 애즈베리처럼 웨슬리의 행동대장으로서 즉각 웨슬리의 의중을 실행에 옮겼다. 물론 반년 만에 식민지 최고의 지위를 랭킨에게 넘겨줘야 했던 애즈베리는 이 상황이 몹시 불편했다.[15] 연회에는 1,160명의 회원, 10명의 순회설교자들 참석했는데 1,160명 중 반 이상인 600명이 남부인 메릴랜드와 조지아에서 올라온 회원들이었다.

이상한 일이었다. 그 어떤 선교사도 파송하지 않았던 이 지역[16]에서 감리회원의 반 이상, 아니 사실은 그것보다 훨씬 많은 사람들이 어떻게 감리회에 가입했을까?

존 웨슬리는 1769년 리차드 보드맨(R. Boardman)과 조셉 필무어(J.

---

15) R. Richey, K. Rowe, & J.M. Schmidt, *The Methodist Experience in America, vol. I. A History*, (Abingdon, 2010), 23. 랭킨과 애즈베리, 이 둘은 1774-1775년 애즈베리의 파송을 놓고 힘겨루기를 한다. 박창훈, "프란시스 애즈베리와 존 웨슬리: 갈등과 화해,『한국기독교신학논총』제86집(2013): 123-124.

16) 1768년 입국한 Robert Williams와 John King의 경우 예외.

Pilmoore), 1770년엔 프란시스 애즈베리와 리처드 라잇(R. Wright)을 신대륙에 파송했다. 이들이 입국해서 활동한 지역은 주로 뉴욕과 필라델피아였다. 이들이 남부로 내려가 조지아, 매릴랜드, 노스캐롤라이나까지 순회하며 감리회를 개척하고 그만한 회원을 모집했다는 것은 물리적으로나 지리적으로 불가능했다. 게다가 이날 참석한 설교자는 10명이었는데 대부분 잉글랜드에서 온 설교자들이었다. 그러나 그 가운데 미국에서 태어나 미국에서 성장한 남부 출신 22세의 설교자가 있었고, 다음 해 설교자 임명을 기다리던 동갑의 남부 청년(Philip Gatch)도 한 명 더 있었다.[17] 이날 설교자로 임명된 최초의 미국 태생 청년 이름은 윌리엄 워터스(W. Watters), 그 옆엔 그의 첫 멘토인 로버트 스트로우브릿지(R. Strawbridge, 1732-1781)가 앉아 있었다.

사실 미국 감리회는 존 웨슬리 및 잉글랜드 설교자들과 아무런 상관없이 시작되었다. 북부 뉴욕에서는 필립 엠버리(P. Embury)와 바바라 헥(B. Heck)에 의해, 남부는 로버트 스트로우브릿지에 의해 미국 감리회는 시작되었다. 논란이 많긴 하지만 스트로우브릿지의 활동이 가장 최초였던 것으로 학자들은 판단한다. 그 외에도 이들 주변에 감리회를 시작하거나 참여한 사람들이 꽤 많았다. 안타깝게도 이들은 모두 아일랜드인들이었다.

스트로우브릿지 부부는 1760년 전후 메릴랜드주 프레데릭 카운티 샘스 크릭에 정착하자마자 밖으로 나가 설교를 시작했다. 부부는 이미 아일랜드 라이트림(Leitrim), 슬라이고(Sligo), 킬모어(Kilmore), 아마(Armagh)의 테리후간(Terryhoogan)까지 휩쓸고 다니던 설교자들이었다. 스트로우

17) 이충범, "분열을 종식시킨 평화의 대사, 윌리엄 워터스" 『기독교세계 6월호』 (서울: KMC, 2025).

브릿지는 캐나다 뉴펀들랜드에 감리회를 개척한 아일랜드 감리회 설교자이자 국교회 사제였던 로렌스 쿠글란(L. Coughlan)의 제자였다. 스트로우브릿지는 아마도 웨슬리 형제를 본 적도 없었을 것이다.

스트로우브릿지는 공식적으로 신대륙의 첫 감리회 설교자였고, 첫 감리회원을 전도했고, 첫 속회(class)를 시작했고, 첫 감리회(society)를 조직했고, 첫 예배당(chapel)을 건축했고, 미국에서 태어난 첫 번째 설교자 리처드 오언(R. Owen)과 첫 순회설교자(W. Watters)를 세운 분이다.[18] 그가 설교소로 세운 통나무집(log house)은 미국의 선교 역사에서 로그 하우스 시대를 열었다.

메릴랜드주 카운티 거의 전체를 섭렵한 스트로우브릿지는 버지니아주로 넘어가 포토맥, 조지타운, 페어팩스 카운티로 진출해서 복음을 뿌렸고, 신도회를 결성하고, 채플을 건축하고, 영적 자녀들을 양성했다. 스트로우브릿지가 메릴랜드와 버지니아를 떠돌며 감리회를 세운 것은 불과 20년 남짓이었지만 그의 사역의 열매는 상상할 수 없을 만큼 엄청나서 1773년 필라델피아 연회에 참석한 남부 감리회원들 대부분이 스트로우브릿지의 영적 자녀들이었다.

그러나 1773년 필라델피아 연회록에 올랐던 그의 이름은 그 이듬해 사라졌다. 그리고 1775년을 마지막으로 연회록에서 영원히 사라졌다. 미국에서 감리회 신도회를 처음 구성한 사람이 로버트 스트로우브릿지였음을 인정했던[19] 애즈베리는 스트로우브릿지가 채 50을 넘기지 못하고 급사하자 자신의 일기에 "하나님이 심판하셔서 데려

---

18) John Crimmins, *Irish-American Historical Miscellany* (New York: by Author, 1905), 58.

19) Francis Asbury, *The Journal and Letters of Francis Asbury, vol 3.*, (London and Nashville: Epworth Press & Abingdon Press, 1958), 29.

가셨다."는 망발을 남겼다.[20] 그때 애즈베리는 겨우 서른여섯 살이었다.[21]

미국의 심장 뉴욕 맨해튼에 가면 존 스트릿 감리교회(John Street United Methodist Church)와 작은 감리교 박물관이 있다. 미국 감리교의 어머니 교회로서 현재는 뉴욕의 역사 유물로 지정된 이 교회는 여전히 주일예배가 드려지는 중요한 건물이다. 이 교회는 1760년경 두 사람에 의해 시작되었다.

1709년 신앙의 자유를 찾아 독일 팔츠(Palz)에서 아일랜드로 이민 간 독일인들은 잉글랜드의 폭압적 경영으로 계속 악화되는 아일랜드 정치 경제 사정을 피해 또다시 신대륙으로 이주하기 시작했다. 이들은 팔츠에서 개신교 신앙을 가졌던 사람들이었다. 뉴욕에 이민 온 팔츠인들 중 필립 엠버리와 바바라 헥이 있었다. 이 둘은 이종사촌 간이었고 20여 명의 일가친척들과 함께 뉴욕으로 들어왔다. 필립은 아일랜드에서 감리회 설교자였다. 그의 일가친척 모두 자신들이 가졌던 팔츠에서의 신앙과 유사한 감리회 신앙에 경도되었다. 그러나 이들은 생존을 위한 이민의 고달픔 속에 자신들의 신앙을 일시 망각했다.

이것을 자극하여 필립 엠버리에게 다시 설교하게 한 사람은 사촌 여동생 바바라였다. 1760년경 바바라의 집에서 첫 감리회 속회가 시작되었다. 이때 모인 사람은 엠버리 부부, 헥 부부, 그 집 하인 존 로렌스, 그리고 바바라의 흑인 노예 소녀 베티까지 총 6명이었다.[22]

---

20) Ibid., vol 1., 1781. 9. 3. 일기.

21) 이충범, "미국감리회의 아버지, 로버트 스트로우브릿지" 『기독교세계 2월호』 (서울: KMC, 2025).

22) R. Norwood, *The Story of American Methodism*, (Nashville: Abingdon Press,

이렇게 시작한 감리회 신도회는 매주 참석회원이 늘어만 갔다. 사람들은 뉴욕에서 힘있고 영감 가득한 감리회 설교에 열광했다. 게다가 이웃 막사에 주둔하던 군대의 음악가들이 독특한 감리회 찬송의 매력에 이끌려 신도회로 들어왔고, 권사(exhortor)가 되어 브라스 밴드로 찬양을 인도하며 선교에 큰 힘이 되었다.[23] 이제 더 이상 헥의 집으론 감당이 되지 않자 회원들은 십시일반 돈을 모아 윌리엄스 거리의 큰 다락방을 임대했고, 채 몇 달 되지 않아 더 불어난 회원들로 인해 그들만의 예배당 건립에 착수했다.

당시 뉴욕은 잉글랜드인들의 출입구였다. 뉴욕으로 입국한 잉글랜드 감리회원들은 뉴욕에 이미 감리회가 있다는 사실을 알고 놀랐지만 이들은 그간 이곳을 개척하고 설교자로 사역했던 엠버리 가족을 곧 대체했다. 생활을 해야 했던 엠버리는 잉글랜드에서 들어오는 자금 앞에선 교회 건축의 목수로 전락할 수밖에 없었다. 결국 이러던 와중인 1770년 필립 엠버리와 그의 가족은 뉴욕 신도회를 잉글랜드인들에게 넘긴 후 조용히 뉴욕을 떠났다.[24] 그리고 또 다른 개척지, 업스테이트 뉴욕과 캐나다로 이주에 이주를 거듭하면서 감리회를 세우고 뉴욕 연회와 캐나다 연회의 시금석을 놓았다.

우리 역사엔 초심과 분자들의 활동은 없고, 이를 탈취한 결과와 실적물만 남아 있다.

1974), 67.

23) Abel Stevens, *History of the Methodist Episcopal Church in the United States in America, vol. I.* (New York: Phillips & Hund, 1884), 56.

24) Raynor Rogers, *The Story of Old John Street Church*, (New York: John Street Press, 1984), 2.

3) 맞아 죽는 설교자들

감리교회는 1850년 미국 최대의 교단이 되었다. 미국을 건설했다고 하는 청교도들의 회중교회는 역사 속으로 사라져가고, 장로회는 끊임없이 분열했다. 이 와중 감리교회는 미국 기독교인의 1/3을 차지했다. 미국 최고의 종교사가로 칭송받는 윌리엄 맥러플린(W. McLoughlin)은 "감리교가 19세기를 감리교의 세기로 만드는 데 성공했다."고 짧게 이 시기 감리교회의 성장을 표현했다. 보스톤의 청교도 사학자 조셉 쿡(Joseph Cook)은 '만약 미국이 망한다면 그 모든 책임은 감리교회다'라는 식으로 감리교회의 중앙진출과 영향력을 평가했다. 심지어 한 역사가는 19세기 감리교인들은 미국을 칼뱅주의 나라에서 알미니안주의 나라로 만들었다고까지 평가했다.

감리교가 미국, 아니 단일종파로서 세계 최대의 교단이 된 요인은 다양하다. 그러나 감리교 부흥의 주인공은 단적으로 목사가 아니라 순회 설교자들이었다. 목사나 신부들이 사역했던 회중교회와 성공회에 비해 순회 설교자, 지역 설교자, 권사, 속장이 활동했던 감리교가 크게 부흥한 것은 너무나도 당연했다. 그러나 결과뿐 아니라 내막을 알게 되면 또 다른 성찰을 하게 된다. 사실, 순회 설교자들은 생명을 걸고 돌아다니며 말씀을 전했다.

미국 감리교 초기 순회 설교자 700명 중 거의 절반이 30세 이전에 사망했다. 사망한 설교자 중 199명은 사역을 시작한 지 5년 이내에 대부분 순회 중에 죽었다.[25] 그런데 특히 19세기 말인 1770년대 중반에

25) 로저 핑크·로드니 스타크, 『미국 종교 시장에서의 승자와 패자』 (서울: 서로사랑, 2014), 245.

서 1780년대 초반까지 테러를 당하거나, 투옥되거나, 맞아 죽은 설교자들이 유독 많았다. 단지, 이들이 "불량배, 원주민, 반대세력 등에 의해 큰 고난을 받았다." 정도로 일반적인 상황은 아니었다. 이들의 고난은 분명한 이유가 있었다. 독립전쟁(1775-1783)의 발발은 이들의 핍박을 촉발하고 증폭시켰다.

중한 과세와 보스턴 학살 사건(1770)을 통해 잉글랜드와 식민지의 갈등은 극에 달했고, 차(茶) 사건을 통해 잉글랜드 국왕 조지 1세는 카이사르의 유명한 말로 식민지 탄압정책을 선포했다. "주사위는 던져졌다." 드디어 메사추세츠 콩코드와 랙싱턴에서 식민지 민병들과 잉글랜드 육군의 전투로 독립전쟁은 시작되었다. 그리고 감리교 설교자들의 핍박과 테러가 동시 다발적으로 발생했다. 핍박을 당했던 초기의 명망있던 설교자들을 흔히 '매릴랜드의 8인방'이라고 하기도 하는데 그들 일부의 사례를 들어보면,

감리교 최초의 역사학자, 단 4표 차이로 감독선거에서 잉글랜드인에게 패한 영향력 있는 설교자, 미국 상하원의 채플린을 역임했던 제시 리(Jesse Lee)는 징집되어, 총을 들지 않는다는 이유로 투옥되었다. 1774년 미국 태생 2번째 순회 설교자로 임명된 필립 개취(P. Gatch)는 수많은 폭행을 당하고 온갖 협박에도 불구하고 설교를 지속하다 결국 분노한 군중이 그의 눈에 연거푸 타르(tar)를 뿌렸고, 이로 인해 그는 왼쪽 눈을 잃었다. 미 동부와 캐나다에 감리교회를 개척한 프리본 개럿슨(F. Garrettson)은 투옥과 테러를 지속적으로 당했다. 오죽했으면 그가 길에서 맞아 죽었다는 역사학자도 있다.[26] 투옥된 조셉 하틀리(J. Hartley)는 설교 금지 명령을 어기고 계속 설교해서 투옥되었는데, 그는

26) 대표적으로 애즈베리 신학교의 Kenneth Kinghorn

감옥 창가에 얼굴을 내밀며 길을 걸어가는 사람들을 향해 계속 설교한 것으로 유명해졌다.[27] 뉴저지에서는 벤자민 애봇(B. Abbott)과 그의 아들 데이비드가 가장 험한 핍박을 당하였고,[28] 스트로우브릿지의 추종자였던 나단 페리가우(N. Perigau)와 세터 스테븐슨(S. Stevenson)이 고소를 당해 법정에 들락거린 것도 징집 거부 때문이었다. 그렇다면 이들은 왜 이렇게 테러, 폭행, 고소, 투옥, 죽임을 당했는지 설명이 필요하다.

첫째, 감리회의 위상 때문이었다. 감리회는 식민지에서도 잉글랜드 국교회의 일부로 인식되었다. 미국인들에게 감리회는 즉 토리당(Tory)과 동일시되었다. 따라서 '감리회'라는 말 하나로도 군중을 분노케 하기에 충분했다. 이는 마치 2차 유럽대전 당시, 독일계 미국인들이 이웃으로부터 테러와 왕따를 당한 것과 유사하지만, 폭력의 강도는 훨씬 강했다.

둘째, 독립전쟁에 대한 존 웨슬리의 태도도 미국인들을 분노케 했다. 왕권신수설을 굳게 믿었던(?) 웨슬리는 식민지 시민의 독립 요구를 하나님이 세운 권력을 파괴하려는 범죄라고 보았다. 그리고 곧 "미국 내 식민지에 보내는 엄중한 연설(A Calm Address to Our American Colonies)"이란 논문을 필두로 미국 독립에 반대하는 글들을 쏟아내고 있었다.[29] 그리고 파송된 설교자들이 반란에 가담하는 것을 막기 위해 설교자 전원 잉글랜드로 소환한 것도 미국인들의 감정을 자극했다.

셋째, 파송된 잉글랜드인 설교자들의 태도 역시 미국인들을 흥분케 하기 충분했다. 토마스 랭킨은 모든 설교자들에게 회람을 보내 귀국을

---

27) Leroy M. Lee, *The Life and Times of The Rev. Jesse Lee*, (Louisville, John Early for the Methodist Episcopal Church, South, 1848), 73-74.

28) Dee Andrews, *The Methodists and Revolutionary America*, 1760-1800, (Princeton University Press, 2000), 56.

29) 박창훈, op. cit., 124.

종용했다. 그리고 그 자신도 1778년 귀국해버렸다. 정치에 무관심했던 애즈베리는 2년간 극우 토리당원인 토마스 판사 집에 숨어지냈다. 미국인들은 선교를 하다 전쟁이 나자 도망치듯 귀국해버린 이들에게 큰 배신감을 느꼈다.[30] 게다가 마틴 로다(M. Rodda) 같은 설교자는 독립전쟁을 반란이라고 규정한 잉글랜드 정부의 자료를 배포하며 독립전쟁을 강력하게 성토했고, 군 출신 설교자 토마스 웹(T. Webb) 대위는 미국 군사기밀을 잉글랜드군에 제공하는 스파이 행위를 하다 기소되었다. 이러한 잉글랜드 설교자들의 태도 역시 미국인들의 분노 대상이었다.

넷째, 미국에서 태어난 감리회원들은 당시 미국으로 들어온 제3의 종교개혁 세력의 영향을 크게 받았다. 군대와 친밀했던 잉글랜드 감리회와는 달리 미국 태생 감리회원들은 메노나이트, 퀘이커, 모라비안, 후터스 등과 같이 정치와 종교의 철저한 분리를 주장하면서 평화주의를 근본적인 그리스도인의 태도로 받아들였다. 따라서 이들은 징집과 집총을 거부했고, 이는 독립을 반대한다는 오해를 받기에 충분했다. 미국 태생 설교자들은 미국의 독립을 지지하면서도 평화사상을 문자 그대로 실천하기 위해 징집을 거부하고 총을 들지 않아 큰 곤욕을 치렀다.[31]

마지막이자 가장 중요한 이유는 감리회 설교자들의 안수 문제였다. 당시 감리회는 국교회 내 종교운동이었기에 설교자들이 성직자로 서품을 받지 못했다. 그리고 웨슬리 형제는 이때까지 안수와 교단 창설을 절대 용인하지 않았다. 그런 이유로 감리회 설교자들은 성직자 징

---

30) 이때 존 웨슬리의 명령에 반해 귀국하지 않은 사람은 애즈베리와 제임스 뎀스터(James Dempster)였다. 뎀스터는 애딘버러대 출신 스코틀랜드 지성인으로 국교인 장로교로 개종했다. 가장 궁금한 것은 정치적으로 문외한이었고, 무관심했던 애즈베리가 미국에 남은 이유이다.

31) 이성덕, “존 웨슬리의 전쟁과 평화에 대한 이해” 『신학논단』 제80집(2015), 257-258.

집 면제조항의 혜택을 받지 못했다. 따라서 설교자들은 순회를 중단하고 징집에 응해야만 했는데 대부분의 설교자들은 징집에 불응했다. 이 역시 미국인들의 오해를 받기에 충분했다.

우리는 흔히 '복음을 전하다 핍박받았다.'는 말 한마디로 선교자 테러 사건을 통째로 분류한다. 그리고 그 이유는 면밀히 주목하지 않는다. 18세기 말 미국에서 태어나고 자란 남부 감리회 설교자들에게 가해진 폭력은 그 이유가 분명했다. 독립을 염원했고 민주적 교회 운영을 지지했던 그들에게 가해진 테러는 분명히 잉글랜드 내전의 소산이자, 잉글랜드 감리회와 웨슬리 형제의 잘못된 판단 때문이었다.

우리 역사엔 원인과 그에 관한 반성은 없고, 결과만 아전인수격으로 미화시킨다.

4) 오켈리 사건(Kellycism)[32]

1884년 볼티모어 크리스마스 연회를 통해 이 땅에 감리교회가 탄생했다. 이후부터 수년간 감리교회는 역사적 갈림길에 서 있었다. 역사에 만약이라는 가정은 없다고 하지만 이 당시 감리교 역사를 성찰하면 한번 되새겨보지 않을 수 없는 문제가 있다. 만약 초기 감리교 역사의 권력투쟁에서 프란시스 애즈베리가 아니라 제임스 오켈리가 승리했다면 감리교회의 역사는 어떻게 변했고, 그리고 지금 감리교회의 모습은 어떠했을까 하는 가정이다. 그만큼 오켈리는 감리교 역사에서 매우 중

32) 근간, 이충범, "갈림길에서 좌회전한 개혁자, 제임스 오켈리" 『기독교세계 10월호』 (서울: KMC, 2025).

대하고 근본적인 문제를 제기했고, 그로 인해 감리교회는 커다란 충격을 받았다. 그리고 그가 제기한 문제는 지금까지도 되새겨봐야 할 문제이다.

프란시스 애즈베리, 토마스 콕에 이어 감리교회 권력서열 3위에 올랐던 남부 출신 제임스 오켈리(James O'Kelly)는 애즈베리보다 열 살이, 토마스 콕보다 열두 살이 많았다. 그는 아일랜드 골웨이(Galway) 출신의 귀족과 코크(Coke)에서 활동했던 성직자 가문에서 출생했다. 미국으로 건너와 버지니아주에 정착한 오켈리의 지적 능력은 대단했던 것으로 알려져 있다. 그는 라틴어, 특히 그리스어에 상당한 지식을 가지고 있었고, 역사에 정통했다고 알려져 있다.

오켈리는 1784년 크리스마스 연회에서 정회원 안수를 받았는데 안수자는 토마스 콕이었다. 비록 설교자로서 늦게 경력을 쌓기 시작했지만, 오켈리는 타의 추종이 불가한 능력을 보여주었다. 결국 그는 스트로우브릿지를 이은 버지니아의 맹주(presiding-elder)가 되었고, 노스캐롤라이나까지 영향력을 미치는 명실상부한 남부의 리더가 되었다. 편의상 결론부터 맺고 이 불편한 역사를 되집어 본다면, 1792년 제임스 오켈리와 그의 추종자들은 1784년 창립한 감리교회(The Methodist Episcopal Church)를 떠나 공화감리교회(The Republican Methodist Church)를 창립했다.

오켈리 분열사건의 핵심은 종교개혁시대로 거슬러 올라간다. 초대교회부터 주교제(episcopacy)는 교회 직제(church polity)였다. 주교제는 초기 교부들로부터 5세기 위 디오니시우스(pseudo Dionysius)에 이르기까지 삼위일체 및 천상의 구조에 근거한 교회 직제로 공인되었다. 그리고 현재도 로마 가톨릭과 동방 정교회의 직제이자 핵심 교리이다. 한편, 기독교가 로마의 제국종교가 되면서 기독교 역사상 종교와 정부가 하나가 아니었던 시대는 없었다. 그리고 정부는 교회 직제인 주교제에 따라 구성되었다.

종교개혁 시대에 이르러 교회 제도는 새로운 직제로 개혁되었지만 주교제와 크게 다르지 않았다. 특히, 루터교는 선제후국, 칼뱅은 의회라는 국가 체제를 기반으로 하고 있다는 점에서 종교는 정부와 불가분의 관계를 그대로 유지하고 있었다. 이를 거부하고 종교를 독립적인 것으로 분리하고자 했던 세력이 흔히 재세례파 혹은 제3의 종교개혁 세력이라고 불렸던 이들이었다. 유럽에서 벌어졌던 종교를 앞세운 대규모 살육과 전쟁에 신물 난 제3의 개혁자들은 확실한 정교 분리를 요구하고, 극단적 평화주의를 주장하며, 군사의무를 거부하기에 이른다. 그리고 대부분의 경우, 주교제와 같은 절대 권력이 소수에 집중되는 직제를 버렸다.

앞선 언급했듯이, 이런 면에서 감리회는 매우 희한한 하이브리드적인 구조를 갖고 있었다. 감리회는 신앙과 종교생활 면에서는 제3의 종교개혁 세력이었다. 감리회원은 여러 가지 활동에서 기존 질서를 뒤흔드는 행태를 보였다. 가령, 교회를 벗어난 자유로운 설교, 성별에 관계없는 성직 임명과 설교 활동, 전통적 노동 형태 무시, 마을 축제나 운동 경기 등 오락 혐오, 배타적인 공동체 운영, 비교적 자유로운 여성들의 활동, 징집 거부 등 전통과 권위를 부정하는 듯한 모습으로 '세상을 어지럽히는 자들'이라는 비판을 받았다. 그리고 이런 이유로 초기 감리회원들은 폭력의 주된 표적이 되기도 했다.[33)]

반면, 교회 직제는 로마 가톨릭 및 잉글랜드 국교회의 주교제를 따랐다. 당시 국교란 오늘날 대한민국의 국공립학교와 복지시설처럼 정부의 지원을 받았다. 시민은 십일조, 즉 교회세를 내야 했고, 예배 참

33) 데이비드 햄튼, 이은재 역, 『성령의 제국 감리교』, (CLC, 2009), 139-140.

석은 의무였다. 일반인들은 표준화된 신앙과 전례 외 자신의 특별한 신앙적 소신을 전파하거나 설교하는 것이 금지되었다. 성직자는 국가와 왕으로부터 봉록을 받는 공무원(beneficiary)이었다. 그리고 교회는 외형적으론 종교기관이었지만 역할은 현재 동사무소와 유사한 말단 국가기관이었다.

잘 알려졌다시피 존 웨슬리는 소천할 때까지 국교회 사제로 남았다. 노년까지 국교회로부터 성직록을 받았다. 그리고 웨슬리 형제는 감리회의 모든 회원은 국교회의 일원으로 규정했고, 국교회 주일 미사에 참석을 규율로 정했고(주일 감리회 집회 금지 권고), 십일조와 종교세 납부를 의무화했다. 웨슬리 형제는 잉글랜드나 미국에서 새로운 교단을 창설한다는 구상을 티끌만큼도 갖고 있지 않았고, 감리회는 국교회의 파라처치(para church)로 남길 원했다. 그러나 이것은 어디까지나 잉글랜드의 상황이었다. 새로운 국가가 태동하던 미국은 잉글랜드와 상황이 전혀 달랐다.

독립 전쟁을 통해 잉글랜드의 국왕은 미국과 아무런 상관이 없어졌다. 마찬가지로 잉글랜드 국교회와 미국의 감리교회는 아무런 관련이 없어야만 옳다. 즉, 더 이상 잉글랜드 국왕이 독립국인 미국 내정에 감 놔라 대추 놔라 할 수 없듯이, 웨슬리라는 성을 가진 존[34]이 감리교회에 참견할 수 없다. 더군다나 그 형제들은 미국 독립과 교단 창설을 반대했던 사람들이었다. 게다가 미국은 더 이상 왕정국가가 아니라 대의 민주주의 국가여서 세습 국왕이 즉위하는 것이 아니라, 대표자를 국민들의 자유선거로 선출하는데 왜 잉글랜드가 아닌 새로운 나라 미국에서 창설되는 감리교회에 국왕이나 교황의 권력을 가진 주교가 임

34) James O'Kelly, *Author's Apology for Protesting Against the Methodist Episcopal Government*, (Hillsborough: Dennis Heartt Printer, 1829), 6.

명되어야만 하는가? 이것이 당시 미국에서 태어난 남부 감리교 설교자들의 생각이었다. 제임스 오켈리는 바로 이들의 생각을 대표한 인물이었다.

미국 감리교가 국교회와 같은 주교제 교회가 되는 것을 존 웨슬리는 찬성하지 않았다. 미국 감리교회를 자신과 잉글랜드 감리회의 권위 아래 두고 싶었던 것이다. 반면, 미국으로 파송된 프란시스 애즈베리와 토마스 콕은 다른 생각을 갖고 있었다. 이들은 자신들이 미국에서 새롭게 탄생한 교단의 전권을 가지길 원했고, 이 때문에 주교제 교단을 설립하기로 서로 합의한 듯 보인다. 감리교 주교교회라는, 이해할 수 없는 교단의 명칭은 토마스 콕의 발상이었다. 오켈리는 다음과 같이 증언한다. "토마스는 그 모호한 용어를 사용하여 그것(주교제)을 설명했습니다. 감리교 주교제(methodist episcopacy) - 우리에게는 주교제는 있었지만 주교는 없었습니다."[35] 제임스 오켈리가 반발한 것은 바로 이점이었다.

국교회의 영향권 안에 있으면서 존 웨슬리의 사도 계승권을 주장하는 잉글랜드에서 온 세력과 웨슬리 형제 및 잉글랜드와 관계를 끊고 자유로운 교회 정치 직제를 요구하는 미국 출신 및 비잉글랜드 출신 세력의 경계선은 포토맥 강을 중심으로 남북으로 갈렸다. 이 두 세력은 독립전쟁 이전 성례집례와 안수 문제로 충돌했다. 1784년 크리스마스 연회를 통해 교회가 창립된 후 두 세력 간 권력투쟁의 핵심적 논점은 주교제라는 교회 직제에 모였다.

> "만일 그리스도인이 시온의 자유로운 시민이라면, 그들은 그리스도의 값진 피로 인해 자신들에게 자유가 상급으로 주어지

---

35) Ibid., 9.

는 것을 목도할 것이다."[36]

1780년 포와탄 마나킨 타운에서 안수 문제로 갈라진 남북 감리회가 재결합을 시도했을 때 애즈베리의 가장 강력한 반대자는 오켈리였다. 그해 7월 8일 버지니아주 낸스몬드 카운티 사이프러스 채플에서 제임스 오켈리와 애즈베리가 단둘이 만났다. 애즈베리는 그의 일기에서 제임스 오켈리에 관해 긍정적인 인물평을 남겼다.[37] 그러나 둘 사이엔 권력을 잡으려는 자와 권력을 해체하려는 자라는 결코 건널 수 없는 심연이 놓여 있었다.

1782년 4월 17일 버지니아 서식스 엘리스 채플 연회에 오켈리는 제대 후 처음 참여했다. 이 연회에서 애즈베리는 존 웨슬리의 신앙적 삶(Old Plan)을 만장일치로 받아들이기를 원했지만 유일하게 오켈리만 서명을 거부하면서 웨슬리 형제의 영향 아래서 독립하겠다는 의지를 참석자들에게 직접적으로 표현했다. 웨슬리로부터 벗어나고자 했던 애즈베리는 침묵했다.

1787년 버지니아 샬럿 카운티 연회에 참석한 오켈리는 리처드 왓코트를 공동주교(감리사)로 임명하라는 존 웨슬리의 제안을 거부했다. 이 문제를 놓고 토마스 콕과 제임스 오켈리가 찬반 연설을 했는데 오켈리는 이 연설을 통해 주교제의 폐해를 설교자들에게 호소했다. 의외로 이때 애즈베리는 침묵했다. 미국에서의 자신의 권력을 공유하고 싶지 않았기 때문이었다.

1789년 애즈베리는 모든 이슈를 매년 설교자들이 다 모여 총회(Gen-

---

36) Ibid., 21.

37) W. E. MacCleny, *The Life of Rev. James O'Kelly and The Early History of the Christian Church in the South*, 41에서 재인용.

eral Conference)를 통해 결정하는 것이 현실적으로 불가능하였기에 자신이 임명하는 위원들로 협의회(The Council)를 구성해서 활동했다. 그리고 이 협의회를 1789년 연회에 통과시켜주길 제안했다. 이때 오켈리, 제시 리(Jesse Lee) 등이 협의회의 모든 위원들을 애즈베리가 임명하고 총회의 결정을 협의회가 대신하는 방식은 애즈베리의 주교 권력을 제한할 수 없다는 이유로 극력 반대하여 부결시켰다.[38] 이로 인해 애즈베리와 오켈리는 인간적으로 갈라섰다. 결정된 순간 애즈베리는 오켈리와 19명의 추종자들을 설교자 연합에서 추방하였고, 기도도 하지 않고 폐회선언을 하고 회의장을 나가 버렸다. 추방된 젊은 설교자들은 통곡했고, 오켈리를 포함한 이들은 1790년 지지자들이 그들의 복직을 얻어낼 때까지 설교자 명단에서 제외되었다.[39]

그 후 애즈베리는 오켈리의 구역(curcuit) 일부를 잘라내 자신에게 호의적인 설교자를 파송하면서 오켈리에게 철저히 복수했다. 제시 리는 볼티모어 연회로 파송해 그가 차기 총회에서 주교로 선출되는 것을 근본적으로 막았다. 그러나 우여곡절 끝에 복직한 오켈리는 교단의 직제(주교제) 정체성을 바꾸기 위해 지속적으로 논의를 주도했다. 이때 토마스 콕이 끼어들어 감리교회와 미국 성공회의 재통합을 거론했는데, 통합이 이루어질 경우, 공식적으로 서품받은 토마스 콕 자신이 배움이 없던 애즈베리를 제치고 미국 감리교회의 수장이 될 수 있었기 때문이었다.[40] 그러나 이 논의는 쉽게 결론을 낼 수가 없었다.

제3의 종교개혁 세력들과 마찬가지로 제임스 오켈리는 따를 모델이

---

38) 이충범, "애즈베리의 영원한 맞수, 제시 리" 『기독교세계 9월호』 (서울: KMC, 2025) 참조.

39) Dee Andrews, op. cit., 202.

40) W. E. MacCleny, op. cit., 6장.

없었고, 그와 그의 동료들은 스스로 새로운 조직과 정체(polity)를 만들어야만 했다. 이들은 마치 조지 워싱턴, 토마스 제퍼슨, 벤자민 프랭클린, 존 애덤스가 새 국가에 맞는 대통령제(presider-ent) 정치권력 구조를 만든 것처럼 참다운 종교의 정치구조를 만들고자 했다.

오켈리는 1792년 1차 총회에서 새로운 법안을 제출했다. 그는 주교의 순회 구역 임명에 대해 항소할 권리를 요구하는 동의안을 제출했다. 사실, 이 법안은 당시 시급하고 중요한 문제였다. 1년 전인 1791년 카리브해 최초 선교 개척자이자 사우스캐롤라이나의 유명 설교자 윌리엄 헴멧(W. Hemmett)은 교단의 민주적 운영을 주장하면서 파송 거부로 애즈베리와 마찰을 빚다 교단을 떠나 찰스턴에 초대감리교회(Primitive Methodist Church)를 세웠기 때문이었다. 총회는 이 법안을 놓고 나흘간의 토론 후 최종적으로 이 안을 부결시켰다. 이에 실망한 제임스 오켈리와 그의 동료들은 버지니아 남부와 노스캐롤라이나 주를 중심으로 공화감리교회를 결성했고, 약 30명의 설교자와 2만여 명의 회원과 함께 감리교회(MEC)를 탈퇴하는 안타까운 일이 발생했다.[41]

당시 깨어 있는 사람들로서는 소수에게 권력이 집중되는 왕정과 같은 주교제를 받아들이기 어려웠다. 종교적 민주화가 정치적 민주화라는 개념과 함께 자연스럽게 성장하리라고 믿었던 신념이 깨지는 순간이었다. 독립전쟁 참전 용사이자, 골수 휘그당원이자, 반잉글랜드 급진주의자이자, 노예제의 가장 극렬한 반대론자이자, 버지니아 남부의 가장 유명한 설교자였던 제임스 오켈리는 이런 상황을 몸으로 막으려 하다 감리교회를 떠날 수밖에 없었던 감리교인이었다.

41) Dee Andrews, op. cit., 202.

우리 역사엔 정의는 없고, 승리자의 칭송만 남아 있다.

추론: 지속되는 분열의 내면에는 잉글랜드인들의 아일랜드인과 스코틀랜드인 배제라는 민족적 정서가 깊게 뿌리박고 있다. 스토로우브릿지, 엠버리, 헥, 햄멧, 오켈리, 그리고 이들과 함께했던 유명한 설교자 에드워드 드롬굴(E. Dromgoole), 윌리엄 글렌드닝(W. Glendenning) 등 교단을 탈퇴한 사람들은 대부분 아일랜드인과 스코틀랜드인이었고, 이들에게 호의적이었던 리처드 보드맨, 로버트 윌리엄즈, 토마스 웹 등은 성장기 역사가 감춰져 있다. 분명 출신을 숨기며 살던 아일랜드/스코틀랜드인들로 추정된다. 반면, 극도로 존 웨슬리와 애즈베리에 맹종한 아일랜드, 스코틀랜드인들도 있다.

5) 침묵하는 사건들과 사라진 반성

대학 강단의 역사는 수치심과 염치가 없다. 역사 교과서는 과오와 부끄러운 과거를 결코 드러내려 하지 않는다. 그렇기에 반성한 사례도 거의 없다. 가령 우리나라 개신교는 단 한 번도 개신교가 신사참배에 앞장섰던 과거를 가르치지도, 진지하게 반성하거나 회개한 적이 없다. 이는 한국 가톨릭도 마찬가지이다. 생각해보면, 역사적으로 알 수 없는 사건에 대해 반성과 회개는 있을 수 없다. 다음은 미국 감리교회의 대표적인 수치들을 나름 모아봤다.

1832년 12월 21일, 미혼에 임신한 제분소 노동자 사라 마리아 코넬(Sarah M. Cornell)이 로드아일랜드 시골 건초더미 기둥에 목이 매달린 채 발견되었다. 정황상 타살이었다. 즉시 사라의 하숙방을 수색하던 경찰은 사라가 직접 쓴 작은 쪽지를 발견했다. 그녀가 사망한 당일 쓴 그 쪽지에는 이렇게 써 있었다.

> "만약 내가 실종된다면, 에버리 목사께 물어보세요. 그는 내가 어디에 있는지 잘 알 것입니다. 1832. 12. 21. 사라 코넬"

이 쪽지 외에도 사라의 방에선 산부인과 기록이 발견되었다. 병원 기록에는 아이의 아빠가 에버리 목사임을 적시하고 있었다. 경찰은 곧 강력한 살해 용의자로 감리교 뉴잉글랜드 연회의 가장 저명한 목사 에프렘 에버리(Ephraim K. Avery)를 체포했다. 부검 후 매장한 그녀의 시신은 다시 파헤쳐져 2차 부검이 실시되었고, 그녀가 다니던 감리교회가 장례를 거부해 회중교회가 대신 장례를 치렀다. 그러나 에버리 목사는 곧 무혐의로 풀려났다. 판사는 감리교인이었다. 이에 성난 군중들이 에버리의 집을 포위하고 직접 응징하려 하자 에버리는 도주했다. 경찰의 설득으로 그가 다시 뉴잉글랜드로 돌아온 후 재판이 시작되었다.

19세기 미국에서 가장 큰 관심을 받았던 이 재판은 다양한 사회적인 주제들이 결부되어 있었다. 두 세력이 자신들의 이권을 지키기 위해 맞붙었다. 새로운 산업의 등장에 따른 그늘, 여성 노동자의 인권과 안전, 저임금 여성 노동력 착취 등 부도덕성으로 늘 언론의 의심과 질타를 받던 기업인 단체는 에버리 목사를 단죄함으로써 '기업은 정의롭다.'란 이미지를 얻고자 했다. 반대로, 칼뱅주의와 청교도의 철옹성이던 뉴잉글랜드에서 성공적으로 교세를 확장하고 있던 감리교회는 이 사건으로 인해 기존 종교세력에게 공격의 빌미를 제공함과 동시에 세력 확장에 타격을 받지 않도록 방어해야만 했다.

스타 변호사, 유력 정치인, 유명 저널리스트, 다양한 시민단체와 종교단체들이 개입한 이 재판에서 기업가 연합은 에버리의 악랄한 살인을 주장했다. 반대로 상원의원 출신을 대표 변호사로 6명의 변호팀을 꾸린 감리교는 사라의 죽음을 자살이라 주장했다. 그리고 그녀를 음탕한 여인, 간음죄로 교회에서 축출된 죄인으로 몰고 갔다. 사실, 사라 코넬은 성적으로 정숙한 여성은 아니었다. 여하튼 '여성'이란 생물학적 특징을 재판에 활용한 최초의 변호 전략이었다. 결론은 무죄였다. 그러나 여론은 더 들끓었고, 곳곳에서 집회와 시위가 계속되었다. 감리교 뉴잉글랜드 연회는 여론을 무마하기 위해 교회재판을 열고 다시 한번 에버리에게 무죄를 확정했다. 그러나 감리교 재판은 오히려 군중을 더 흥분시키기에 충분했다.

멈추지 않는 군중의 분노에 결국 에버리는 직을 내려 놓고 다른 주로 피신했다. 그리고 평생 농부로 생을 마쳤다. 여하튼 에버리는 감리교의 고위 교역자로 미 역사상 살인혐의로 재판을 받은 최초의 성직자라는 기록을 남겼다. 그리고 정의보다는 교회와 교단의 이익에만 몰두했던 뉴잉글랜드 연회의 태도는 감리교가-적어도 뉴잉글랜드에서는-부도덕한 집단임을 사람들에게 각인시켰다. 하지만 한 시대를 떠들썩하게 했던 이 사건은 감리교 역사책에서 찾아볼 수 없다.

> 우리의 전통적 도덕의 표준들은 줄줄이 폐기되거나 멸시받게 되었다. 주일성수, 가정, 순결, 심지어 우리 자녀들을 우리 자신의 학교에서 근본적 사실과 진리를 가르칠 수 있는 우리의 권리가 존중되지 못했다. … 이런 상황에 경제 위기가 덮쳤다. 우리 자녀들의 장래에 대한 확신은 줄어들었다. 큰 도시들과 산업과 자영업이 우리와는 다른 부정한 방법으로 성공하고 돈을 번 외국인들에 의해 좌우되고 있다는 것을 우리는 알게 되었다. 그래

서 우리는 조상들이 물려준 나라 곳곳에서 오히려 이방인이 되고 있다.

이 모든 결과로 우리의 출산율이 떨어진 것은 우리가 고통을 받고 있다는 증거이다. … 우리는 문화와 지적인 지원과 훈련 받은 리더십 등의 면에서 아주 취약한, 평범한 사람들의 운동이다. 우리는 매일 우리 손에 힘을 돌려받기를 원하고 있다. 우리는 리더십을 갖춘 **대한민국**을 배신한 교수들이나 자유주의자들과 반대되는 사람들이다. … 이것은 의심할 여지없이 우리의 취약점이기도 하다. 그 바람에 우리는 촌뜨기, 찌질이 혹은 **외제차는커녕 현대·기아** 중고차나 타는 자들로 비웃음을 당하기도 한다. 우리는 그것을 받아들인다. 우리는 대중이고 이런 약점 때문에 어려움을 당하는 것이니까 … 그러나 … 대중은 항상 발전의 원동력이었고 최상의 사람들에 대항하여 이겨 왔다. (Hiram Wesley Evans)

의사 아들로 태어나 의사가 되려 했던 윌리엄 시몬즈(W. Simmons)는 제2차 대각성운동 때 회심을 체험했다. 종교체험 후 그는 진로를 바꾸어 1912년부터 남감리교회의 설교자로 활약하며 알라바마주와 플로리다주에서 목회했다. 그러나 그의 도덕적 결함과 무능함은 곧 교회에 큰 문제를 일으켰다. 다행히 그는 남감리교회 알라바마 연회에서 자격이 정지되었다.[42)]

---

42) 시드니 알스트롬, 김영재 역, 『미국 기독교사』 (서울: 복있는사람, 2019), 1146. 사실 그가 무슨 이유로 알라바마 연회에서 자격이 정지(suspended)되었는지 정확히 알 수 없다. 확실한 것은 그가 출교(excommunicated)된 것은 아니었다는 점이다.

1915년 그는 거의 50년 전 사라진 단체를 부활시키며 교단을 창설했다. 소속된 목사들도 있었고, 자기들만의 찬송가도 출판했다. 교단의 이름은 Ku Klux Klan(KKK). 그러나 시몬즈가 부활시킨 KKK는 과거의 그것과는 사뭇 달랐다. 단지 흑인들만을 혐오하고 공격했던 과거의 KKK와는 달리 부활된 단체는 아프리카계 미국인은 물론, 가톨릭, 유대인, 동양인, 이민자, 노동조합, 진보주의자, 사회주의자, 공산주의자 등 혐오와 공격의 대상을 대폭 확대했다.

시몬즈가 작성한 것으로 알려진 KKK 규율집(Prescript)를 잠시 살펴보면, 맨 앞 그들의 신앙고백이 나온다. "우리는 신성한 존재의 위대함(Majesty)과 지고함(Supremacy)을 경건하게 받아들이며, 그분의 선하심과 섭리를 인정합니다." 그리고 그는 약속의 땅인 미국의 반기독교적 입장과 정부, 교육 시스템, 군대에서 기독교 윤리와 가르침을 제거한 것을 한탄한다.

시몬즈를 제거하고 보스의 자리에 오른 후계자 하이람 웨슬리 에반스(H. Wesley Evans)는 치과의사로서 후에 대마왕(Imperial Wizard)의 자리까지 오르면서 400만 추종자를 이끌었다. 에반스 역시 시몬즈처럼 알라바마 출신이며 침례교 계열 출신으로 보인다. 그가 활동하던 시대는 KKK 역사상 가장 화려했던 시대였다. 정치계, 경제계, 종교계 등 사회를 제어해야 할 필요성을 가진 집단들이 이들을 적절히 활용하며 이들의 불법과 폭력을 보호했다.

우리 역사엔 반성과 교정은 없고, 무마하기, 꼬리자르기, 덮기만 있다.

3. 한국 감리교회사 기술의 재고

논자는 시대를 이해할 때 역사 지층이 흔들리기 시작하는 시점을 종종 문턱(threshold)이라는 개념으로 표현하기도 했다. 물론 여기서 문턱이란 용어는 단지 비유뿐 아니라 물리적 사건을 지칭하며, 일종의 특이점과 조응하는 개념이다. 문턱 혹은 특이점이란 의미론적으로는 사건이나 사태들의 계열화에 있어서 의미 연관관계가 전도 혹은 전복되는 순간을 지칭한다. 영미의 18세기는 종교적 측면에 있어서 문턱 혹은 특이점으로 기성 종교의 지층을 뚫고 새로운 종교의 탄생이 꿈틀거리며 화석화된 사회구조에 균열이 발생하는 시점이었다.[43] 그리고 그 중심에 웨슬리 형제의 부흥운동과 감리교회의 탄생이 있었다.

이런 관점에서 당시 감리회 부흥운동과 미국의 초기 감리교회는 경직된 판구조를 균열시키고 확고한 영토에서 이탈하는 전쟁기계(war machine)와 같은 힘들 중 하나였다.[44] 결과론적이지만 감리회 운동은 국가장치를 반대하지도 않으면서 국가장치의 통일성에 균열을 가하고 있었는데, 그들은 웨슬리 형제도, 대표적인 리더들도 아닌 욕망 가득한 분자

---

43) 특이점은 singularity 혹은 singular point를 번역한 용어로 미분계수가 0이 되는 지점을 지칭한다. 함수좌표상에서는 직선이 꺾이는 지점이 되며 기하에서는 도형의 꼭짓점이 특이점이 된다. A. Markushevich, *A Theory of Functions of a Complex Variable, Vol. 2.* Richard Silverman, tr. (New York: Chelsea Publishing Company, 1985) 12. 또한 벡터장에 있어서는 벡터 값이 0이 되는 지점을 의미한다. 따라서 특이점은 함수에서 직선과 곡선이 분기되는 분기점, 위상수학에서는 안정성을 잃는 지점, 그리고 벡터장에서는 벡터장이 허물어지는 지점을 특이점이라고 말할 수 있다. D. Anosov and V. Arnod, eds. *Dynamical Systems, Vol. 1.* (New York: Springer-Verlag, 1994) 11-2. *Vol. V.* 17-22. 이 글에서는 역사적 변곡점을 특이점 혹은 문턱으로 간주한다.

44) 여기서 전쟁기계는 의미를 내포하는 해석학적 개념이 아니라 외부성과 접촉하여 그 무엇을 생산하는 물리적 기재를 지칭.

들의 분열적 운동이었다. 이들은 전염의 방식으로 자신들의 영토를 넓혀 갔으며 이들이 오염시킨 영토는 신대륙에 새로운 종교로 탄생했다.

그럼에도 불구하고 이 힘들을 구속하고 제어하려는 통치술이 끊임없이 가해졌고, 이러한 통치를 통해 또 다른 확고한 성(城)을 구축하고 종교를 국가장치로 만들려고 시도했다. 역사는 분자적이고, 미시적이며, 형태가 없는 힘들의 용트림은 소거하거나, 오히려 일탈, 분열, 오점, 심지어 신성모독이나 이단으로 기술한다. 이 글을 통해 이러한 힘들을 한번 검토해보았고, 나아가서 한국 감리교회사 서술의 방법론을 상상해 보았다. 종교가 확고한 국가장치가 되는 한, 향기는 사라지고 콘크리트 내음만 풍기게 될 것이기에….

종교가 그 자신을 전쟁기계화 한다면, 종교는 엄청난 정도로 움직이고 해방시키면서 절대적 탈주선을 탈 것이다.[45]

45) Gilles Deleuze, *A Thousand Plateaus: Capitalism and Schizophrenia*, Brian Massumi, tr. (Minneapolis: The University of Minnesota Press, 1987), 384.

감리교회와 에큐메니칼 디아코니아
- 몰트만의 정치신학을 중심으로 -

조현호 목사(백사중앙교회/공적교회연구소 연구원)

1. 들어가는 말

우리는 교리와 장정 12단에 "'하나된 교회'를 지향하는 한국 감리교회는 해방 후에도 한국기독교교회협의회, 대한성서공회, 대한기독교서회, 한국찬송가위원회, 기독교방송, 대한기독교교육협회, 기독교청년회, 여자기독교청년회를 통한 초교파 연합사업에 적극 참여하였다."라고 기록되어 있는 바와 같이 자랑스러운 에큐메니칼 유산을 가지고 있다. 그러나 오늘의 감리교회는 개체교회 중심, 물량주의, 학연 중심의 파편화된 분열 등 이로 인한 성장의 동력이 멈춘 위기의 시대를 살고 있다. 웨슬리의 신앙운동과 신학은 '교회일치'와 '선교와 봉사'라는 에큐메니칼 가치를 목회의 핵심으로 하고 있다. 에큐메니칼 운동과 신학은 현대 사회의 흐름에 대한 기독교회의 응답이라 할 수 있다.[1] 에큐메니칼 운동은 성경과 초대교회 전통에서 출발하여 현대 사회의 도전에 응답하는 그리스도인들의 신앙고백이며 실천이다. 예수 그리스도의 복음 전파는 개인의 영혼과 죄와 병에 매인 육신을 치유하여 구원하시는 동시에 당대의 불의하고 위선적인 지배계층을 향한 예언자적 저항으로 나타

1) 박도웅, 『감리교회와 에큐메니칼 운동』 (서울: 도서출판 kmc, 2017), 252.

났다. 예언자적이며 디아코니아적이었다. 서로 다른 배경과 역사와 교리를 가진 그리스도인들이 서로 만나 그동안의 다툼과 역사를 회개하고 그리스도 안에서 한 몸이 되어가려는 대화의 장이 에큐메니칼이다.[2)]

이에 대한 고찰로서 에큐메니칼의 본질이라 할 수 있는 예언자적이며 디아코니아적인 감리교회의 대안을 제시하기 위해 20세기에 영향력이 있었던 신학자 몰트만의 정치신학을 살펴보고자 한다. 그의 방대한 저서들과 사상에서 강조하고 있는 교회는 바로 예언자적이며 디아코니아적이기 때문이다.

2. 몰트만의 정치신학에 따른 디아코니아 교회

몰트만에 의하면 교회는 항상 정치적 요소를 나타낸다고 본다. 왜냐하면 그리스도의 유일한 주권의 고백은 교회를 정치적 충돌로 인도하며, 충실한 그리스도의 제자직은 항상 정치적 결과를 낳기 때문이다.[3)] 그래서 교회는 역사에 대해서 항상 정치적 차원을 가지고 교회의 정치적 요소를 나타낸다. 그렇기 때문에 문제는 교회가 정치적 요소로서 어떻게 대응하는가에 달려 있다.[4)] 몰트만은 선교하는 교회는 비정치적일 수가 없고, 에큐메니칼 교회의 개념 또한 그것의 정치적 포로로부터 교회의 해방을 향하게 되는 바 '정치적 교회'가 된다고 말한다.[5)] 이때 정치라고

---

2) Ibid., 253.

3) J. 몰트만, 김균진 역, 『삼위일체와 하나님 나라』 (서울:대한기독교서회, 2006) 26.

4) J. 몰트만, 박봉랑 등 역, 『성령의 능력 안에 있는 교회』 (서울:한국신학연구소 2001), 33.

5) J. 몰트만, op. cit., 3.
'정치적 교회'라는 표현은 '교회의 정치화'를 의미하는 것이 아니라 반대로 '그리스도의 표준과

하는 것은 '역사적 과정 속에 있는 사회적 현실' 모두와 관계되는 개념이다. 이러한 몰트만이 주장하는 정치적 교회라고 하는 것은 근세 교회사에 있어서 계몽, 해방, 혁명에 철저히 반대한 보수적인 정치적 교회와는 근본적으로 다른 것이다.[6] 몰트만이 말하는 '정치적 교회'란 성서에 근거한 '성서의 정치적 해석학'[7]으로 인도한다. 기독교 해석학은 공적인 삶, 정치적, 사회적 광장 속에 있기 때문에 배타적으로 선포와 언어에만 제한될 수 없다. "그러므로 교회와 정치적 윤곽과 그리스도인의 삶의 윤리적 형태는 그리스도교 해석학의 주제가 된다."[8] '정치적 교회'라는 표현은 '교회의 정치화'를 의미하는 것이 아니라 반대로 '그리스도의 표준과 규범'에 의해 교회가 정치를 기독교화하는 것을 의미한다.

몰트만은 신약성서가 교회를 "종말론적 구원 공동체"로 이해하고, 공동체의 소집과 사명을 종말론적인 기대의 지평 안에서 말하고 있다고 말한다. 그는 부활한 그리스도가 사람들을 부르고, 보내고, 의롭다고 인정하고, 거룩하게 하심을 이야기하였다. 그리스도는 세계를 위한 그의 종말론적인 미래 안으로 사람들을 모으고, 부르고, 보내시는 것이다. 몰트만은 부활한 그리스도는 언제나 교회가 기다리는 주님이시고 교회가 그리스도를 기다리는 것은 이 세계를 위함이며, 결코 자기 자신을 위함이 아닌 것을 강조하고 있다.[9] 몰트만은 세계를 위한 교회는 무분별

규범'에 의해 교회가 정치를 기독교화하는 것을 의미한다.

6) J. 몰트만, 김균진 역, 『십자가에 달리신 하나님』 (서울: 한국신학연구소 1999), 323.

7) J. 몰트만, 전경연 역, 『희망의 실험과 정치』 (서울: 대한기독교서회 1974), 196-198.

8) 박봉랑, "몰트만의 정치신학," 「신학연구」 제27집, 한국신학연구소, 302.

9) J. 몰트만, 이신건 역, 『희망은 어디서 오는가』 (서울: 한들출판사, 2004), 61-62.

한 연대성과 막연한 동정이 아니라 하나님의 뜻과 소원대로 세계를 위해 봉사하는 것과 세계 안에서 활동하는 것임을 강조하고 있다. 몰트만은 온 인류에 대한 교회의 개입은 선교 속에서 실현되고 이러한 파송은 오고 있는 하나님의 나라, 오고 있는 공의와 오고 있는 평화, 오고 있는 자유와 인간의 존엄성의 종말론적인 기대 지평 안에서 일어나는 것임을 중요하게 구분하고 설명한다. 그러므로 몰트만은 세계를 위한 교회란 오직 하나님 나라를 위한 교회와 세계의 갱신을 의미할 수밖에 없다고 말한다. 몰트만은 오늘날 선교는 오직 사람들을 희망으로 감염시키는 일을 함으로써만 자신의 임무를 수행하는 것이고, 선교의 목적은 세상을 변혁하기 위해 세상을 향해 오고 있는 하나님 나라의 생생하고 활기찬 희망을 일깨우는 데 있다고 말한다.[10] 하나님 나라를 희망하는 자는 고난도 기꺼이 감수하는 것이고, 이것은 단지 특수한 교직자들만의 임무가 아니라 모든 그리스도인들의 임무라는 것이다.[11] 몰트만은 디아코니아적으로 선교를 정의하는데, 선교란 단지 신앙과 희망을 확장하는 것만이 아니라 생활을 역사적으로 변혁하는 것이라 말하고 있다.[12]

몰트만은 그리스도교의 희망은 현재의 상황에 만족할 수 없기 때문에 현실제도 속에서 '생활에 대해 아무런 질문도 없는 느긋한 생활'은 오직 허무와 죽음의 새로운 형태가 된다고 말하고 있다. 그는 그리스도교의 희망은 구체적으로 다른 제도들을 추구하게 된다고 주장한다. 그리스도교의 희망이 현대의 제도로 하여금 미래의 개방성에 적합한

10) J. 몰트만, 이신건 역, 『오늘 우리에게 그리스도는 누구인가』 (서울: 대한기독교서회, 2010), 45-51.

11) J. 몰트만, 『희망은 어디서 오는가』, 352.

12) Ibid., 354

탄력성을 갖도록 열어 놓는다는 것이다.[13)]

몰트만은 그리스도의 파송에 순종하는 교회는 그리스도를 본받아 세계를 위한 봉사를 실천하고, 오직 세계를 향한 파송을 구체적으로 실천함으로써만, 십자가에 달리고 부활한 그리스도의 몸이 될 수 있다고 말한다. 그는 교회를 위한 교회는 아무것도 아니며 교회의 본질은 전적으로 다른 사람들을 위한 봉사에 있음을 강조하고 있다.[14)] 몰트만은 그리스도의 메시아적 선교와 하나님 나라의 선교에 참여하는 교회는 교회의 정치화가 아니라 진정한 의미에서 '정치적 교회'라고 부른다. 그에 따르면 종교개혁 시대의 교회와 독일의 고백교회 등이 그리스도의 진정한 주되심을 믿고 나갔을 때 정치적인 갈등을 갖게 되었다고 한다. 그래서 "교회는 역사적으로 하나의 정치적인 차원을 갖고 있다"고 한다. 몰트만은 교회는 하나님의 역사를 통한 세계의 운동인데, 이런 관점은 그리스도의 역사에 대한 직관과 그의 보내심의 빛 안에서 시작되는 성령의 경험으로부터 기인된다고 말한다. 성령 안에 있는 그리스도에 관한 역사는 세계와의 관계 속에 있는 하나님의 역사로 이해된다. 그리스도의 역사는 우리를 위한 구원의 사건으로서,[15)] 그리스도께서 세상의 구원을 위해서 하나님으로부터 보냄을 받았으며, 새 창조의 성령으로 기름 부음을 받고, 우리의 죄를 위해서 죽었으며, 우리의 의를 위해서 부활했다.[16)] 십자가에서 자신을 죽음에 내어 준 것의 의미는 화해에 의해 죄인이 죄의 짐으

---

13) Ibid., 354-355.

14) Ibid., 65.

15) J. 몰트만, 『성령의 능력 안에 있는 교회』, 43.

16) 롬 4:25

로부터 해방을 받는 것이요, 대속적 행위에 의해서 죄인이 죄의 권세로부터 해방을 받는 것이다. 죽은 자들로부터의 그의 부활의 의미는 '의' 안에서의 우리의 새로운 삶이다. 몰트만은 이 그리스도의 역사가 새로운 복종, 새로운 친교, 새로운 창조의 카리스마적 능력 안에 있는 영의 계시에서 전개된다고 설명한다. 교회는 옳다고 인정받은 죄인들의 공동체이며, 그리스도에 의해 해방 받은 자, 구원을 경험한 자, 감사 속에 살고 있는 사람들의 공동체로서 그리스도의 역사의 의미를 성취하는 도중에 있다. 이 교회라는 공동체는 전적으로 그리스도를 바라보며 성령 안에서 살고, 성령 안에서 일어난다. 영의 능력들은 새로운 삶의 미래로부터 와서, 현재를 결정하는 종말론적 삶의 능력들이다.[17] 이와 같은 그리스도와 성령의 메시야적 사명에 의한 피조물의 해방과 구원의 종말론적 의미는 하나님의 영광과 세계의 해방에 있다. 이러한 의미에서 그리스도의 역사와 성령의 역사에 연관된 하나님의 내재적 삼위일체의 삶은 보내시고 찾으시는 하나님의 사랑의 삼위일체이며, 역사와 역사의 경험을 위해 자신을 개방한다. 즉, 삼위일체의 역사는 자신을 전달하시는 하나님의 살아 계심의 역사로서, 아들과 성령을 보내신 하나님이 세계와 관계하시는 운동이다.[18] 몰트만은 교회의 위치는 세계에 관계하는 하나님의 역사의 길 위에 있다고 말한다. 교회는 세계에 관계하시는 하나님의 삼위일체적 역사의 운동 안에서 자신을 하나님의 보내심과 모으심, 그리고 경험의 운동 속에 있는 한 요소로서 발견한다. 결론적으로 교회의 전 존재는 회개하는 자들과 해방 받은 자들의 친교이며, 세계에 관계하시는 하

17) op.cit., 45-47.

18) Ibid., 70.

나님의 역사에의 참여를 통해서 특징 지어진다.[19]

1) 몰트만의 '희망'에 따른 디아코니아 교회

(1) 해방하는 교회

몰트만은 그의 삼위일체적 하나님의 역사 안에 있는 교회 이해를 예수 그리스도로부터 시작한다. 그리스도 없이는 교회가 없다. 나사렛 예수 그리스도가 하나님의 그리스도로 믿어지고 고백되는 한, 교회는 존재한다. 교회는 예수 그리스도의 메시야적 사명의 빛 안에서 그리스도론으로 시작하며 이와 상응하여 전개된다.[20] 몰트만에 따르면 예수 그리스도의 교회는 예수 그리스도에게서 성취된 하나님의 종말론적 통치에 참여하는 출애굽의 공동체이다. 그에 따르면 종말론적 출애굽 공동체의 출애굽 운동은 히브리 민족의 애굽 탈출운동을 넘어서서 악마적인 과거 세력으로부터 하나님의 미래에 이르는 종말론적 운동이다. [21]하나님의 종말론적 통치는 예수 그리스도를 통하여 드러났고, 교회는 이 통치에 참여한다. 예수 그리스도의 선포, 병 고침, 갇힌 자의 해방, 가난한 자에 대한 복음 선포 등을 통해 드러난 하나님의 종말론적 통치는 믿는 자들을 하나님의 새로운 미래를 향하도록 자유의 길 위에 세운다. 교회는 이 해방하는 통치에 참여하여 이 세계의 변혁을 통하여 이 세계를 하나님의 세계로 만든다.[22] 또 예수 그리스도의

---

19) J. 몰트만, 『성령의 능력 안에 있는 교회』, 79.

20) Ibid., 80.

21) Ibid., 99.

22) Ibid., 393.

공동체로서의 교회는 십자가의 교회이다. 교회는 십자가로부터의 교회이며, 십자가 아래의 교회이며, 십자가의 그늘 밑에서 사는 사람들과의 연대관계에 서 있는 교회이다.[23] 교회는 그리스도의 활동 안에서 자신의 참된 존재를 가지며 하나님의 아들이신 그리스도는 영과 말씀을 통해 활동하고 그의 행동은 우주적, 공간적으로 전 인류 위에, 시간적으로는 태초부터 종말까지 모든 인류에 미치면서 사람들을 이전의 죄와 권세, 하나님께 버림받은 상태로부터 해방한다.[24] 교회의 기초가 되는 예수 그리스도의 십자가에 달리심과 부활은 만물을 새롭게 하는 종말론적 새 창조를 의미한다. 십자가에 달리신 분과 부활하신 분의 오심을 바라는 것은 모든 '해방하는 축제'의 근원이 되고, 모든 생을 죽음도 끝낼 수 없는 '끝없는 축제'로 만든다.[25] 요약해 보면 몰트만은 교회를 그리스도의 현존 안에 있는 해방하는 교회라고 단언한다. 교회는 그리스도의 지배가 닿는 데까지 미치며, 축복의 선언을 받은 가난한 사람들, 병자들, 해방된 자들, 의롭다고 인정된 죄인들로 구성되며, 그들의 자유는 세계를 새롭게 창조하는 영 안의 자유다.

(2) 세대공동체로서 교회

몰트만은 그의 신학에서 복음서에 의하면 그리스도의 뒤를 따르는 명시적 교회가 있고, 가난한 자들과 예수를 기다리는 자들의 잠재적 교회가 있다고 말하고 있다. 성도들의 명시적 공동체는 그리스도의 사도직 안에 사는데, 그 사도직의 교회는 잠재적이라는 것이다. 따라서 그리스

---

23) Ibid., 102.

24) Ibid., 82-83.

25) Ibid., 27.

도의 참 공동체는 그리스도의 친교가 있는 곳에 있다고 말하고 있다. 그리스도가 계신 그곳에 교회가 있고, 사도직 안에 부활하시고 장차 오실 그리스도께서 임재하신다면 가난한 사람들 안에서는 고난당하며 십자가에 달리신 그리스도께서 우리를 바라보신다고 말하고 있다.[26]

한국 사회는 생산의 기계화를 지나고 정보화 사회로 나아가는 과정을 지나서 완전한 정보화 사회로 진입하였다. 몰트만은 사회 개혁을 위해서는 역사적 비전, 즉 살아갈 가치가 있는 미래의 비전이 필요하다고 말하고 있다.[27] 특히 정보와 기술의 변화가 수많은 인간을 사회적 모순과 경제적 위기로 몰아넣고 있는 시대에 직면해서, 이러한 미래의 비전은 매우 중요한 의미가 있다. 어느 사회나 보수적인 사람들은 미래에 대해 무능하게 처신한다. 변화에 대처할 능력이 없거나 변화를 원하지 않기 때문이다. 그들은 모든 것이 지금 있는 그대로 존속하기를 원한다.[28] 단지 자신들의 소유를 지키기 위해서 현재를 미래로 연장시키려고 하는 것이다. 변화에 대해 희망을 걸지 아니하고 오히려 불안을 느낄 뿐이다. 기존하는 것을 단순히 연장하는 것만으로는 살아갈 가치가 있는 미래가 발생하지 않는다. 오로지 변화와 개혁을 통해 우리가 지킬 가치가 있다고 생각되는 것들을 미래로 보존해 나갈 수 있다.

한국 사회는 누구나 인정하듯이 양극화의 시대에 살고 있다. 모든 것을 포기하는 젊은이들이 있는가 하면 고액 연봉으로 풍요를 넘어 사치의 삶을 사는 사람들로 구분되어 있다. 이 사회가 '새로운 가난'을

26) J. 몰트만, 김균진 역, 『신학의 방법과 형식-나의 신학여정』 (서울: 대한기독교서회, 2007), 284-289.

27) J. 몰트만, 안명옥 역, 『정의가 미래를 창조한다』 (왜관: 분도출판사, 1990), 11.

28) J. 몰트만, 박종화 역, 『정치신학』 (서울: 대한기독교서회, 2017), 72.

생산하기 때문이다. 이 땅의 젊은이들이 실업의 위협을 매일 경험하며 성장하면서 사회의 무용지물이 된다는 것은 오늘의 한국사회가 경험하고 있는 커다란 문제임에 틀림이 없다.[29] 한국의 10대 재벌의 생산이 국가 총생산의 75%를 담당하고 있다. 기형적인 부의 생산과 기형적인 부의 분배의 문제는 오늘날의 정치적인 문제에 있어서 가장 중요한 논점들로 이야기되고 있다.

한국교회가 자신이 살고 있는 사회의 갈등에 관여한다면, 그것은 교회의 존재를 가능케 한 하나님의 뜻에 따라 관여하는 것이다.[30] "교회의 사회참여는 그리스도를 증거하는 것이고, 교회의 정치적 책임은 하나님께서 교회에 맡기신 위임의 내적 책임에서 나온다."[31] 그렇다면 몰트만의 정치신학적 디아코니아 사상에 근거해서 한국교회를 그리스도의 교회답게 만드는 것은 무엇인가? 교회는 하나님의 정의의 사역의 도구로서 현대 사회에 존재한다는 것이다. 그렇기 때문에 한국 사회가 안고 있는 경제적, 정치적, 사회적 갈등들은 한국교회의 갈등들이다. 한국교회가 자신의 사회적 맥락을 정확히 인식할수록 더욱더 하나님의 교회로서 사역을 할 수 있게 된다. 몰트만은 사회가 인간의 삶을 횡단면으로 본다면, 구약성서는 인간이 삶을 종단면 즉 세대의 계승으로서 보고 있다는 것을 지적한다. 인간은 사회적인 존재이기도 하지만 실제로 세대적인 존재라는 것이다. 이러한 세대 간의 약속은 가정뿐 아니라 한 사회 안에 더불어 사는 세대의 모든 구성원들에게 관

---

29) 세계교회협의회, 김승환 역, 『경제세계화와 아가페 운동』 (원주: 도서출판흙과생기, 2010), 62.

30) J. 몰트만, 『십자가에 달리신 하나님』, 211.

31) J. 몰트만, 『정의가 미래를 창조한다』, 17.

계가 있는 것이다.[32] 다시 말하면 사회구성원들은 누구나 세대의 고리 안에 살고 있기 때문에 인간 각자가 젊은 세대는 노년 세대를 위해, 노년 세대는 젊은 세대를 위해 염려할 책임이 있는 것이다. 한국 사회의 커다란 문제 중의 하나가 각 세대 간의 갈등이다. 이 문제는 개인과 집단의 이기심을 포함할 뿐 아니라, 현세대의 이기심을 표현하고 있다. 몰트만은 진정한 공동체는 세대의 연결고리 안에서 현세대와 다가올 세대 사이에 삶의 가능성이 공정하게 균형을 이룰 때 공동체성이 발생한다고 말하고 있다.[33] 한국교회는 또한 세대별 인구의 수를 바라볼 때 젊은 세대가 감소하고 노년의 세대가 증가하는 문제가 심각하게 다가오고 있다. 심각한 이유는 인구수가 적은 젊은 세대들이 인구수가 많은 노년 세대를 책임져야 하는 부담을 현세대들이 다가올 세대에게 주고 있기 때문이다. 한국교회는 다가올 세대의 세대 연결의 정의를 보장하기 위해서 현세대의 소비의 절제에 대해서 말해야 한다. 현세대가 누릴 수 있는 이익을 소비하고 그 소비에 대한 대가를 다가올 세대에게 전가하는 것은 매우 부당하고 하나님의 구원역사에 부합하는 일이 아님을 선포하고 실천해야 한다. 현세대의 소유는 다가올 세대와의 시간적 계승에 밀접하게 연결되어 있다. 디아코니아는 평화를 위한 정치적 정의와 인간의 존엄성을 지키기 위한 경제적 구조의 정의가 비단 현세대의 문제가 아닌 다가올 세대의 문제임을 선포하고 실천해야 한다. 한국 사회의 땅, 공기, 물의 기본적인 요소들과 평화와 경제의 구조적인 정의를 다가올 세대에게 물려줄 의무가 있기 때문에 모든 소유의 질서가 다가올 세대를 고려해서 정당한 방법으로 이용되어야 한다

32) J. 몰트만, 『정의가 미래를 창조한다』, 26.

33) Ibid.

는 것이다. 오늘의 한국 사회 역시 다가올 세대의 권리와 생존권을 존중해야 하고 한국교회는 이 세대 간의 약속에 대해 깊이 관심을 가지고 디아코니아로 세워져가야 할 것이다.

2) 몰트만의 '연대'에 따른 디아코니아 교회

(1) 연대하는 교회

몰트만은 하나님 나라를 역사적으로 해방하는 하나님의 통치의 종말론적 성취라고 본다. 하나님의 나라는 역사의 미래에서만 나타나는 것이 아니라 역사의 현재 가운데서도 나타나며, 현재 속에 있는 하나님의 나라는 역사의 종말에 완성될 하나님나라의 선취이다. 이러한 이해는 하나님 나라를 역사 안에서 해방운동의 방향으로 제시한다. 몰트만은 하나님 나라와 역사와의 사이를 메시야적 중재 개념을 사용해 연결한다. 교회의 메시야적 중재의 삶은 하나님 나라의 선취, 죽음의 세력에 대한 저항, 인류의 새로운 삶을 위한 내어줌의 대속, 자기희생의 네 가지 범주가 속하며, 교회의 삶은 하나님의 해방하는 통치 안에서 선취, 저항, 자기포기, 대속에 의해 규정된다. 교회는 역사의 한복판에서 하나님의 나라를 증거하는 하나님 나라의 백성이다.[34] 또한 교회는 권력의 행사가 아닌 사랑과 봉사를 실천하며, 섬김을 통해 해방하는 그리스도의 왕적 통치를 받아들이는 동료 공동체이다. 디아코니아는 그리스도 공동체의 삶의 양식이고, 디아코니아적 삶을 통해서 공식적으로 모습을 나타낸다. 디아코니아는 치유하는 교회공동체 안에서 행해지며, 개방된 교회공동체는 소외, 경멸 그리고 소외의 사회적 고통을 치유한다.

---

34) J. 몰트만, 『성령의 능력 안에 있는 교회』, 212-218.

현대 한국 사회는 개인주의와 경쟁사회를 양산하여 인간을 고독하게 만들고, 관계를 깨뜨리며, 사회적 죽음으로 내몬다. 몰트만은 이런 사회에서 인간들이 인간답게 살기 위해서는 아래로부터의 공동체를 건설해야 하며, 인간은 관계와 공동체 안에서 인격을 지킬 수 있다고 주장한다. 소유가 가난의 대안이 아니라 공동체가 가난과 소유의 대안이라는 것이다.[35)]

몰트만은 선교와 디아코니아가 지역교회의 핵심임을 말하고 있다. 노동은 인간의 존엄성을 지키는 인격의 권리라고 몰트만은 말한다. 한국교회가 현재 사회의 실업과 같은 인간의 존엄성을 훼손하는 심각한 문제에 침묵하고 있다면 사회 안의 교회로서 그 기능을 다하고 있지 못하는 것이다. 교회는 노동시간 단축과 평등한 취업의 기회를 위해서, 정당한 노동 대가와 인간성의 훼손을 막는 작업 조건에 대해서, 그리고 가사노동과 같은 문제에 대해서 어떤 형태로든지 참여해야 한다. 교회가 침묵하지 말아야 할 때 침묵한다면, 역사 속에서 참담한 결과를 가져왔던 독일의 국가사회주의 시절의 교회와 같이 한국교회가 비극적인 사회의 주역이 될 수 있다. 디아코니아는 개인의 인격의 존엄성을 위해 사회에 대한 공적인 선언이 있어야 한다. 몰트만의 정치신학을 통해 볼 때, 하나님의 구원은 개인의 구원을 넘어 세계의 구원이기 때문이다.

울리히 바흐는 교회가 활동할 때가 이르러서야 디아코니아적인가 그렇지 않은가를 물어볼 것이 아니라, 이미 교회의 신앙고백 안에 그것이 들어 있다는 것을 알아야 한다고 말한다. 교회는 아래에 계신 하나님에 대한 신앙고백 안에서 생활을 형성하고, 아래에 있는 교회일 수밖에 없다. 정당한 디아코니아는 하나님을 아래에 계신 하나님으로

---

35) J. 몰트만, 『정의가 미래를 창조한다』, 23.

선포하는 것이고, 교회가 그러한 길을 따라가는 것이 현재의 교회됨이 아래에 있는 교회가 되는 길이라고 말한다.[36)]

공동체 안의 인격으로서의 교회는 빈곤 근절을 위한 노력을 경주하면서 불평등 근절을 위해 노력해야 한다. 교회의 디아코니아는 지역 및 국가 정부, 국제기구에 이르기까지 빈곤 근절과 지속가능한 공동체 건설을 위해 노력하도록 저항하며 압력을 가해야 한다. 또한 디아코니아는 공공적 재화와 서비스를 사유화하는 것에 대하여 저항하고, 인간의 존엄성을 지키는 품위 있는 직업과 정당한 임금을 요구하는 사회운동이나 노동운동에 대하여 연대해야 한다.

(2) 은사 나눔의 교회

몰트만은 삼위일체적 하나님의 교회를 성령의 현재 안에 있는 교회와 성령의 능력 안에 있는 교회로 나누어 설명하고 있다. 하나님의 해방하는 역사는 그리스도의 십자가와 부활 위에 기초하면서 그 희망을 하나님의 나라로 향하게 한다. 이러한 교회의 그리스도와의 친교는 그리스도를 계시하고 결합시켜 주며, 사람 가운데서 영화롭게 하는 성령의 체험에 근거한다. 몰트만은 성령의 능력 안에 있는 교회를 은사 공동체로 말한다.[37)] 은사는 하나님의 종말론적 새 창조의 은혜로부터 솟아나는 새로운 삶의 능력이다. 성령은 교회 공동체에게 다양한 은사들을 부여하며 이 은사들은 섬김으로 인도하면서 하나님의 영광을 지향한다. 몰트만은 성령의 은사 공동체로서 교회가 감당해야 할 사명을

36) U. 바흐, 이범성 역, "우리 모두를 위한 자유공간으로서의 디아코니적 교회" 『디아코니아학』 (서울: 대한기독교서회, 2016), 355.

37) J. 몰트만, 『성령의 능력 안에 있는 교회』, 314.

선포, 친교, 디아코니아로 제시한다. 결론적으로 교회는 성령의 과정 안에 있는 공동체로서 자유한 자들의 친교이고, 만물을 해방시키는 그리스도 통치의 지상적 형태이며, 성령이 능력들에 의해 스스로 디아코니아로 나타내는 장소이다.[38)]

(3) 시민공동체로서 교회

한국교회의 디아코니아가 유효하게 움직이기 위해서는 한국사회에 대한 교회의 이해가 유효한 것이 그 시작일 것이다. 교회는 다른 종교 조직들과 함께 시민사회의 특징을 지니고 있으며,[39)] 시민 조직에 참여하는 데 필요한 인간관계를 형성하고 공공 활동에 필요한 정보를 교환하며 공동체성을 확립하여 사회에 공헌할 수 있다. 교회는 하나의 사회 자본으로서 기능할 수 있으며, 현대 사회의 원자화되고 파편화된 개인들에게 교회가 지니고 있는 공동체성은 강력한 자원이 된다. 한국교회가 소유하고 있는 소그룹은 교회가 사회와 접촉점을 만들 수 있는 유용한 접점이 될 수 있다.

교회는 성도들의 신앙에 의한 사회참여를 독려하는 것을 넘어, 종교단체의 사회봉사나 사회참여가 다른 조직의 활성화에 기여하여 지역사회 또는 시민사회의 조직화, 공동체 만들기에 촉매 역할을 할 수 있다. 교회가 소외되고 약한 주변인들과 연합하며 사회적 능력을 사회의 갈등을 극복하는 데 사용한다면 공동체로서 사회자본의 힘을 정당하게 발휘하는 것이다. 한국교회는 예배에 모이는 신앙공동체의 모습이 강하지

---

38) J. 몰트만, 『성령의 능력 안에 있는 교회』, 317.

39) 정재영, "시민사회 참여를 통한 교회 공공성의 회복" 『시민사회 속의 기독교회』 (서울:예영커뮤니케이션, 2008), 99.

만, 복음을 경청하고 순종한다면 교회는 사회 안에 있고 그 구성원들이 사회 안에 있음을 알게 될 것이며, 삶의 공동체로 변모하게 될 것이다. 교회는 교육적 역할을 통해서 정치의식과 시민의식을 성도들에게 심어 줄 수 있으며, 정의로운 사회의식을 가지고 시민사회의 가치를 경험하는 장으로 교회를 구조화해야 한다. 또한 교회는 시민사회의 경험의 장으로서 참여를 통한 교육의 통로가 될 수 있다. 보통 사람들이 문제로 인식하지 못했던 일들을 문제로 인식하고 해결을 위해 노력하는 일들은 교회의 참여를 통한 시민의식 교육의 장이 될 수 있을 것이다.[40)]

한국교회가 시민사회에서 디아코니아를 감당하기 위해서는 교회 지도자들의 의식이 디아코니아적으로 바뀌어야 하며, 교회와 사회의 관계를 이원론적으로 보던 사고방식에서 벗어나야 한다. 교회는 디아코니아적 관점을 가지고 지역사회에 참여하도록 신학을 정리하고 성도들의 활동에 동기를 부여해야 한다. 효과적인 지역사회활동을 위해 현장 조사를 실시하고 교회가 가진 자원을 파악하며, 필요한 기관이나 단체와 파트너십을 구축하는 것도 유력한 일이다.

디아코니아는 교회의 존재양식으로서 기독교 신앙의 실천적 이론과 실제이며, 교회의 선교와 더불어 중요한 표현양식이 된다. 시민사회 안에는 교회의 디아코니아와 구별된 자원봉사가 존재하는데, 자원봉사 운동은 공리주의 가치에 의해 왜곡된 인간관계를 윤리적 가치로 재결합하는 것이다. 자원봉사는 사회 갈등에 대한 예방과 치유 방법으로서 구체적인 실천일 수 있다. 사회와 연대하여 인간의 존엄을 지키는 교회는 시민사회의 한 영역으로서 자원봉사에 적극 참여할 필요성이 있으

---

40) 조성돈, "기독교 시민교육의 가능성으로의 교회와 NGO", 『시민사회 속의 기독교회』 (서울: 예영커뮤니케이션, 2008), 125.

며, 디아코니아와 자원봉사는 몰트만이 말한 정치신학의 구체적인 실천의 장으로서 부합한다. 디아코니아의 실천으로서 자원봉사는 교회가 가장 쉽게 참여할 수 있는 분야이며, 자원봉사는 시혜 행위가 아니라 인격과 인격의 만남을 통해 서로의 변화를 추구하는 것이어야 한다. 교회는 자원봉사가 기독교 신앙을 실천하는 가장 가까운 통로임을 인식하고 교인들의 신앙 열정을 사회 영역에 결집할 필요가 있다.

3) 몰트만의 '인권'에 따른 디아코니아 교회

(1) 약자의 존엄성을 수호하는 공동체로서의 교회

시장경제는 개인의 자유로운 선택과 경쟁을 통해 효율적인 결과를 내며, 경쟁에서 이긴 승자에게 더 많은 보상을 한다. 몰트만은 인간의 생명 공동체가 현대인의 개인주의와 세계적인 시장화로부터 위협받고 있다고 말한다.[41] 신자유주의는 하나님의 형상인 인간의 존엄성을 위협하며, 재산을 가졌거나 계약에 참여할 수 있는 사람들만 권리를 가진다고 믿는다. 신자유주의는 모든 것, 심지어 인간의 노동까지도 시장에서 거래될 수 있다고 보는데, 이는 인간의 존엄성을 인정하지 않는 것이다.

몰트만은 개인주의와 시장화에 대해 경계하며, 모든 사물의 상품화가 인간을 시장 가치에 따라 평가함으로써 공동체를 파괴한다고 주장한다. 이로써 인간은 재정적 수단이나 능력을 발휘할 수 있는 역량만큼만 가치 평가된다. 개인주의와 시장화는 점차 부유한 상류층과 빈곤한 하류층으로 나뉘는 양극화를 심화시키며, 이는 경제적, 사회적 정의가 무너지고 있음을 의미한다. 몰트만은 "지구적 시장화"가 인류와

41) J. 몰트만, 곽미숙 역, 『세계 속에 있는 하나님』 (서울: 동연, 2009), 217.

지구 생명 공동체를 위협하는 이중적 위험이며, 단순한 경제 차원을 넘어 "삶의 철학이요, 세계 종교요, 어떤 사람들에게는 '역사의 끝'"이 되었다고 말한다. 이로 인해 전통적인 가족 공동체가 파괴되고, 경제적 평등이 깨져 개인의 자유와 평등을 잃게 된다. 몰트만은 이 모든 것이 엄청난 부조화와 갈등을 일으켜 새로운 해결책이 없으면 인류가 생존하기 힘들 것이라고 경고한다.

디아코니아 교회는 경제적 정의를 위해 현실적으로 정의로운 정치를 지향해야 한다. 자본과 시장이 인간의 존엄성 즉 인권을 위해 봉사하도록 규제함으로써 정의로운 정치를 확보해야 한다.

(2) 경제공동체로서의 교회

몰트만은 현시대가 빈부 격차가 커지는 시대로, 가난에 대한 대안은 부가 아니라 공동체라고 말한다. 공동체가 가난을 함께 감당할 수 있다면, 사람은 가난 속에서도 살아갈 수 있다. 몰트만은 경제 문제의 첫째 문제를 정의롭지 못한 것으로 보며, 이러한 불의가 가난을 고통으로 만든다고 말한다. 평등이 깨질 때 상호 도움도 끝이 난다. 자기 우선적인 개인주의는 인간을 무기력하게 만들지만, 연대 공동체에서 인간은 강해지고 부유해진다. 고난과 고통 속에서 기독교적 희망은 위로하고 저항하는 힘을 보여주며, 희망은 불의하고 폭력적인 세계에 침묵하지 않고 저항할 용기를 준다. 몰트만은 성경이 저항을 불러오기 때문에 역사적으로 많은 지배자가 성경을 위험한 책으로 여겼다고 지적한다.

몰트만은 1968년 세계교회협의회 호소문에서 "우리는 자유를 갈망하는 사람들의 울부짖음을 듣습니다. 배고픈 자들과 착취당하는 사람들이 정의를 찾고 있습니다. 경멸당하는 사람들이 인간 존엄성을 요구합니다."라는 메시지를 언급하며, 하나님의 나라의 선취에 참여하여 오늘 이미 새 창조의 무엇인가를 보이게 하자고 말한다.

몰트만은 인간다운 삶을 살아가는 것 또한 인간의 존엄성에 속한다고 말하며, 여기에는 굶주림과 질병으로부터의 보호, 노동과 소유물에 대한 권리 같은 최소한의 사회적, 경제적 전제들이 포함된다. 정치적 자유권에 상응하여 경제적 인권을 발전시킬 수 있다. 만약 인간이 경제적으로 단지 노동력과 구매력으로만 평가절하된다면, 이는 경제적 영역에서 인간의 존엄성에 항변해야 할 일이다.[42] 몰트만에 따르면 경제적 영역에서도 인간은 자신의 '주체성의 특성'을 보장받는 가운데 살아갈 수 있도록 노동, 재산, 음식물 섭취, 보호, 그리고 사회적 안전에 대한 정당한 몫을 받아야 한다. 생산수단과 생활수단이 소수에게 집중되어 다수가 억압과 착취를 당하는 현상은 인간 존엄성에 대한 심각한 훼손이다. 전 세계적으로 수천만 명이 기아에 허덕이는 경제적 상황은 인류의 존엄성을 훼손하는 일이다. 몰트만은 인권에 대한 기본적인 이해를 하나님의 형상으로 창조되었다는 점에서 찾으며, 이 인권 개념을 통해 신학은 구체적인 정치적 목표를 설정하게 된다. 종말론적 희망은 인권 실현을 위한 노력 속에서 직접적인 적용을 발견하고, 버림받은 사람들과의 연대는 그들의 인권과 존엄성을 보호하려는 노력 속에서 영향력을 행사한다.

(3) 새 가족으로서의 교회

몰트만은 기독교 신학이 그 정치적 차원을 숙고해보면 이 영역은 언제나 이미 정치적 종교와 정치적 신학에 의해 항상 점령되어 있다는

---

42) J. 몰트만, 『세계 속에 있는 하나님』, 183.

사실을 발견할 것이라고 말한다. 기독교 신학이 지배하고 있는 정치적 종교의 욕구와 요구로부터 해방되지 않고서는 어떠한 해방의 신학도 성립될 수 없다는 것이다.

십자가 아래 있는 공동체로서 교회는 십자가에 달리신 그리스도의 주권만을 인정하고 고백한다.[43] 몰트만은 십자가 아래 있는 교회의 사명으로서 정치적 사명을 이야기하며 '정치신학'을 주장한다. 그에게 있어서 정치신학이란 신학을 정치적 이데올로기로 만들자는 것이 아니라 이 세계의 모든 영역에 있어서 그리스도의 주권을 확립하고 인간의 해방을 성취하려는 실천적 신학이다.[44] 이것은 십자가 아래 있는 공동체로서의 교회가 신학적으로는 정치적 종교들의 우상과 이데올로기, 그리고 기존의 비인간적인 질서 등을 비판하고, 실천적으로는 이 세계를 지배하는 이데올로기와 정치적 종교의 희생물이 된 사람들의 편이 됨으로써 자신의 정치적 사명을 실천해야 한다는 것이다.

몰트만이 말하는 하나님의 나라는 미래와 현재 속에 있다. 현재 속에 있는 하나님의 나라는 역사의 종말에 완성될 하나님의 나라의 선취인 것이다. 교회는 그리스도의 왕적 통치를 받아들이고 그리스도의 주권을 고백하는 공동체로서 이 세계의 해방을 위해 섬기고 봉사한다.

그런데 이 세상의 해방을 위해 섬기고 봉사하는 공동체로서의 교회는 지배와 피지배의 억압 관계를 드러내지 않고 서로 사귀는 동료 관계를 드러낸다. 교회는 동료 공동체로서 하나님의 나라를 지향한다. 몰트만에게 있어서 그리스도의 통치를 반사하는 교회는 서로 인격적으로 사귀는 형제관계를 나타내는 공동체를 의미하며, 이 공동체는 지배로

---

43) J. 몰트만, 『성령의 능력 안에 있는 교회』, 17.

44) J. 몰트만, 『십자가에 달리신 하나님』, 327.

부터 해방되어 예수의 우정에서 비롯된 개방적 사귐에 이르는 것을 강조한다.[45] 이때 교회는 신자들만의 배타적인 사귐을 넘어서서 동료로서의 개방적 사귐 가운데서 구체적으로 낮아진 사람들을 높이고, 억압받는 사람들을 자유하게 하며, 가난한 사람들, 억눌린 사람들의 인권을 되찾아 주어 그들로 하여금 다같이 동료 공동체를 체험하게 한다.

몰트만은 교회가 성령의 새 창조의 과정 안에서 새로운 삶의 방식을 이끌어 가야한다고 주장한다. 그는 종말에 있을 모든 피조물의 새 창조가 교회공동체의 삶 가운데 앞당겨 일어난다고 말한다. 그는 믿는 사람들에게서 앞당겨 일어나는 새 창조의 경험을 거듭남의 개념으로 이해한다.[46] 이 거듭남이란 이 세계의 삶 가운데서 미래의 새로운 삶이 시작되는 것을 의미하는 것이다. 하나님은 성령의 은사를 통하여 교회와 그리스도인 안에서 영광의 나라를 지향하는 새 창조를 이미 시작하셨다. 새로운 창조의 능력인 성령이 활동하는 곳에서 모든 피조물의 거듭나는 과정이 시작된다. 성령 안에서의 거듭남은 인간의 삶을 희망 가운데서 모든 피조물을 향한 하나님의 약속과 결부시킨다. 본질적으로 죽음의 한 단편이었던 인간의 삶은 성령 안에서 살아있는 희망으로 거듭난 삶이 되며 하나님의 나라의 한 부분이 된다. 몰트만은 성령 안에서의 거듭남은 새로운 삶의 방식을 요구한다고 말한다. 그 삶은 율법이 아니라 복음을 따라 사는 삶을 의미하며, 이 삶의 방식을 통해 개인은 억압된 삶으로부터 해방된다.[47]

---

45) op. cit., 123.

46) Ibid., 301.

47) T. 슈트롬, "영구적인 도전-비셔른 이래의 신학과 디아코니아의 관계" 『디아코니아학』, 267.

3. 요약과 결론

디아코니아는 교회의 존재론적 본질이며 교회생활의 근본원리이다. 디아코니아 교회는 사회 안에서 지배의 통치방식과 가치가 주는 모순에 저항하고 모순에 억압당하는 사람들과 연대하며 존재해야 한다. 그리고 디아코니아 교회는 주변의 문제에 한정되어 머물러서는 안 되며 그 문제를 유발할 구조적인 문제의 해결까지 영역이 넓혀져야 한다. 우리는 이러한 디아코니아 신학의 정립을 위해 몰트만의 정치신학을 디아코니아 신학으로 해석하였고 디아코니아 신학을 정치신학적으로 해석해 보았다.

몰트만의 정치신학에서 열쇠가 되는 신학적인 동기는 '희망'이다. 그리스도의 사건은 미래를 향한 하나님의 약속을 확증하고 보편화하는 사건으로 이해하면서, 그리스도 사건을 하나님 약속의 결정적 사건이라고 말하고 있다. 십자가는 이 세상의 곤경과 운명을 표상하는데, 십자가에 달린 예수가 일으킴을 받았고 예수 자신 안에 십자가와 부활의 전적인 모순을 가지고 있다는 것이다. 따라서 예수의 부활은 버림받은 세계의 새 창조에 대한 하나님의 약속이 되는 것이다. 그래서 부활 사건은 변증법적 약속의 사건으로 교회와 신학이 세상과 미래에 대해서 개방되어야 한다. 여기서 희망의 신학의 디아코니아가 나타난다. 약속을 믿는 성도들은 필연적으로 십자가로 표상되는 세상에 열려지는데, 그들이 희망하는 것은 관념적인 미래가 아닌 세속적 실재의 미래이기 때문이다. 디아코니아는 관념적인 미래를 가져오는 것이 아니라 실재적인 미래에 대응하는 교회의 표현양식인 것이다. 그래서 교회는 현실의 모순을 인정하고, 이데올로기로 정당화하는 교회에 대해서 비판적으로 자신을 구별하며 현실에 저항하는 디아코니아로 나타나야 하는 것이다. 그리고 몰트만은 미래의 희망이 현실에 예기로서 창조됨을 이야기하면서 예기들은 여전히 변화 가능하고 극복 가능하다고 말한다. 몰트만은 십자가를 통해서 그리스도는 버림당한 세상 속에 부활의 희망을 전해준다고 말한다.

몰트만의 정치신학은 하나님의 사랑의 사건으로 부활하신 그리스도의 십자가의 신학으로 다시 돌아간다. 예수의 부활이 표상하는 약속이 버림당한 자들에게 십자가의 절대적인 부정성 속에서 그들과 하나됨으로 그들에게 도달하는 것이다. 예수의 부활은 곧 버림당한 자들을 위한 구원이 되는 것이다. 이 하나 됨은 무엇보다도 버림당하고 고통당하는 자들과 사랑 안에서 연대함을 의미한다. 몰트만의 신학에서 십자가는 하나님의 고통의 사건으로 이 사건 안에서 하나님은 불경건한 자들과 버림당한 자들의 운명을 사랑의 연대를 통해 함께 하고, 이 사랑의 연대를 통해 그들의 버려진 상태를 극복하는 것이다.

우리는 몰트만의 정치신학이 인권에 대해서 심도 있게 이야기하고 있음을 살펴보았다. 몰트만은 인권에 대한 기본적인 이해를 하나님의 형상으로 창조되었음에서 찾고 있다. 몰트만은 하나님의 형상은 인간 본성에 이미 주어져 있는 어떤 실재가 아니라, 실현되어야 할 것이라고 말한다. 하나님의 형상은 곧 모든 인간의 창조된 존엄성이라는 것이다. 이 인권 개념을 통해서 몰트만의 신학은 구체적인 정치적인 목표를 설정하게 된다. 희망과 사랑의 연대는 인권이라는 형태를 통해서 구체성을 확보하게 된다. 왜냐하면 종말론적인 희망은 인권의 실현을 위한 노력 속에서 직접적인 적용을 발견하고, 버림받은 사람들과의 연대는 인류공동체의 진정한 일원으로서 그들의 인권과 존엄성을 보호하려는 노력 속에서 영향력을 행사하기 때문이다.

연구자가 바라는 것은 디아코니아 신학에 투영한 몰트만의 정치신학, 즉 몰트만의 디아코니아 신학으로 한국교회가 한국 사회를 위해 할 수 있는 것을 제언하는 것이다. 지금의 정치, 경제적인 문제를 가지고 있는 한국 사회를 보다 정의로운 사회로 바꿀 수 있는 방안들은 다양하게 소개되고 있다. 그러나 누가 이 문제를 현실에서 극복할 것인가에 대한 것은 적극적이지 못한 것이 현실이다. 세상은 스스로 진화하는 것이 아니기에 하나님의 구원역사를 신앙하는 한국교회는 누가 지금과 같은 문제를 야기했고 발전시켰는지 심각하게 고려해야 한다. 사회를 주도하는 세력과 사회 구성원들이 현실을 만들어 갈 때 한국교회는 침묵하는 교회로 있어야 하는지 아니면 현실을 변혁하는 주체로 서야 하는지 심각하게 고려할 때가 되었다. 앞의 논의에서도 언급했듯이 한국교회도 한국 사회의 구성원으로서 현실의 문제를 야기하고 발전시키는 데 한 역할을 분명히 했기 때문이다.

먼저 한국교회는 몰트만이 말하는 대로 현시대의 아픔과 갈등을 치유하는 대안으로 연대하는 공동체로 세워져야 할 것이다. 침묵하는 교회가 아닌 사회의 구조적인 문제에 관심을 가지고 디아코니아적 실천이 있는 공동체여야 할 것이다. 또한 한국교회는 세계화의 시류 속에서 표류하고 있는 한국 사회가 지니고 있는 다가올 세대에 대한 부당한 소득에 대해서 관심을 가지고 디아코니아적인 저항을 해야 할 것이다.

구체적으로 한국교회가 실천할 수 있는 작은 일의 핵심은 지역사회이다. 이미 사회적으로 실천되고 있는 시민사회의 움직임과 디아코니아 신학이 일치한다면 서로 협력해서 강력한 사회자본으로서의 교회의 역할을 감당할 수 있을 것이다. 교회는 세상에 존재하고 세상 속에서 살아간다는 몰트만과 디아코니아신학의 이야기는 오늘 한국교회에 중요한 의미를 던지고 있다고 할 수 있으며, 한국교회는 디아코니아로서 복음이 선포된다는 사실을 반드시 기억해야 할 것이다.

말씀의 연합사건인 성례 의미 연구

박요한 목사(은현교회/공적교회연구소 연구원)

들어가는 말

본 연구는 기독교대한감리회 『교리와 장정』에서 말하고 있는 성례, 세례, 주의 만찬, 떡과 포도즙, 그리스도께서 십자가에 한번 제물이 되심, 목사와 혼인, 교회의 예법과 의식의 의미를 살펴보고, 추가할 수 있는 내용을 연구하려는 것이다.

연구 방법은 『교리와 장정』에서 말하고 있는 내용을 살펴보고, 성례, 세례, 주의 만찬, 떡과 포도즙, 그리스도께서 십자가에 한 번 제물이 되심, 목사와 혼인, 교회의 예법과 의식의 순서로 되어있으나 원활한 연구를 위해 마지막에 있는 교회의 예법과 의식의 의미를 먼저 연구한 후 그 다음 주제들을 차례대로 연구하도록 하겠다. 이렇게 하는 이유는 연구의 주제들이 교회의 예법과 의식에 포함되어 있기 때문이다.

교리 장정에 나와 있는 주제를 제시하고 역사적이고 교리적인 내용을 근거로 설명하도록 하겠다.

【38】제22조 교회의 예법과 의식

"**예법과 의식**을 각 곳에서 꼭 동일하게 할 필요는 없다. 대개 예법과 의식은 예로부터 같지 아니하였고 또 나라와 각 시대와 각 민족의 풍속을 따라 변할 수 있으나 **다만 하나님의 말씀과 틀리게 하지 못할 것이다.** 어떠한 사람이든지 자기가 소속한 교회에서 만들어 보통 실행하기로 인정하였고 또 **하나님의 말씀과 틀림이 없는 예법과 의식**을 사사 주견으로 짐짓 드러나게 파괴하는 이를 책벌하되 교회의 통용하는 법을 반항하는 것과 연약한 형제의 양심을 상하게 한 이도 처벌할 것이다. 교회마다 예법과 의식을 만들기도 하며 고치기도 하고 혹은 폐지하기도 하여 모든 일이 교훈이 되게 할 것이다."(교리. 38 제22조)[1]

교회에 많은 예법과 의식이 예로부터 나라와 각 시대와 각 민족의 풍속에 따라 존재해 왔다. 그중에 기독교 역사 속 성만찬으로 인해 논쟁해 왔던 것을 언급하겠다. 성찬식은 단순한 종교적 예식을 넘어, 신학적 논쟁의 중심에 있었다. 각 시대와 교파의 신학자들은 예수 그리스도의 몸과 피를 상징하는 빵과 포도주가 성찬식에서 어떤 의미를 가지는지에 대해 깊이 논의해 왔다. 이 논쟁은 크게 가톨릭, 루터교, 츠빙글리, 칼뱅의 견해로 나눌 수 있다.

16세기 중반부터 벌어진 가톨릭, 츠빙글리, 칼뱅주의자와 루터주의자 등의 약 500년간의 성찬 논쟁은 1973년 이전까지 끝나지 않았다. 가톨릭 교회는 성찬식에서 빵과 포도주가 예수 그리스도의 몸과 피로 본질적으로 변화한다고 믿고 교리를 화체설이라고 부른다. 화체설은 아리스토텔레스 철학의 두 가지 개념, 즉 우리가 눈으로 보는 겉모습인 우연과 사물의 본질인 실체를 통해 설명된다. 성찬식에서 사제가

---

1) 강조는 필자의 것임. 기독교대한감리회 『교리와 장정』은 2024년 초판본으로 사용하였으며, 이후 인용은 본문에 (교리)로 표기하는 형식을 취함.

빵과 포도주를 축성하는 순간, 겉모습(우연)은 그대로 남아 있지만 그 본질(실체)은 그리스도의 몸과 피로 변하게 된다. 이러한 변화는 사제가 서품을 받으며 부여받는 특별한 권한, 즉 '천국의 열쇠'를 통해 일어난다. 이 권한은 영구적이며, 사제가 축성하는 순간과 장소에 상관없이 빵과 포도주가 실제로 그리스도의 몸과 피로 변하는 기적을 일으킨다고 설명된다. 이 변화는 신자들의 믿음 유무와 상관없이 축성 행위 자체로 발생한다는 것이 가톨릭의 입장이다.

루터는 가톨릭의 화체설에 맞서 실재설이라는 자신만의 성찬 교리를 주장했다. 이 교리는 성경 말씀과 믿음의 역할을 강조하며, 복잡한 철학적 설명이 필요 없다고 보았다. 루터에게 성찬식은 예수께서 직접 하신 말씀, 즉 "이것은 내 몸이다"와 "이것은 내 피다"를 있는 그대로 받아들이는 것이다. 그는 성경의 단순한 진리를 복잡한 철학적 이론으로 해석하는 것을 비판하며, 이는 성경의 권위를 깎아내리는 행위라고 생각했다. 그렇다면 성찬식에서 빵과 포도주는 어떻게 되는 것일까? 루터는 가톨릭처럼 빵과 포도주의 본질이 변한다고 보지 않았고, 대신 빵과 포도주가 그대로 있는 상태에서, 예수 그리스도의 몸과 피가 함께 존재한다고 믿었다. 마치 불이 달궈진 쇠 안에 함께 존재하는 것처럼, 빵과 포도주 안에도 그리스도가 실제로 현존한다는 것이다. 또한, 루터는 성찬이 사제의 특별한 능력으로 이루어지는 마술이 아니라고 강조했다. 성찬의 효력은 오직 예수의 말씀과 그 말씀을 믿는 참여자의 믿음을 통해 발생한다. 즉, 그리스도가 빵과 포도주에 임하더라도, 그 은혜는 믿음을 가진 사람에게만 전달된다는 것이다.

실재설= 제정의 말씀+물질(떡과 포도주)+믿음

츠빙글리는 가톨릭과 루터와 달리, 성찬식에서 빵과 포도주가 실제 예수 그리스도의 몸과 피로 변하거나 함께 존재한다고 믿지 않았다. 그는 성찬을 예수님의 십자가 희생을 기념하고 상징하는 의식으로 해석했다.

그의 주장은 성찬 제정 말씀의 핵심이 "나를 기억하여 이것을 행하라"는 구절에 있다고 보았다. 따라서 츠빙글리에게 빵과 포도주는 예수님의 몸과 피를 상징하는 표지일 뿐이며, 그 자체에 어떤 신비한 힘이 있다고 생각하지 않았다. 성찬에 참여하는 것은 예수님의 희생을 되새기며 그 의미를 기억하는 행위라는 것이다.

칼뱅은 성찬에 대한 가톨릭, 루터, 츠빙글리의 견해를 모두 살폈다. 그는 이들의 주장을 절충하여 자신만의 영적 임재설을 제시했다. "유한은 무한을 담을 수 없다"는 논리를 내세우며, 곧 작은 컵에 무한한 바닷물을 모두 담을 수 없는 것과 마찬가지로 작은 컵 속에 무한한 예수의 몸을 온전히 담을 수 없다. 결국, 유한한 빵과 포도주에 무한한 그리스도의 몸이 물리적으로 존재할 수 없다고 보았다. 이 점에서 그는 가톨릭의 화체설과 루터의 실재설을 모두 거부하고 츠빙글리의 생각에 동의했다. 하지만 칼뱅은 성찬이 단순한 상징을 넘어선다고 믿었다. 그는 예수 그리스도가 빵과 포도주에 성령을 통해 영적으로 현존한다고 설명했다. 즉, 빵과 포도주가 물리적으로 변하는 것은 아니지만, 성찬에 참여하는 신자들은 성령의 역사로 그리스도의 몸과 피를 영적으로 받게 된다는 것이다. 결론적으로, 칼뱅에게 성찬은 단순한 기념 행위가 아니라, 예수 그리스도와 신자가 영적으로 신비롭게 연합하는 사건이었다.

루터의 답변은 칼뱅의 '유한은 무한을 담을 수 없다'는 주장에 동의하면서도, 그 논리가 인간의 이성과 인문주의에 기반한다고 비판했으며 성찬을 하나님의 선물이자 하나님의 관점에서 봐야 한다고 강조했다. 유한한 존재인 인간에게는 무한한 것을 담을 수 없다는 것이 맞지만, 전능하신 하나님은 원하시기만 하면 유한한 것 속에 무한한 것을 담으실

수 있다는 것이다. 이것은 신학적 진리이며, 성경이 가르치는 하나님의 전능함에 대한 믿음이었다. 결론적으로, 루터는 성찬에서 그리스도의 몸이 빵과 포도주에 실제로 현존하는 것을 인간의 이성으로 설명하려 하지 않았다. 대신 하나님의 무한한 능력을 믿음으로써 그 신비를 받아들이는 것이 옳다고 주장했다. 즉, 칼뱅의 관점이 인간의 논리에 가깝다면, 루터의 관점은 하나님의 주권과 능력에 초점을 맞추고 있는 것이다.

결국 이 논쟁은 스위스 바젤 옆 시골 산동네인 로이엔베르크에서 종결된다. '로이엔베르그 합의서'에서 언급된 내용은 '성찬에 관해 루터나 칼뱅은 결국 같은 얘기를 다르게 표현한 것이다. '결국 형식보다 중요한 것은 '성찬의 의미'를 삶으로 살아내는 것이라고 결론을 내린다.[2)]

【32】제16조 성례

> "그리스도의 설립하신 성례는 그리스도인의 공인하는 표적과 증거가 될뿐더러 더욱 은혜와 하나님께서 우리에게 향하시는 선한 의지의 확실한 표니 이로 인하여 하나님께서 우리 안에 묵묵히 역사하시어 우리의 신앙이 활동하게 하실 뿐만 아니라 더욱 굳게 하는 것이다. **복음에 우리 주 그리스도의 설립하신 성례가 둘이 있으니 곧 세례와 주의 만찬이다.** 견신례와 참회와 신품과 혼인과 도유식들 다섯 가지를 성례라 하나 이는 복음적 성례로 여기지 못할 것이다. 그 가운데 어떤 부분은 사도의 도를 오해하므로 된 것이요, 어떤 부분은 성경에 허락하신 생활의 정형으로 된 것이다. 그러하나 **하나님께서 명하신 드러나는 표적과 의식이**

2) 최주훈, 『루터의 재발견』 (서울: 복있는 사람, 2017), 281-294.

없으므로 세례와 주의 만찬과 같은 성질이 없는 것이다. 그리스도의 설립하신 성례는 우리로 하여금 응시나 하든가 휴대하고 다니라는 것이 아니요, 우리로 하여금 적당히 사용하게 하심이다. 그러므로 **성례를 합당하게 받는 이에게만 유익한 결과 효력이 있고** 합당치 아니하게 받는 이는 사도 바울이 말씀한 바와 같이 자기에게 정죄함을 받는 것이다."(교리. 32 第16조)

위의 언급한 내용을 보면 성례는 그리스도께서 설립하신 것이며, 우리에게 향하시는 선한 의지의 확실한 표이고, 이로 인하여 하나님께서 우리 안에 역사하시어 다시 말해서 그리스도와 연합하여 신앙이 활동하게 하실 뿐 아니라 더욱 굳게 하신다. 7성례(견신례, 참회, 신품, 혼인, 도유식, 세례, 주의 만찬)이 있는데, 세례와 주의 만찬만이 복음적 성례가 된다. 이유는 하나님께서 명하신 표적과 의식이 다시 말해서 말씀이 없어서이다.

세례의 물이 특별한 이유는 그 물 자체의 성질 때문이 아니다. 이 물은 하나님의 특별하고 고귀한 말씀이 더해져 신성하고 거룩하게 된 것이다.

하나님께서는 당신의 이름을 걸고 그분의 힘과 능력을 이 물 안에 두셨다. 따라서 이 물은 더 이상 단순한 자연수가 아니라, 하늘로 통하는 복된 문이 된다. 우리가 이 물을 끝없는 찬송으로 찬미해야 할 충분한 이유가 바로 여기에 있다. 성례전의 본질은 바로 말씀이다. 이 거룩한 하늘의 말씀은 그 무엇으로도 값을 매길 수 없다. 왜냐하면 하나님께서는 말씀으로 이 세상의 모든 일을 이루셨고, 또한 신적인 모든 일을 행하실 수 있기 때문이다.

아우구스티누스도 이와 같은 맥락에서, 말씀이 자연적인 물질에 임하여 성례전이 되었다고 말했다. 그러므로 성례전은 거룩하고 신성한 표지, 즉 눈으로 볼 수 있는 하나님의 말씀인 것이다.

물과 말씀을 따로 떼어놓으면 안 된다. 이 둘은 나눌 수도, 분리할 수도 없다. 만약 물과 말씀을 분리하는 순간, 그 물은 그저 부엌에서 요리하는 데 쓰는 평범한 물과 다를 바가 없어진다. 하지만 세례는 다르다. 세례에는 하나님께서 직접 제정하신 말씀이 깃들어 있기 때문이다. 그렇기에 세례는 단순한 의식이 아니라 성례전이며, 특별히 '그리스도의 세례'라고 불리는 것이다.[3]

성만찬은 그리스도인들에게 "먹고 마시라"는 하나님의 명령이다. 성만찬의 떡과 포도주는 일반 식탁의 음식과는 다르다. 이 안에는 하나님의 말씀이 깃들어 있고, 말씀과 하나로 연합되어 있다.

이 말씀이 바로 성만찬을 단순한 의식이 아닌 성례전으로 만드는 기준이 된다. 만약 말씀을 떼어내거나 말씀에 주목하지 않는다면, 떡과 포도주는 그저 평범한 음식일 뿐이다.

하지만 성만찬은 '그리스도의 몸과 피'이다. 왜냐하면 이는 바로 그리스도의 입에서 직접 선언된 말씀이기 때문이다.[4]

1. 성찬 사크라멘트의 과제

1) 성찬 사크라멘트적 그리스도의 분급

사크라멘트의 기능은 사크라멘트의 외적 표가 바른 이해로써 분배

3) Ibid., 293-296.

4) Ibid., 328-330.

되고 합당하게 수찬될 때 그래서 성찬 사크라멘트에 제정사를 통해 약속된 유익이 수찬자에게 증여될 때 완성된다.

사크라멘트는 무엇인가? 사크라멘트[5]는 그 안에서, 우리를 위한, 우리 안에서의 하나님의 구원사역이 이루어지는 곳인데 외적인 표, 의미(주어질 은혜), 그리고 믿음이라는 세 개의 요소로 이루어져 있다. 하나님은 이 요소들을 자신의 은혜로운 구원사역의 틀로 사용하신다.[6]

설교의 핵심이 약속의 선포를 통한 그리스도와 그의 유익을 제공하고 그것을 믿음으로 듣는 행위에 있듯이 성찬 사크라멘트를 통한 사건은 사크라멘트적 그리스도의 몸과 유익이 분급과 믿음으로 그것을 수찬하는 데 있다.[7]

【35】제19조 떡과 포도즙

> "평신도에게 주의 잔 마심을 거절하지 못할 것이다. 대개 그리스도의 규례와 명령대로 주의 만찬에 두 가지를 일반 그리스도교인에 같이 행하는 것이 당연하다."(교리. 35 제19조)

(1) 사크라멘트적 그리스도의 몸 제공

마틴 루터의 사크라멘트 이해에 따르면 성찬 사크라멘트의 한 요소

---

5) 서원의 어원을 맹세나 서약을 의미하는 라틴어 sacramentum에 두고 있다. 이 라틴어는 희랍어 mysterinm에 대한 번역이다. 이 희랍어는 영어 mystery의 어원인데 신약성경에서는 사람을 향한 삼위 하나님의 구원사역을 일컫는 말이다.

6) Timothy F. Lull (edit). *Martin Luther's Basic Theological Writings* (Minneapolis: Fortress Press, 1989). 242.

7) 박요한, "마틴 루터의 구원론 안에서 설교와 성찬 사크라멘트의 과제와 상호관계 연구" 「협성대학교 대학원 박사학위논문」, 2021, 73-74.

로서의 표는 물리적인 형태를 가지고 있어야 한다. 세례에서 표가 물인 것처럼 성찬 사크라멘트에서 외적 표는 떡과 포도주이다. 그러나 이 외적 표는 단순히 물리적이지는 않다. 제정사를 통한 그리스도의 약속에 의해 그리스도의 몸과 피가 그곳에 공존하는 표이기도 하다.[8] 따라서 성찬에서 이 외적 표가 분급될 때 이 분급 행위는 복음의 약속에 의해 그리스도의 찢긴 몸과 흘려진 피가 집례자의 손을 통해 우리와의 교제를 위해 우리에게 주어지고 있는 그리스도와 연합하는 사건이다. 그분이 우리에게 자신을 내어 주시는 계시적 사건이 된다.

【34】제18조 주의 만찬

> "주의 만찬은 그리스도인들 가운데 당연히 있을 사랑을 표한 것일 뿐만 아니라 그리스도의 죽으심으로 우리를 구속하신 성례이다. 그러므로 옳고 합당하고 믿음으로 받는 이들에게는 떼인 떡을 먹는 것이 곧 그리스도의 몸을 먹는 것이요, 또한 이와 같이 그 복된 잔을 마시는 것도 그리스도의 피를 마시는 것이다. 변체, 곧 주의 만찬의 떡과 포도즙의 물체가 변화한다 함은 성경으로 증거할 수 없을 뿐 아니라 도리어 성경의 명백한 말씀을 거스르며 성례의 본뜻을 그르침이요, 또 이로 인하여 미신이 많이 생긴다. 만찬 때에 그리스도의 몸을 주고받아 먹는 것은 천국적, 신령적 방법으로만 할 것이요, 또 그리스도의 몸을 받아 먹는 방법은 오직 신앙이다. 만찬의 성례를 유치함과 휴대하고 다님과 거양함과 경배함은 그리스도의 명하신 것이 아니다."(교리. 34 제18조)

---

8) Timothy F. Lull (edit). op. cit., 488.

(2) 사크라멘트적 그리스도의 유익 제공

성찬 사크라멘트의 두 번째 구성 요소는 의미이다. 비가시적 은혜 전달을 위한 가시적 표(visible sign of invisible grace)라는 어거스틴의 사크라멘트 이해를 따라 마틴 루터는 이 외적 표가 가리키는 것이 수찬자에게 주어질 은혜 혹은 유익이라고 본다. 떡과 포도주 위에 그리스도의 몸과 피가 현존하는 사크라멘트적 그리스도가 우리 안에 받아들여질 때 그를 통해 주어지게 될 약속된 유익은 무엇인가? 마틴 루터는 성찬 제정사의 본질을 그리스도의 유언의 약속이라 파악한다. 그리고 그 약속 안에서 이 사크라멘트의 의미, 과제, 혹은 유익의 실체를 이해한다.[9] 그에 따르면 유언의 약속은 세 가지 요소로 구성되는데 성찬 사크라멘트의 의미, 약속된 내적 은혜 혹은 유익은 죄의 용서이다.[10] 성찬의 표가 분급될 때 그분의 사크라멘트적 몸과 피와 더불어 그 대속적 삶의 열매인 죄의 용서라는 유익이 수찬자에게 제공되고 있는 것이다.

2) 성찬 사크라멘트적 그리스도에 대한 선포 결과

(1) 믿음이 일으켜짐

a. 합당한 수찬 조건으로서의 수찬자의 믿음

약속에 대한 응답은 믿음이다. 믿음으로써만 약속은 실체를 가질 수 있기 때문이다. 반대로 약속이 없다면 믿음은 무익하다. 마틴 루터는 자신의 사크라멘트 이해를 통해 사크라멘트의 외적 표와 유익이 한 개인에게 유효하게 되는 것은 그 약속에 대한 개별자의 믿음에 달려있다

---

9) Ibid., 293.

10) Ibid., 294.

는 사실을 분명히 한다.[11)]

b. 믿음을 일으키는 약속

그렇다면 이렇게 중요한 믿음은 어디서 나오는 것인가? 마틴 루터에게 믿음은 자연 본성의 일부가 아니다. 믿음의 출처는 설교와 사크라멘트가 선포하는 바 그리스도의 몸과 그것이 줄 유익(죄의 용서)에 대한 약속이다. 약속이 믿음을 일으킨다. 약속이 수찬자 안에서 믿음, 받아들임의 자세를 도발하고 일으키며 지속적으로 증가시킨다. 약속이 믿음의 출생지와 태인 셈이다. 약속이 은혜로서의 자신을 받아들일 수 있는 믿음을 스스로 불러일으키는 것이다. 약속으로서의 사크라멘트가 그리스도의 몸과 피 그리고 그것의 유익을 받아들일 처소로서의 믿음을 스스로 예비한다고 할 수 있다. 약속이 자기의 머리 둘 곳으로써 믿음을 출현시킨다.[12)] 마틴 루터에게 믿음을 일깨우는 이런 약속을 선포하는 과제는 그리스도와 그의 유익에 대한 약속을 선포하는 복음 설교자의 몫이다.[13)]

【36】제20조 그리스도께서 십자가에 한 번 제물이 되심

> "그리스도께서 한 번 제물로 드리신 것이 온 세계의 모든 죄, 곧 원죄와 범죄를 위하여 완전한 구속과 화목과 보상이 되었은즉 그 밖에 다른 속죄법이 없다. 이러므로 「미사」제를 드리며

---

11) Ibid., 294.

12) 박요한, op. cit., 79.

13) Timothy F. Lull (edit). op. cit., 297.

또 거기에 대하여 보통으로 말하기를 신부가 그리스도를 제물로 드리어 산 이와 죽은 이의 고통과 범죄를 면하게 한다 함은 참란된 광언이요, 위태한 궤계이다."(교리. 36 제20조)

(2) 믿음의 수찬을 통한 약속 실현: 말씀(그리스도)과의 연합

a. 믿음의 수찬의 유익으로서의 연합

그렇게 사크라멘트적 그리스도가 주어지는 것을 믿을 때, 즉 믿음으로 먹고 마실 때, 수찬자의 삶 속에 어떤 일이 발생하는가? 마틴 루터에 따르면 이 믿음 안에서 그리스도의 몸(그리스도와 그의 몸된 성도) 안으로 수찬자가 받아들여지는 일이 발생한다. 믿음 안에서 한편으로 수찬자의 죄와 고통, 다른 한편 그리스도의 몸 사이에 모든 것이 공유되고 나누어지는 교제(fellowship)와 은혜로운 교회(gracious exchange) 혹은 혼합(blendig)이 일어난다. 믿음의 수찬을 통해 주어지는 유익이다.[14)]

이 교제의 거룩한 교환을 통해 수찬자는 자신의 죄와 아픔을 그리스도와 그분의 몸된 성도 위에 얹고 그분은 자신의 몸과 피 그리고 그 유익(죄의 유익)을 수찬자의 것으로 받게 된다. 이런 식으로 믿음은 그리스도의 몸과의 교제를 통해 수찬자에게 죄의 용서(칭의)와 생명을 가져다 준다.[15)]

b. 죄의 용서(칭의)와 사랑의 삶

마틴 루터에 따르면 믿음으로 인한 대속자 그리스도의 몸과의 교제에서 그리스도의 의(죄의 용서, 칭의)가 우리의 것이(죄 사함, 칭의) 되고 우리의 죄와 아픔이 그리스도의 것이 되었다면 그리스도와의 이런 믿음의

14) Ibid., 246.

15) 박요한, op. cit., 82.

교제와 교환은 이제 그리스도의 모범을 따라 성도 간 사랑의 교제로 나타나야 한다. 믿음으로 인한 죄 사함은 필히 사랑으로 열매 맺혀야 한다는 것이다.[16]

2. 설교와 성찬 사크라멘트의 상호관계

교회에서 선포되는 설교와 보이는 성례전(성찬, 세례)은 서로 분리된 행위가 아니라, 예수 그리스도의 말씀 안에서 깊이 연결되어 있다. 이 둘은 그리스도의 복음을 전달하는 두 가지 다른 방식이며, 서로를 보완하며 상호작용 한다. 설교와 성찬의 상호 관계를 언급하면 설교는 그리스도의 말씀을 귀로 듣는 행위이다. 설교자는 성경의 진리를 해석하고 선포하여, 신자들이 믿음을 깨닫고 성장하도록 돕는다. 설교는 구원의 메시지, 즉 예수 그리스도께서 십자가에서 행하신 일과 그 의미를 언어로 명확하게 전달한다. 성찬은 설교의 내용을 눈으로 보게 하는 시각적 표현이다. 빵과 포도주라는 물리적 상징을 통해, 그리스도의 찢기신 몸과 흘리신 피의 희생을 직접 경험하게 한다. 이는 단순한 기념을 넘어, 설교를 통해 들었던 복음의 진리를 오감으로 확인하고 인치는 행위이다. 설교가 없으면 성찬은 의미 없는 의식에 불과해질 수 있다. 설교가 성찬의 신학적 의미를 설명해 주지 않으면, 빵과 포도주는 단순히 상징적인 물건으로만 남게 된다. 반대로, 성찬이 없으면 설교는 추상적인 개념에 머물러 신자들의 삶에 깊이 뿌리내리기 어려울 수 있다. 성찬은 설교의 메시지를 구체적이고 실제적인 경험으

16) Timothy F. Lull (edit). op. cit., 331.

로 만들어 준다. 따라서 설교와 성찬은 다음과 같은 상호관계를 가진다. 이처럼 교회는 설교와 성찬을 통해 그리스도의 복음을 듣고(설교), 보고(성찬, 세례) 경험하며, 그 믿음 안에서 성장해 나간다.

설교와 성찬 사크라멘트의 목적과 그 목적이 실현되는 과정은 기본적으로 일치한다. 첫째, 설교와 성찬 사크라멘트는 그 성격이 그리스도와 그의 유익(대속적 죽음에 기인하는 그리스도의 의와 그로 인한 죄의 용서)이 은혜의 선물로서 믿는 자들에게 제공될 것이라는 복음적 약속이라는 점에서 서로 일치한다. 둘째, 하나님의 약속으로서 이 설교와 성찬 사크라멘트는 들음과 수찬의 합당한 자세로 믿음을 요구하면서 동시에 그 믿음을 불러일으키고 강화시키는 일을 통해 구원의 과정을 촉발하고 가능하게 한다는 점에서 서로 일치한다. 셋째, 설교와 성찬 사크라멘트는 약속을 믿음으로 받아들인 자에게 약속의 실체인 그리스도와의 교제를 허락하고 그럼으로써 듣는자와 수찬자에게 약속된 선물인 죄의 용서와 사랑의 삶을 가져다 준다는 점에서 서로 일치한다.[17)]

만일 이 두 방편이 수행하는 과제가 동일한 것이라면 이 둘이 굳이 함께해야 할 이유는 없어 보인다. 둘 중 하나면 충분하지 않을까? 그러나 이 둘이 함께해야 한다는 마틴 루터의 입장은 여러 곳에서 분명히 드러난다.

> "첫째, 마틴 루터는 교회의 외적 표로서 설교와 성찬 사크라멘트를 함께 언급하고 있다."[18)] "둘째, 마틴 루터는 '기억하다'라

---

17) 박요한, op. cit., 101-102.

18) Timothy F. Lull (edit). op. cit., 545, 549. 거룩한 그리스도인들은 거룩한 하나님의 말씀과 소유를 통해 구별된다. 또한 거룩한 성찬 사크라멘트가 그리스도의 제정의 말씀에 따라 합당

는 말을 설교로 이해한다."[19]

그렇게 본다면 예수 그리스도의 제정사인 "나를 기억함으로 이것을 행하라"는 말은 설교의 도움으로, 설교를 전제로 혹은 설교를 배경으로 하여 이 떡과 포도주를 먹으라는 말로 해석된다. 그렇게 읽으면 마틴 루터가 설교와 성찬의 불가분리성을 주님의 제정 명령에까지 소환하여 근거시키려 할 만큼 중요하게 생각했다고 추론하게 된다.

> 셋째, 마틴 루터는 또한 당대 미사를 개혁할 때 복음적 설교의 회복과 복음적 성찬 수행 방식에 대해 이야기한 바는 있으나 이 둘 중 하나의 폐기를 언급한 바는 없다.[20]

교회론, 제정사 이해, 그리고 미사 개혁을 위한 설교의 활성화라는 주제와 관련해서 마틴 루터는 설교와 성찬 사크라멘트를 지속적으로 함께 있어야 할 것들로 언급하고 있다. 그렇다면 왜 마틴 루터는 설교와 성찬의 구원론적 과제의 일치성에도 불구하고 이 둘의 상호관련을 주장하고 있나? 마틴 루터에 따르면 설교와 성찬 사크라멘트는 각기 개별적으로도 구원론적 과제 실현의 매개로 가능할 수 있지만 그들 자신의 개별적 과제를 회중에게 보다 유익한 식으로 수행해 나가기 위해 서로의 차이 혹은 특징에 의지해야 하는 그런 관계에 있다고 본다. 서

하게 베풀어지고, 믿어지고 받아들여지는 곳에서 확인된다.

19) Ibid., 477. 마틴 루터는 소요리 문답의 십계명 해설에서 "안식일을 기억하여 거룩히 지키라"에서 "기억하라"를 그분의 말씀을 경시하지 말고 그 말씀을 설교하며 그것을 거룩히 여겨 기쁨으로 듣고 배우라"고 해석한다.

20) 박요한, op. cit., 102.

로의 특성으로부터 도움을 받을 필요가 있다는 것이다.[21] 마틴 루터에게 교회의 유익을 위해 설교와 성찬 사크라멘트의 관계는 어떤 식으로 정의되는 것이 적절한가?

1) 성찬 사크라멘트의 준비로서의 설교

마틴 루터에게 성찬 사크라멘트의 수행(죄의 용서를 위해 사크라멘트적 그리스도를 먹고 마시는 일)은 "나를 기억함으로"를 전제한다. 설교를 전제한다. 저들이 이제 수찬을 통해 받아들이고자 하는 약속의 내용(그리스도와 그의 유익) 그리고 약속이 실현되기 위해 어떤 믿음으로 그것을 먹고 마셔야 하는지에 대한 설교, 그런 복음적 약속에 대한 설명이 필요하다는 것이다. 설교는 회중이 성찬 사크라멘트에 대한 이해를 가지고 믿음으로써 수찬하도록 준비시키는 데 유익하다. 그리고 설교는 보다 구체적으로 율법과 복음의 선포를 통해 회중의 성찬 사크라멘트 참여를 준비시킨다.

(1) 율법설교를 통한 성찬 사크라멘트 참여 준비

율법의 첫 번째 기능은 모세의 얼굴에서 수건을 벗겨 내어 그의 영광 혹은 율법의 거룩한 민낯에 회중을 대면시키는 일이다. 이는 회중으로 자기 죄와 무력함을 바라보게 하여 스스로를 죽은 자요 병자로 자각하게 하고 회개하게 하는 데 목적을 둔다. 이런 율법의 죽이는 힘 앞에서 위선은 벗겨지고 거짓 성인은 그 정체가 발각된다. 숨겨진 교만이 끌려 나온다. 우리를 죄인으로 발가벗겨 회개하도록 하는 데 율법의 기능이 있다. 율법의 두 번째 기능은 이제 죄인으로 하여금 구원

21) Ibid., 103.

의 출처가 되는 하나님의 은혜, 그리스도께 인도하고 그를 바라보게 하는 데 있다. 마틴 루터가 언급한 대로 세례 요한은 그의 율법설교 사역을 통해 먼저 저들로 하여금 죄를 자각하여 회개하게 하고 이어서 저들에게 하나님의 어린 양 그리스도를 바라보게 했다. 그런데 성찬 사크라멘트의 제정사에는 이런 율법적 설교의 기능이 없다. 제정사는 유언적 약속으로 복음일 뿐이다. 따라서 우리가 그곳에서 사크라멘트적 그리스도를 찾고 그분을 바라보게 할 회개의 자리는 오직 율법선포라는 율법설교를 통해서만 가능하다. 이런 식으로 율법설교는 수찬자들로 하여금 그리스도와 그의 유익에 목마르게 하고 그것을 찾게 만듦으로써 저들의 성찬 참여를 온전히 준비시키는 데 유익하다.[22)]

2) 복음설교를 통한 성찬 사크라멘트 참여 준비

복음설교는 그리스도에 대한 약속을 설교한다. 그러나 설교가 아니라도 성찬 사크라멘트 안에 수찬자를 준비시킬 수 있는 약속이나 복음이 없는 것은 아니다. 마틴 루터에 따르면 제정사 안에 그 약속이 있다. 제정사는 우리를 위해 찢긴 그리스도의 몸과 흘려진 피가 우리에게 주어지고 있으니 믿으면 죄의 용서를 받게 될 것이라는 복음적 약속이다. 그런데 제정사는 지극히 짧은 형태의 약속으로 존재할 뿐이다. 나를 기억하며 이 일을 행하라 하셨는데 제정사를 읽는 것만으로 "나를 기억하라" 혹은 나라는 약속의 내용에 대해 설교하라는 명령이 충분히 행해질 수는 없을 것이다. 단지 제정사의 형태로 그분의 약속을 듣는 것만으로써는 성찬 사크라멘트 참여를 위해 충분한 준비가 되

22) Ibid., 104.

지 않을 수 있다.[23] 그렇다면 무엇이 제정사라는 약속에 대한 충분한 설명이 될 수 있는가? 마틴 루터에 따르면 제정사는 성경 전체의 복음적 약속의 요약이라고 언급하고 있다.[24]

반대로 말하면 성경은 성찬 제정사라는 약속에 대한 확대된 설명이며 성경에서 설교한다는 제정사로서의 성경 전체에 흐르는 약속을 해석하고 설명한다는 말이 된다. 성경은 약속으로서의 성찬 제정사의 확대판이고 제정사는 약속으로서의 성경의 요약판이라면 마틴 루터에게 설교한다는 것은 성찬 사크라멘트의 유익한 수찬을 위해 제정사를 선포하는 것과 같다는 추론이 가능해진다.[25]

마틴 루터는 "성찬[26]을 받는 사람들에 대한 권고"를 설교하고 있다.

> "그리스도 안에 있는 사랑하는 친구들이여! 여러분이 알고 있듯이 이 마지막 만찬은 주 예수 그리스도께서 말할 수 없는 사랑으로 우리를 위해 제정하셨다. 우리의 죄를 위해 지셨던 자신의 죽음을 기억하고 설교하도록 말이다. 이러한 기억을 위해 필요한 것은 확고한 믿음이다. 그 이유는 무엇인가? 믿음만이 이

23) Ibid., 105.

24) Timothy F. Lull (edit). op. cit., 294.

25) 박요한, op. cit., 106.

26) 성찬에서 교회는 성령의 사역을 통해 더욱 거룩해지고, 인내하며 소망할 수 있는 은총을 부여받게 된다. 이런 은총에 의해 교회는 이제 날로 생명의 법을 꿀송이처럼 달게 여기게 되고 그 법을 배고픈 자처럼 찾게 된다. 사랑하는 자나 되는 듯 그곳에서 눈길을 떼지 못하고 그 길에 올라선 후에는 뒤를 돌아보지 않는다. 그렇게 거룩해져 간다. 성찬에서 받은 은총이 두터워질수록(from grace to grace) 우리는 더욱 그 힘으로 거룩해질 수 있고(from glory to glory) 그럴수록 그분의 영광 앞에 설 수 있게 된다. 나형석, 『예배학교실』 (서울: 도서출판 좋은땅, 2012). 20.

만찬을 사용하고 참여하기 원하는 모든 자들의 마음과 양심에 그리스도께서 모두의 죄를 위해 죽음 감당하셨다는 사실에 확신시켜주기 때문이다."[27]

3) 설교 과제의 완성으로써의 성찬 사크라멘트

성찬 사크라멘트는 수찬의 대상과 그 의미를 밝히고, 그것들을 받아들이는 믿음을 작동시키기 위해 성경이라는 길고 다층적인 구원의 약속 서사를 통해 제정사의 약속을 설명하고 선포하는 설교의 과제상 특징에 자신의 실현을 의지한다. 그렇다면 설교는 성찬 사크라멘트의 어떤 특징들을 통해 자신의 구원론적 과제를 회중에게 유익이 되는 방식으로 수행해 나가는가?

(1) 개인적 수찬을 통한 설교 과제 완성

마틴 루터에 따르면 설교는 성격상 공적 설교이다. 대상이 불특정 다수이다. 씨를 뿌리듯 모든 귀를 향해 약속의 말씀을 흩뿌린다. 물론 어떤 사람은 들을 귀가 있어 자신의 믿음으로 그 약속을 받아들이고 그리스도와 그의 유익을 얻을 수 있다. 그럼에도 불구하고 마틴 루터에게 설교는 본질상 대중을 향한 공적 행위이다.[28] 예배 안에서 설교와 성찬 사크라멘트 중 설교가 성찬 사크라멘트 앞에 있어야 된다고 생각한다. 그리스도의 대속의 죽음과 그 유익은 먼저 믿지 않는 사람을 포함해 모든 사람에게 공적으로 설교되어야 하고 그 후 성찬 사크라멘트를 통해 구

---

27) 마틴 루터, 나형석 역, 『루터전집 53권 예식과 찬송』 (서울: 컨콜디아사, 2017), 135.

28) 박요한, op. cit., 109.

체적 개인에게 선포되고 주어지는 것이 적절하다고 보기 때문이다.[29]

마틴 루터에 따르면 한 개인에게 주어지는 이 성찬 사크라멘트의 특성을 통해 공적 설교는 약속 선포를 통한 그리스도의 증여라는 자신의 과제를 한 개인 안에서 저들에게 유익한 식으로 완성해 간다.[30]

(2) 사크라멘트의 외적 표를 통한 설교 과제 완성

마틴 루터는 하나님이 수찬자로 하여금 무엇을 효과적으로 깨닫게 하려고 성찬 사크라멘트의 외적 표들을 주셨다고 보는가? 그에 따르면 그리스도와 그의 성도와 수찬자, 그런 후에는 성도들과 수찬자 사이에 있게 될 믿음으로 인한 사랑의 교제와 교환(interchange)이 어떤 것인지 그 신비를 설명하며 우리에게 그런 교제에의 참여를 권면하기 위해 이 떡과 포도주의 외적 표가 하나님에 의해 지정되었다고 한다.[31] 설교는 자신이 가리키는 약속의 실체(교제와 교환을 통한 죄의 용서와 사랑의 삶)를 회중이 정확히 이해하게 하고 따라서 참여를 분발시키는 사크라멘트의 외적 표들을 통해 수찬자 개인에게 유익한 방식으로 자신의 설교적 과제를 완성해 간다.[32]

【33】제17조 세례

세례의 목적은 원죄의 죄책으로부터의 씻음이며, 교회의 일원이 되

29) Timothy F. Lull (edit). op. cit., 327.

30) 박요한, op. cit., 113.

31) Timothy F. Lull (edit). op. cit., 251.

32) 박요한, op. cit., 118.

어 그리스도와 접붙여져 복음으로부터 오는 모든 축복을 받을 수 있는 권리가 주어지는 것이다. 따라서 세례는 하나님의 전적인 은혜로 이루어지는 것이기 때문에 세례를 받는 데 있어서 방해받아서도 안 되고 어떤 제약이 있어서도 안 된다.[33] 그 이유는 세례를 받지 않는다면 하나님의 형상인 의로움과 거룩함 그리고 사랑의 순종이 일어날 수 없기 때문이다.

세례는 자신에게 신앙이 있다는 것을 보여주는 것으로서 그리스도인과 비그리스도인을 구분하는 표시이며, 신생의 표로서 그리스도안에서의 삶의 시작이며, 그리스도인의 완전에 이르기 위해 삶이 시작되었다는 것이다. 말씀과 성찬을 행하므로 이루어지는 세례 갱신을 통해 신생의 삶을 지속적으로 유지할 수 있고 어린이들이 받는 세례를 허용하고 있다. 허용되는 이유는 세례는 사람 의지의 작용이 아니라 그리스도가 제정하신 것이고 세례를 통해 그 마음에 역사하시는 것 역시 그리스도이시기 때문이다. 이에 관한 내용이 교리 제17조에 다음과 같이 기록되어 있다.

> "세례는 공인하는 표와 그리스도인을 세례받지 아니한 사람과 분별하게 하는 표적이 될 뿐더러 중생 곧 신생의 표가 되는 것이요, 또 어린이에게 세례를 행하는 것도 교회에 보존할 것이다"(교리. 33 제17조)

세례는 구원이 시작되는 자리이다. 회개와 믿음을 선포함으로 자신의 죄를 깨달은 자가 그 죄를 씻김 받는 자리이며, 물은 죄를 씻어주

---

33) 한국웨슬리학회 편역, "세례에 대한 소고", 「존 웨슬리 논문집 Ⅰ」, 199-206.

는 징표가 되고, 그로 인해 그리스도의 몸에 참여하게 되었다는 증거의 자리가 된다. 설교로 선포된 회개와 믿음이 세례의 자리에서 증거로 나타나며, 모든 죄가 씻겨 나갈 때 그리스도의 몸과 연합되고 하나님의 백성이 되는 것과 더 높은 구원을 향해 가도록 하는 것이 그 목적이다. 세례는 구원의 문으로 많은 유익을 전제하고 있다. 이 유익은 세례의 목적과 일치한다.

첫째, 그리스도의 죽음의 공로로 원죄로 인한 죄책(정죄)에서 씻음을 받는다. 사람은 모두 아담의 죄로 인해 정죄 아래 태어났다. 그로 인해 영원한 죽음을 피할 수 없다고 우리 교회의 신앙개조 9조에 명시되어 있는 대로 초대교회와 일치된 견해였다. 성경은 다음과 같이 말한다. "한 사람으로 말미암아 죄가 세상에 들어오고 죄로 말미암아 사망이 들어왔나니 이처럼 모든 사람이 죄를 지었으므로 사망이 모든 사람에게 이르렀느니라"(롬 5:12). 이 말씀은 어린이도 포함한다. 왜냐하면 어린이들도 죽음을 피할 수 없기 때문이다. 여기에서 말하는 죄는 자범죄로 인한 죄인을 말하는 것이 아니라 원죄로 인한 죄인을 말한다. "한 범죄로 많은 사람이 정죄에 이른 것 같이 한 의로운 행위로 말미암아 많은 사람이 의롭다 하심을 받아 생명에 이르렀느니라"(롬 5:18). 이 값없이 주시는 은총의 효력(Virtue). 곧 그리스도의 삶과 죽음의 공로가 세례에서 우리에게 적용되는 것이다. "그리스도께서 교회를 사랑하시고 그 교회를 위하여 자신을 주시사. 물로 씻어 말씀으로 깨끗하게 하사 거룩하게 하시는데"(엡 5:25, 6) 이 말씀은 칭의의 도구인 세례를 통해 하신다는 것이다.

둘째, 세례를 통하여 하나님이 세우신 영원한 언약(시 111:9) 관계에 들어간다. '아브라함과 그의 모든 영적인 후손 사이에 복음적인 언약으로 삼으셨듯이'(창 17:7,8) 저들의 하나님이 되겠다고 약속하신 것이다. 할례가 이 언약의 표였듯이 지금은 세례가 그 표이다. 그래서 사도들은 세례를 하나님과 맺은 선한 양심의 약속, 약정 또는 언약이라고 명명하였다.

셋째, 세례를 통해서 교회에 허입(입교)된다. 그래서 교회의 머리 되신 그리스도께 속하게 된다. 유대인이 할례를 통하여 교회에 입교된 것처럼, 그리스도인들은 세례에 의해 입교되는 것이다. 성경은 이렇게 말한다. "누구든지 그리스도와 합하기 위하여 세례를 받은 자는 그리스도로 옷 입었느니라"(갈 3:27)라고 하였다. 신비적으로 그리스도와 연합하여 하나가 되는 것이다. "한 성령으로 세례를 받아 한 몸이 된 것이다."(고전 12:13) 그리스도의 모인(엡 4:13) 교회에 연합되는 것이다. 교회와 연합하여 그 안에 특권을 누리듯이 세례를 통하여 그리스도와 연합을 이루어 하나님의 은혜가 세례 받은 자에게 계속 있게 된다.

넷째, 본질상 진노의 자녀가 세례를 통해 하나님의 자녀가 된다. 세례를 받으면 중생이 일어나는데 이것은 교회의 지체로 연결되고 접붙임 받는 것 이상의 의미가 있다. 은혜와 입양으로 하나님의 자녀가 된다는 의미이다. "진실로 진실로 네게 이르노니 사람이 물과 성령으로 나지 아니하면 하나님의 나라에 들어갈 수 없느니라"(요 3:5) 하나의 수단인 세례의 물로써 거듭나는 것이다. 세례에 의한 외적 씻음이 주요한 것이 아니라 거기에 따라오는 내적 은혜가 중요하다. 내적 은혜를 통하여 외적 씻음이 성례전이 되는 것이다.

다섯째, 하나님의 자녀가 되었다는 것은 결과적으로 하늘나라의 상속자가 되었다는 것이다. "자녀이면(사도가 말한 대로) 또한 상속자 곧 하나님의 상속자요 그리스도와 함께 한 상속자이다"(롬 8:17) 이를 통해 '흔들리지 않는 나라'에 갈 수 있는 자격과 증표를 받는 것이다. 세례와 일치된 삶을 살고 회개하고 믿고 복음에 순종하면 세례는 우리를 구원한다. 세례가 교회로 허입시키는 것처럼 이후에는 영원한 영광으로 받

아들여지게 될 것이다.[34)]

> "무릇 그리스도 예수와 합하여 세례를 받은 우리는 그의 죽으심과 합하여 세례를 받은 줄을 알지 못하느냐 그러므로 우리가 그의 죽으심과 합하여 세례를 받음으로 그와 함께 장사되었나니 이는 아버지의 영광으로 말미암아 그리스도를 죽은 자 가운데서 살리심과 같이 우리로 또한 새 생명 가운데서 행하게 하려 함이라. 만일 우리가 그의 죽으심과 같은 모양으로 연합한 자가 되었으면 또한 그의 부활과 같은 모양으로 연합한 자도 되리라."(로마서 6:3-5)

【37】제21조 목사의 혼인

> "하나님의 법률에 그리스도의 목사들은 독신생활 하기를 맹세하라든가 혼인을 금하라든가 하신 명령이 없다. 그러므로 목사들도 모든 그리스도인과 같이 자기의 뜻에 경건하다고 생각하면 혼인하는 것이 마땅하다"(교리. 37 제21조)

목사의 혼인은 두 가지 상황으로 설명해야 한다. 첫째 상황은 결혼, 즉 혼인 전의 상황을 말한다. 혼인은 강제적인 것이 아니기 때문에 혼인 전에는 연합을 할 수도 있고, 하지 않을 수도 있다. 그러나 두 번째 상황은 혼인이 이미 이루어진 상태에서는 "하나님이 합하신 것은 너희가 나누지 못할지니라"는 말씀처럼 혼인을 연합으로 볼 수 있다.

---

34) 한영태, 『웨슬리의 조직신학』 (서울: 성광문화사, 1993). 289-296.

결혼은 주례가 있어야 한다. 그 이유는 하나님이 직접 주례를 하시지 않지만 목사가 대신 주례를 하는 것이며, 성혼 선포를 하나님 대신 주례자가 하기 때문이다. 목사는 하나님의 대리자로서 주례자로 서 있는 것이다. 따라서 주례 목사 없는 결혼은 하나님의 선포가 없는 결혼식이라고 할 수 있다.

나가는 말

성례인 주의 만찬과 세례는 그 형식에 있어 다양한 변화가 가능하며, 목사의 혼인 역시 여러 형태를 취할 수 있다. 예를 들어, 주의 만찬에서 떡이나 포도주라는 표현 안에 다양한 음료나 음식을 사용할 수 있다는 것이고, 세례 시에도 반드시 이스라엘 성지순례가서 받아 온 요단강 물이 아니어도 된다는 말이며, 목사 혼인 또한 우리들이 실제로 경험하듯이 서양식 방법, 곧 흰 드레스와 검정 양복을 입거나, 한국식으로 한복을 입을 수 있고, 장소는 예식장, 교회, 야외 가든에서 가능한 것처럼 다양한 형태가 허용된다.

다만, 이러한 변화에도 불구하고 그 본질적인 의미는 반드시 유지되어야 한다. 그 본질이라 함은 모든 행위는 하나님의 말씀에 근거해야 하며, 말씀에 어긋나서는 안 되며, 더 나아가, 그리스도와의 연합을 나타내는 것이어야 한다.

설교를 통해 세례로 초대된 사람은 세례 안에서 죄 씻음, 영원한 언약의 관계, 교회 허입(그리스도와 신비적 연합), 하나님의 자녀, 하늘의 상속자와 같은 다양한 유익이 일어나는 것을 경험하게 된다. 그러나 그 유익은 남아 있는 죄로 인해 중단될 수도 있다. 세례 안에 있지만, 그 세례를 유지해야 하는 중요한 과제가 생긴다. 세례를 유지하고 지속하기 위해서는 일회적인 세례가 계속해서 일어나야 한다. 세례를 기억하고 지속할 수 있는 자리는 성찬의 자리이다. 그리스도의 몸과 피를 통해 “나를 기념하라”라고 말한 그 안에서 세례의 유익이 기억되고 지속된다. 성찬의 자리는 설교를 통해 자신의 정체성을 확인하고 세례의 자리로 초청하고 세례를 통하여 교회와 그리스도의 몸에 연합된다. 이 은혜와 유익은 성찬의 자리에서 떡과 포도주를 통하여 그리스도와 하나가 되는 영적 신비를 갖게 되며, 유지하게 된다. 설교로 시작되어 세례로 구원 안으로 유입되고 성찬을 통해 그 몸과 마음이 하늘나라에 이를 때까지 그리스도와의 연합이 지속될 수 있다.[35)]

교회에서 이루어지는 설교와 성례전(특히 성찬과 세례)은 단순히 예배의 순서를 채우는 행위가 아니라, 예수 그리스도의 말씀과 깊이 연결되어 있다. 이 방편은 그리스도의 복음을 전달하는 필수적인 통로이며, 서로를 보완하며 유기적으로 작용한다. 설교와 성례전은 서로 분리될 수 없으며, 설교가 없다면 성례전은 그 의미를 알 수 없는 단순한 의식이나 마술적 행위로 전락할 수 있다. 반대로 성례전이 없다면, 설교는 추상적인 개념에 머물러 신자들의 삶에 깊이 뿌리내리기 어려울 수 있다. 성례전은 설교의 메시지가 실제적이며, 그것이 나에게도 유효한 진리임을 보여주는 역할을 한다. 이처럼 교회는 설교를 통해 복음을 들려주고, 성례전을 통해 복음을 보여주면서 신자들의 믿음을 견고하게 세워 나간다.

35) 김진영, “존 웨슬리의 구원론 안에서 말씀과 성례의 관계 연구” 『협성대학교 대학원 박사학위 논문』, 2021, 129-130.

감리교 구원론의 공공성
- 종교적 공론장의 불/가능성에 관한 단상 -

정대인 교수(협성대 외래교수/조직신학/공적교회연구소 연구원)

1. 사회적 구성물일 수밖에 없는 교리

기술 진보의 시대에 '교리'(doctrine)에 대해 이야기한다는 건 다소 부담스러운 일이다. 그렇다고 벤야민(Walter Benjamin)의 말처럼 이 '체제(교리)'는 보기 흉할 정도로 삐쩍 마른 터이기에, 사람들의 눈에 띄지 않게 해야 할까? 벤야민의 말 속에는 교리에 대한 모종의 전제가 있다. 즉, 교리의 초역사성, 그리고 탈정치화된 경향성[1]에 대한 전제가 말이다. 그러나 엄밀히 교리는 신적 현실과 인간의 현실 모두에 대한 특정한 견해들을 그 범위로 받아들이는 인간의 사회적 구성물이다. 헬머(Christine Helmer)의 주장처럼 교리의 종말은 교리가 사회적 구성물이라는 교리 고유의 위치가 더 이상 인정되지 않을 때, 그리고 교리가 지시하려 했던 초월적 실재를 교리 자체가 대신할 때 다다르게 된다.[2] 어

---

1) 교리를 탈정치적으로 이해하는 것에 대해서는 적어도 네 가지 중요한 요인들이 서로 연결되어 있다. 첫째, 근대 이후 표준이 된 서구의 생각, 즉 종교는 정치 및 경제와 분리된다는 생각. 둘째, 종교가 별도의 영역이라는 생각과 밀접하게 관련된 현대 서구의 개인주의. 셋째, 종교에 관한 연구에도 합리성으로 접근할 것을 강조하는 과학적인 오리엔테이션. 넷째, 교리는 탈정치화된 개인적 생활방식과 관련 있을 뿐, 정치 경제적 상황과는 관련이 없다는 일상적인 생각. (참조) 리처드 호슬리/김준우 옮김, 『예수와 제국』 (경기: 한국기독교연구소, 2004), 25-27.

2) 크리스틴 헬머, 김지호 역, 『교리의 종말』 (경기: 도서출판 100, 2020), 310-311.

쩌면 교리가 사회적 구성물임을 인정하지 않는 것은 상대주의, 세속주의, 자유주의(신학이 독점하고 있다고 주장되는 진리를 타협시킨다고 알려진 세 이데올로기)에 대항하여 신학에 예방 주사를 놓으려는 욕망의 결과일지도 모른다.[3] 그러나 교리를 이러한 방식으로 사유할 때, 교리는 그 자체로 초역사적이고, 탈정치적으로 정초된다. 그야말로 벤야민의 말대로 보기 흉할 정도로 말라버려서 눈에 띄면 안 되는 것이 되는 셈이다.

우리는 결코 교리로 하나님을 길들일 수 없다. 교리는 철저히 경험 이후의 신학적 체계화라는 2차 상징이기에 역사, 사회, 지식 권력의 구성물이다. 때문에 교리와 장정을 새롭게 읽는다는 건 단순한 교리의 부정 혹은 해체를 넘어서, 교리는 언제나 상호적이며, 사회적이라는 사실, 즉 지도와 달력에 뿌리내리고 있음을 명확히 하려는 시도라고 말할 수 있지 않을까? 그리고 이러한 맥락에서 감리교 교리의 강조점은 개인과 사회, 이 세계의 현재와 미래에 관한 균형 잡힌 전체론적 세계관(holistic worldview)을 전제한 교리를 제시한다.

> "감리교의 신앙 전통은 기독교의 참된 구원의 **진리**와 성서적 **경건**을 생활 속에서 **실천**하는 것을 강조한다 (...) 인간은 하나님의 형상으로 창조되었으며, 충만하고 온전한 구원은 타락한 인간성을 새롭게 하는 것이다. 이러한 하나님의 창조와 새로운 창조의 경륜은 **개인적 성화, 사회적 성화**, 그리고 **창조의 완성**을 포함한다."(교리, 46-47.)[4]

---

3) Ibid., 313-314.

4) 강조는 필자의 것임. 기독교대한감리회 『교리와 장정』은 2024년 초판본을 사용하였으며, 이후 인용은 본문에 (교리)로 표기하는 형식을 취함.

감리교의 교리이자, 핵심 내용이 되는 구원론은 시작점에서부터 '사적인 것'과 '공적인 것' 모두를 포기하지 않는다. 이 말은 곧 감리교의 구원론은 시작 단계에서부터 이미 '종교적 공론장'(religious public sphere)의 가능성을 열어 놓고 있다는 의미이기도 하다. 실제로 웨슬리는 후술하게 될 복잡한 신학적 종합을 통해서 '믿음으로만'과 '거룩한 삶을 살기'라는 두 입장을 아우틀러(Albert Outler)의 표현을 빌리자면 "제3의 대안"[5]이라는 독창성으로 해명해 간다. 그는 접속적(conjunctive) 방법을 통해 시대가 직면한 여러 모순된 진리들이 긴장 가운데 묶여 있는 다양한 사태에 대한 나름의 의견을 제출했다. 공공성은 시대의 변화와 국가의 역사적, 사회문화적 전통에 따라 꼴을 달리하기 때문에, 신학의 체계와 마찬가지로 고정된 공공성의 의미는 규정하기란 쉽지 않다. 이는 곧 현행의 문제, 즉 '배치'의 문제라는 의미이다. 따라서 오늘날 이름에서부터 압도적인 4차 산업혁명, 포스트 휴머니즘, 신유물론, 사변적 실재론 등과 같은 변혁적 현실을 배제한 채 공공성에 관한 논의를 진행하는 것은 학문적 엄밀함에서 벗어난다. 이는 다분히 초역사적 성경을 가지고 있는 구원론이라고 하여도 마찬가지다. 따라서 우리는 감리교 교리의 공공성(公共性)에 관한 담론의 출발점은 웨슬리 신학의 방법을 따라 역사적, 사회문화적 현실과의 관계 안에서 해명하는 제3의 대안을 따라가는 것이 바람직할 것이다.

이상 전술한 내용을 바탕으로 필자는 먼저 1)공공성과 공론장의 현

5) Albert C. Outler, Theology in the Wesleyan Spirit (Nashville: Discipleship Resources-Tidings, 1975, 71. 펠라기우스주의의 낙관론과 아우구스티누스의 비관론을 해명하는 웨슬리의 실천신학적 방법을 의미한다. 여기서 중요한 점은 웨슬리의 실천신학은 여타의 종교개혁 전통에서처럼 인식론적이기보다는 '구원론적'인 성향을 보여준다. 즉 구원은 세계-내-존재가 개인적이며, 공적인 실천을 통해 세계 안에 이루어 가는 개인과 사회의 완전으로의 '여정'(Journey)인 셈이다.

대적인 의미를 아렌트와 하버마스를 중심으로 살펴보고, 이어서 2)감리교의 구원론은 어떤 측면에서 사적 영역과 공적 영역을 끈질기게 붙잡고 있는지 살펴보면서, 이것이 현대의 공공성 개념과 공명하는 지점을 밝히고자 한다. 끝으로 3)포스트 웨슬리안으로서 한국감리교회는 구원의 공공성을 말할 수 있는 '종교적 공론장'을 형성하고 있는지에 대하여 선언적 의견을 제시하고자 한다.

2. 공공성이란 무엇인가?

한나 아렌트(Hannah Arendt)는 공공성이 사라진 삶을 '사적'(private)이라고 보았다. 개인의 삶은 다른 것으로 환원될 수 없는 독특한 것이지만, 인간의 조건에 있어 타자의 존재가 사라진 상태는 결핍과 박탈을 의미한다. 따라서 아렌트에게 있어서 인간의 조건은 사적 영역과 공론 영역이라는 복수성(plurality)에 있으며, 이것이 인간 행위의 조건이다.[6] 아렌트는 이를 증명하기 위하여 서구의 정신과 삶의 바탕을 이루는 고대 그리스 사상과 생활양식을 검토한다. 그리스 사상에 의하면, 정치적 조직체를 갖출 수 있는 인간의 능력은 그 중심이 '가정'(*oikia*)과는 다를 뿐 아니라 '폴리스'(*polis*)라는 형태로 대립되어 있다. 즉, 폴리스의 발생은 인간이 사적 생활 외에 일종의 두 번째 삶인 정치적 삶을 부여받았음을 의미한다.[7] 모든 시민은 두 가지 존재의 질서에 속하며, 그의 삶에서 자신의 것(*idion*)과 공동의 것(*koinon*) 사이에는 예리한 구분

---

6) 한나 아렌트, 이진우·태정호 역, 『인간의 조건』 (서울: 한길사, 1996), 57.

7) Ibid., 76.

이 존재한다.[8] 공공생활, 다시 말해서 비오스 폴리티코스(*bios politikos*)는 광장(*agora*)에서 이루어졌지만, 지역적으로 제한되지 않았다.[9] 그리고 여기서 폴리스에서 정치적으로 생활한다는 건 힘과 폭력이 아니라 '말'(대화, *lexis*)과 설득을 통하여 모든 것을 결정함을 의미한다.[10] 이렇게 고대인들에게서부터 인간의 조건의 삶의 필연성과 보존, 그리고 종의 지속을 관리하고 보장하는 가정이라는 사적 영역(개인적인 삶)과 대비되어 공통적인 것을 다루는 공적인 영역(정치적 삶)으로 구분되어 항존하였다. 여기서 공적인 영역은 공중(公衆)이 함께 논의할 문제를 다루는데, 이때 중요한 것이 바로 '공공성'과 '공론장'(Öffentlichkeit)이다.

아래 〈표 1〉에서 정리된 바와 같이 공공성의 이미지는 개념의 다의성을 시사한다. 공공성은 서로 다른 층위에서 다양한 의미를 구성하고 있다. 공공성의 의미 구성은 공공정책과 같은 거시적 차원에서 공적 행위자의 지위와 역할이라는 미시적 차원에 이르기까지 사회체계 전반에 편재되어 있다.

---

8) Ibid.

9) 위르겐 하버마스, 한승환 역, 『공론장의 구조변동』 (서울: 나남, 1990), 63.

10) 한나 아렌트, 『인간의 조건』, 78. 마키아벨리의 경우 전쟁과 같은 비언어적 상황 역시 정치적인 것으로 간주하는 반면, 아렌트와 하버마스의 경우 공통적으로 정치는 오직 말(대화)로 이루어진다. 말을 벗어나게 되는 폭력이 되며, 그때부터는 정치적인 것이 아닌 '예외상태'가 도래하는 셈이다. 그래서 하버마스의 경우 '과시적 공론장'에서 '부르주의 공론장'으로 이동하면서 나타난 대표적인 사례를 프랑스의 살롱(salons), 영국의 커피 하우스(coffee house) 등에서 찾고 있다. 이를 현대적으로 가지고 와서 생각하면, 초연결 시대를 살아가고 있는 현재는 SNS, 위키피디아, 온라인 커뮤니티, 청와대 국민신문고와 같은 네트워크 공간이 새로운 형태의 공론장으로 기능할 수 있을지는 논의가 필요하다.

<table>
<tr><th>공공성의 주요 이미지들</th><th>의미 구성</th><th>구성적 차원</th></tr>
<tr><td>공공정책</td><td>국가 공공성</td><td>거시</td></tr>
<tr><td>공공재</td><td>반독점•비시장적 공공성</td><td rowspan="2">↑</td></tr>
<tr><td>기업의 사회공헌활동</td><td>시장공공성</td></tr>
<tr><td>사회정의와 공익성</td><td>운동공공성</td><td>공공성</td></tr>
<tr><td>정보의 공개성</td><td>언론공공성</td><td rowspan="2">↓</td></tr>
<tr><td>사회문화적 규범</td><td>문화공공성</td></tr>
<tr><td>공적 행위자로서의 지위와 역할</td><td>공인의 공공성</td><td>미시</td></tr>
</table>

<표 1> (홍성태) 공공성의 일곱 가지 이미지[11]

공공성의 고유한 공간적 귀속성을 고려할 때, 우리는 공공성의 작동 범위가 대단히 넓다는 점을 인지하게 된다. 게다가 공공성은 역사적 맥락에 따라 그리고 사회체계와 권력의 사회적 관계에 따라 다양한 방식으로 정의될 수도 있다. 이러한 이유들로 공공성에 대한 기존의 논의들은 암묵적으로 정의된 다양한 의미들을 일정하게 합의된 맥락 위에서 정렬할 수 없었으며, 결국 다차원성을 강조하는 방식으로 공공성에 대한 특정한 관념들을 채택하게 된 것으로 보인다.[12] 이 말은 곧 모든 형태의 공공성을 하나로 묶어 낼 수 있는 통합적 담론은 존재하지 않으며, 애초에 세계는 통합 불가능하기에 역으로 더 나은 방향으로 나아가기 위한 공공성 확보가 중요함을 의미하는 것이기도 하다.

그렇다면 통합할 수는 없지만, 보다 높은 수준의 공공성은 무엇으로

11) 홍성태, "공론장, 의사소통, 토의정치 - 공공성의 사회적 구성과 정치과정의 동학", 「한국사회 13(1)」, (2012), 167에서 재인용.

12) Ibid., 166-167.

규정할 수 있을까? 공공성과 관련하여 크게 세 가지 속성, **①공민성 ②공익성 ③공개성**이 중요하게 고려된다. 특정 제도와 제안 등에서 공민성·공익성·공개성이 일정 수준 이상에 부합할 때, 우리는 그것을 가리켜 공공성이 높다고 평가할 수 있다. 그리고 이러한 공민성·공익성·공개성은 자유로운 시민 주체 사이의 합리적인 '의사소통행위'가 허용되는 공론장을 통해 이루어진다.[13]

위르겐 하버마스는 1996년 5월 한국을 방문했을 당시 프레스센터에서 열린 기자회견에서 공론장의 전제에 대해 다음과 같이 답변한 바 있다. 그때 그에게 제기된 질문의 요지는 시민사회와 공론장의 활성화를 통해 인간해방이 가능하다는 것이 하버마스의 주장이라면 그 주장이 서구가 아닌 아시아, 특히 한국에서 어느 정도 유효성을 갖는 것인가에 관한 물음이었다.

> "공론장은 적어도 세 가지의 전제가 필요합니다. 하나는 이것을 통해 우리가 자유롭게 토론한다는 점에서 그 가치에 대한 규범적 기대가 있어야 합니다. 두 번째는 그것을 수행할 수 있는 자유주의적 정치문화가 보장되어야 합니다. 마지막으로 가장 중요한 것은 민주적인 제반 원칙에 부응하는 갈등 해소 절차를 요구한다는 겁니다."[14]

물론 이 답변은 기자회견장에서 즉문즉답의 형태로 행해진 것이기

---

13) 엄밀히 공론장의 형성은 양가적이다. 공론장 안에서 자유로운 정치적 주체들 사이의 합리적 의사소통행위가 이루어지지만, 역으로 합리적 의사소통행위가 곧 과시적 공론장이 아닌, 소통적 공론장 형성의 조건이 되기도 한다.

14) 윤형식, "하버마스의 공론장 개념과 유교적 공론", 「사회와 철학(26)」(2013), 127-128.

때문에 학문적 엄밀성을 따질 수는 없다. 그러나 우리가 이 답변을 통해 간파할 수 있는 것은 적어도 하버마스는 서구 근대가 성취한 의사소통적 합리성의 사회적 관철, 즉 합리화된 생활세계와 민주주의 법치국가를 공론장의 전제조건으로 상정하고 있다는 것이다. 때문에 이러한 공론장은 당연하게도 공민성·공익성·공개성이라는 세 가지 중요한 속성이 수반되어야만 한다. 각 개념에 관한 평이한 정의에 대해 정리하면 다음과 같다.

1) 공민성

공민성은 주체와 가치의 차원을 의미하는데, 공적 시민 또는 자격 있는 구성원으로서의 공중이 공공성의 주체로서 추구하는 민주적 성취의 수준을 의미한다. 공민성은 공공성이 작동하는 사회영역이나 제도가 추구하는 민주주의 이념과 가치의 수준, 그리고 사회영역의 구성원이나 제도의 운영자, 더 나아가 정책의 수혜자 집단이 관련되는 삶의 영역에서 민주적 자아의 실현을 체감하는 수준 등을 주요 내용으로 한다. 한 마디로 어떤 사회체에서 제시하는 정책이나 제도가 특정 헤게모니 집단에 의해 생산-반포되는 것이 아니라, 그 속에서 활동하는 '시민'이 주체가 되어서 만들어 내는 것인가를 정량적으로 평가하는 것을 가리켜 공민성이라고 할 수 있다.

2) 공익성

공익성은 제도와 규범의 차원으로서 공공성의 물적 자원의 공유성을 의미한다. 한 사회의 물적 자원이 어떤 수준에서 공유되고 있는가를 가리키는 공익성은 물적 자원을 배분하는 다양한 제도와 법규범이 실행되는 수준을 통해 확인할 수 있다.[15] 공익성은 제도 자체가 얼마나 많은 사람에게 이타성을 가지는가를 통해 판단된다. 복지적으로 보면 사회권이 보장되어 있고 그 보장의 내용이 보편적이고 충분한 것인지에 관한 것들이 확보되어 있을 때, 공익성이 높다 볼 수 있다. 그리고 이러한 공익성이 높은 것은 곧 공공성이 높은 것과 연결된다. 공익성은 보편성과 보편적 제도를 확보한 보편적 공익성을 가장 높은 수준이라고 얘기할 수 있다.

3) 공개성

공개성은 행위의 차원에서 중요한 개념으로 의사소통적 행위를 본질로 하는 공론장의 개방성을 의미한다. 공공성이 높은 제도는 제도 자체가 공중이 자율적으로 참여해서 논의하고 소통하는 공개성이 높은 구조를 가지고 있기 마련이다. 공개성은 공중이 주체가 되어 실행하는 비판의 원리로부터 행정기관, 민간 단체, 정당 등이 주체가 되어 조종된 통합의 원리에 이르기까지 다양하지만, 제도 자체는 민주적 의견과 의사형성이라는 의미에서 공론장의 원리에 따라 조직화되어야 한다. 또한 당 내부 혹은 단체 내부의 민주주의를 제도적으로 가능하게 해야 한다. 즉 어떤 저지도 받지 않는 의사소통과 공적 논의를 허용해야 한다.[16] 소통을 원활하게 할 수 있는 '소통적 공개성'이 가장 높은

---

15) 조대엽·홍성태, "공공성의 사회적 구성과 공공성 프레임의 역사적 유형" 「아세아연구(56)」 (2013).

16) 위르겐 하버마스, 한승환 역, 『공론장의 구조변동』 (서울: 나남, 1990), 327.

수준의 공공성을 확보하고 있는 수준이라고 말할 수 있다.

이처럼 현대적인 의미의 공공성은 단순히 공공이 하는, 공공이 만든 제도 자체를 뜻하지 않는다. 공민성·공익성·공개성과 같이 그 장(場) 안에서 생활하는 존재들의 자율적인 참여와 주체가 될 수 있는 보편적인 복지제도가 확보되어 있어서 사회권을 보장할 수 있는가에 관한 부분이 공공성의 중요한 개념 뿌리라고 할 수 있다. 일본의 정치학자 사이토 준이치(齋藤純一)는 『민주적 공공성』에서 공공성을 차이를 조건으로 하는 담론의 공간이라고 표현하는 까닭은 이 때문이다. 공공성은 어떤 동일성(identity)이 지배하는 공간이 아니다. 공공성은 복수의 가치, 의견과 의견의 '사이'(in-between)에서 생성되는 공간[17]이다. 지금까지 현대적인 의미의 공공성에 관해 살펴보았다. 그러면 이제 다음 장에서 감리교의 구원론이 현대적인 의미의 공공성과 공명하는 지점이 무엇인지 살펴보도록 하자.

3. 감리교 구원론의 공공성

1) 선행적 은혜에서 신생까지

앞서 우리는 시대에 따라 유동하는 공공성의 개념을 현대적인 의견에 한정해 살펴봤다. 현대적 의미의 공공성이 지향하는 궁극적인 지점은 주체와 타자의 자율적인 참여가 확보되는 차이의 공간, 즉 소통

---

17) 사이토 준이치, 윤대석 외 역, 『민주적 공공성』(서울: 이음, 2020) 참고. "차이를 조건으로 하는 담론 공간의 가능성"에 대한 논의에서 다루는 아렌트와 하버마스 이후의 중요한 공공성에 관한 의견을 제출한 저서이다.

적 공론장[18]의 가능성에 관한 것이라고 요약할 수 있다. 이런 맥락에서 이번 장은 감리교의 핵심적인 교리에 해당하는 구원론이 여타의 종교개혁 전통과 구별되게 높은 수준의 공공성을 확보하고 있는지, 또한 종교적 주체와 타자의 자율적인 참여를 수반하는 종교적 공론장의 속성을 지향하고 있는지를 차분히 검토하고자 한다.

우리는 비록 명시적이진 않지만 감리교의 구원론 안에서 공공성에 관한 단초들을 발견할 수 있다. 선행적 은혜에서부터 성화와 그리스도인의 완전에 이르는 구원의 여정 속에는 하나님-개인-타자의 공적인 담론을 형성하는 공공성이 존재한다. 감리교의 구원론을 한마디로 정의하면, 구원의 여정은 "개인적이면서, 동시에 점진적으로 공적인 것"으로 지평이 확장되는 성격을 보인다. 그래서 웨슬리는 선행적 은혜에서 공공성의 성격을 가진 구원이 어떻게 개인의 내면을 거쳐 사회적(공론 영역)으로 발전하게 되는지를 보여준다. 웨슬리는 구원의 과정을 하나의 집에 비유했는데, 선행적 은혜는 집의 현관 입구요(porch), 칭의는 문(door)이며, 성화와 성결은 우리가 그 안에서 거주하도록 부르심을 받은 집안의 방(room)에 해당한다.[19]

가장 먼저 우리는 어렵지 않게 보편적으로 제시된 **선행적 은혜**에서 개인적인 것을 넘어선 종교적인, 특히 타종교와의 공론장을 형성하는

---

18) 필자는 '소통적'이라는 표현보다 '정동적'(情動的, affective)이라는 개념어가 더욱 적절할 것 같다는 생각이 든다. 전자가 하나의 동일성의 아젠다에 참여하는 방식이라고 한다면, 후자는 분자적인 참여로 인해서 생성되는 창발을 다루는 표현이기 때문에 보다 개방된 형태라는 생각이 든다. 하지만 이에 대한 깊은 논의는 본고의 주제와 벗어나는 것이기에 후속 연구로 미루기로 하며, 앞장에 다룬 아렌트와 하버마스의 의견을 따라 소통적이라는 표현을 사용하고자 한다.

19) 테오도르 런연, 김고광 역, 『새로운 창조: 오늘의 웨슬리 신학』 (서울: 기독교대한감리회 홍보출판국, 1999), 37.

에큐메니칼적 형태의 공공성을 발견하게 된다. 런연(Theodore Runyon)은 "선행적 은혜에 대한 웨슬리안적인 이해는 오늘날 종교 간 대화의 부름에 증진하는 응답을 암시하여 주기도 한다"[20]고 말한다. 기독교대한감리회 『교리와 장정』 역시 이 사실을 명확하게 명시하고 있다.

> "우리는 모든 인간 속에 이미 선행하는 하나님의 은혜가 있어서 하나님의 구원이 모든 사람에게 열려져 있음을 믿는다."(교리, 47.)

물론 선행적 은혜가 웨슬리에게서 인간의 초자연적으로 품부된 양심과 도덕에 밀접하게 연결된 것이라고 할지라도, 우리는 구원의 공공성을 통해 하나님 지식은 오직 그리스도 안에서만 발견되기에 개종 이외의 대화 필요성을 느끼지 않는 사람들과 의식적·무의식적 상대주의 때문에 그런 대화를 좋아하는 사람들 사이의 갈등을 넘어서야 한다.[21] 때문에 보편적으로 제시된 선행적 은혜는 개인적인 것을 포기하지 않고 포함하는 하나님의 보편적 활동, 즉 역사-사회-문화를 통합하는 에큐메니칼적 은혜의 낙관주의로 보는 것이 바람직하다.

계속해서 일반적으로 감리교 구원론에서 **칭의와 신생**은 성화를 위한 하나의 조건으로 구원의 가장 사적인 영역으로 간주되곤 한다. 그러나 웨슬리는 신학 전통 안에서 사적 영역으로 생각되어 왔던 칭의와 신생이 주관적인 것으로 경도되는 것을 극히 경계하였다. 런연에 따르면 "믿음을 주관적 감정이라고 하는 것은 신적 근원으로 향한 초-주

20) Ibid., 46.

21) Ibid., 46-47.

관적 관계성을 불분명하게 만들어버리는 것이다. 칭의는 우리 자신의 '회개의 행위'나 '양심의 가책'에 대한 감정, 혹은 지나간 죄에 대한 슬픔에 근거하는 것이 아니다."[22] 따라서 웨슬리는 올더스게이트에서의 회심이라는 인격적 사건 이후에, 회심의 순간으로 되돌아가는 경건주의자들에게서 흔히 볼 수 있는 관행을 따르지 않았다.[23] 실제로 웨슬리는 회심 사건을 이후에 매우 적은 횟수로, 또 소극적으로 언급한다. 이는 웨슬리 자신이 회심을 순수하고 단순한 감정적인 것이나 개인적 결단으로 보는 것에 대해서 동조하지 않았음을 의미한다. 그가 다른 사람들에게는 권장하는 것처럼 보였던 경건주의자들의 종교적 실천과 체험을 스스로 따르기를 주저했다[24]는 점은 흥미로운 지점이다. 그러므로 우리는 웨슬리가 구원의 여정에서 칭의의 강조점을 어디에 두고 있는지를 파악하는 것이 중요하다.

웨슬리는 전통적인 속죄론의 관점을 떠나, 칭의의 드라마를 "인간은 그리스도 안에서 표현된 신적 사랑의 의도적 수령자가 되는 의사소통의 사건으로 보았다."[25] 이는 칭의 안에서 하나님과 인간의 상호작용의 원리, 즉 '페리코레시스'(상호순환, *perichoresis*)의 원리를 발견하는 것이다.[26]

"우리는 회심을 통해 우리가 하나님의 자녀라는 성령의 확증

---

22) Ibid., 78.

23) Ibid., 68.

24) Ibid., 69.

25) Ibid., 73.

26) Ibid., 77.

을 얻는다. 이 영적 체험은 하나님의 사랑이 그 주체가 되지만 우리의 응답을 포함한다."(교리, 47.)

하나님으로부터 연유되는 확증과 우리의 응답이라는 두 주체와 대상 사이에 상호 작용을 의미하는 페리코레시스는 하나님과 인간 사이의 내면적-내재적 상호 작용만을 의미하는 것이 아닌, 외부적-경륜적 상호 작용을 포함한다. 라쿠나(Catherine M. LaCugna)와 같은 급진적 경륜적 삼위일체론자는 이러한 페리코레시스를 가리켜 "경륜으로 시작하여, 경륜으로 끝나는 존재론"[27)]이라고까지 주장한다. 이 말은 우리가 구원의 경륜에 돌아갈 때만, 우리는 우리를 위해 존재하시는 하나님을 만나게 된다는 의미이다. 다시 말해서, 우리는 칭의의 사건을 통해서 개인의 내면적인 가책과 죄에 대하여 사면(赦免)의 확신뿐만 아니라, 세계 안에서 공적으로 활동하고 있는 하나님과의 의사소통의 관계를 형성하게 되는 것이다.

이어서 신생의 단계에서도 웨슬리는 내면의 직감적인 지식만을 의미하는 것에 반대하며, 외부에서 오는 근원에 대한 경험에서 중개되는 하나님에 대한 지식을 강조하였다. 그는 "하나님에 대해서 우리가 아는 적은 것이라도, 우리의 내적인 인상으로부터 얻은 것이 아니고, 외부로부터 점차적으로 얻게 되는 것"[28)]임을 명확히 한다. 신생의 본질이 하나님의 형상을 따라 갱신되는 변혁이라고 할 때, 이때 갱신되는 형상은 '도덕적 형상'을 의미한다. 즉 신생은 도덕적 형상을 재건하며 관여한다. 이를 통하여 하나님과 우리의 관계는 우리의 이웃에 대해서 친밀하게 관계하

27) Catherine Mowry LaCugna, *God for Us: The Trinity and Christian Life*, (San Francisco: HarperSanFrancisco, 1991), 274-275.

28) 테오도르 런연, 『새로운 창조』, 102-103.

도록 하는 것이 된다. 신생에 대한 웨슬리의 신학적 아이디어를 구체적으로 제공하는 것은 동방 교부들의 신성화(테오시스, *theosis*) 개념이다. 그가 동방 전통에서 이 개념을 착안하게 된 까닭은 하나님의 형상에 대한 실용적인 은유는 인간의 갱신이 존재 안에 있는 어떤 가능성, 즉 이성이나 양심과 동일시하여 그 형상을 '주관화'시키려는 서방교회의 경향을 피하는 하나의 거울과 같은 것이었기 때문이다.[29] 이러한 중도적 노력은 신생 역시 개인의 사적 영역에 한정되지 않게 하기 위함이 분명하다.

우리는 웨슬리를 통해 개진된 감리교 구원론의 선행적 은혜 외에도 칭의와 신생에서 계속적으로 긴장 상태를 유지하고 있는 사적 영역과 공적 영역의 균형을 발견할 수 있다. 그리고 이상의 내용을 종합해 볼 때, 감리교의 구원론의 칭의와 신생은 한 개인과 하나님 사이의 페리코레시스적 의사소통을 통한 갱신은 개인의 종교적 사적 이익과 향유에서 끝나는 것이 아닌, 더 나아가 신의 성품에 참여하는 것, 더욱 충만한 인간이 되어 가는 것, 영적 감각으로 하나님의 파트너가 되고, 신적 생명을 함께 나누는 공적인 존재가 되는 것[30]임을 발견하게 된다.

2) 성화에서 그리스도인의 완전까지

우리는 선행적 은혜와 칭의/신생에서 보다, 성화의 단계에 이르러서 보다 구체화된 공공성을 발견할 수 있게 된다. 감리교 구원론은 **성화**와 그리스도인의 **완전**에 관한 교리를 아래와 같이 설명한다.

---

29) Ibid., 114.

30) Ibid., 114-115.

"성화의 목표인 완전은 인간의 본래적인 하나님의 형상을 회복하고 완성하는 것이다. (...) 성화에 인간의 능동적 노력과 수고가 필요하지만(사적 영역), 완전에 이르는 것은 하나님의 은사이다(공적인 것). (...) 교회는 그리스도의 몸된 공동체로서 세상과 사회 속에서(공론장) 하나님의 뜻을 실현하는 사명을 가진다. (...) 구원은 개인의 구원뿐만 아니라 역사와 사회를 성화(변화)시키는 데까지 이르러야 한다."(교리, 48-49.)

웨슬리에게서 성화란 타락한 피조물이 창조주와 교제하는 실존으로 회복하는 것이며, 인간이 창조될 때처럼 신실한 청지기의 삶을 회복하는 것이다. 이는 곧 하나님과 다른 피조물들과의 관계를 더욱 강건하고 통전적으로 만들어 가는 삶을 의미한다.[31] 이런 맥락에서 일반적으로 웨슬리 연구자들은 그의 구원론적 신학을 가리켜 '실천신학', '실천교리'라고 평가하기도 한다. 여기서 지시하는 실천이란 무엇인가? 바로 하나님께서 이끌어 가시는 개인적-사회적 구원의 동참하는 실천이다. 웨슬리는 기독교는 본질적으로 사회적 종교라고 주장한다.

"기독교는 예수 그리스도에 의하여 인간에게 계시된 하나님을 경배하는 일을 가르쳐 주는 종교입니다. 그러나 이 종교는 본래적으로 **사회적 종교**이므로 사회를 떠나서는, 즉 다른 사람과 같이 살고 대화함 없이는 잘 유지되지 못할 뿐 아니라 존재할 수 없는 것입니다."[32]

---

31) Ibid., 117.

32) 한국웨슬리학회 편역, 『웨슬리 설교전집 2』(서울: 대한기독교서회, 2006), 134. 실제로 웨슬리는 노예 제도, 실직의 문제, 물가, 질병, 동물 등에 관한 문제 등 다양한 이슈들에 대한 글을 썼다.

특히 사회적 구원과 사회적 성화라는 감리교 구원의 공공성은 〈사회신경〉에 다양한 형태로 범주화되어 명시되어 있다. 〈사회신경〉에서는 "감리교회는 하나님의 뜻을 따라 정의로운 사회구현에 깊은 관심을 기울여 온 전통을 가지고 있다"(교리, 57-8.)고 분명하게 말하고 있다. 감리교회는 1930년 제1회 총회에서부터 사회적 구원과 성화를 신앙의 실천적 목표로 삼아서 보다 나은 사회를 이루는 데 이바지하였다.[33] 감리교는 사회신경을 통해서 생태계 문제, 민주주의, 노동, 성(性), 복지, 과학과 인간, 생명공학, 타종교와의 대화, 통일, 전쟁 등의 문제를 종교적 공론장을 통해 응답하는 것이 구원의 과정임을 말하고 있는 것이다.

이처럼 웨슬리에게 있어서 성화는 개인적 영성이 아니라 공적인(공동체적) 영성이다.[34] 그의 사회윤리는 성화 사상에 기초해 있고, 웨슬리 역시 루터와 마찬가지로 이신칭의를 구원론의 근거로 삼았지만, 기독교의 본질은 성화에 있다고 보았다. 즉, 그의 성화 개념은 독일 경건주의의 정숙주의와 순간적 성화를 넘어선다. 그는 경건주의가 성화를 하나님과 인간의 수직적 관계에 제한하고 인간의 결단과 행동, '은총의 수단'의 무용성을 주장한 것과는 대조적으로 점진적, 참여적 성화를 주장함으로써 루터와 독일 경건주의 성화론의 한계를 극복하였다고 평가할 수 있다.[35] 종교개혁적 사회윤리 전통은 사회에 대한 신학적 이론을 정립하였지만, 사회현실에 대한 실천적 방향 제시에 이르지는 못하였다. 루터는 의인의 교리를 두 왕국론에 적용함으로써 기독교적 사

---

33) 〈사회신경〉은 1930년 제1회 총회에서 세운 강령들을 오늘의 시대가 안고 있는 새로운 문제들을 반영해 1997년에 새롭게 수정하였다. 〈사회신경〉과 관련해서는 이후 진행되는 세미나를 통해 세부적으로 논의될 것이다.

34) 레온 힌슨, 이희숙 역, 『웨슬리의 윤리사상』 (서울: 전망사, 1987), 138.

35) 홍순원, "성령과 사회적 성화: 존 웨슬리의 성령론적 윤리", 「신학과 실천(35)」, (2013), 578.

회 이해를 시도하였고, 칼빈은 그리스도통치론을 통하여 하나님의 현실과 사회현실을 통합함으로써 교회와 사회의 관계성을 규정하였다. 그러나 이러한 입장은 칭의론과 기독론의 교리를 넘어섰다고 보기에는 어렵다. 이와는 구별된 방식으로 웨슬리는 사회적 성화를 통하여 기독교의 본질인 실천적 영성을 회복하였다.[36]

따라서 감리교 구원론의 성화와 그리스도인의 완전은 런연의 주장처럼 결코 개인주의적인 것으로 추론되어선 안 된다. 기독교는 정적주의(모라비안)나 신비주의(윌리엄 로)로 이해될 수 없다.[37] 오히려 웨슬리는 "너희는 **세상**의 빛과 소금이다"라는 성서의 사회적 가르침에 주목한다. 웨슬리는 사랑을 성화의 과정에서 최고의 목표로 보고 있기 때문에, 그리스도인의 완전이라는 교리의 합당한 출발과 도착점은 사랑이다. 사랑은 "모든 것을 향한 하나님의 경륜의 가장 높은 실재이다. 사랑은 최후(목적, *telos*)이다."[38]

정리하면 감리교의 구원론은 다른 종교개혁전통에 비해 구원의 과정 중에서 종교적 주체가 주도적으로 책임 있는 역할을 감당해야 하기에 공민성이 매우 높은 체제라고 볼 수 있다. 또한, 선행적 은혜에서부터 그리스도인의 완전 교리에 이르기까지 구원의 보편적인 지향점을 놓치지 않기 때문에 공익성 역시 높다고 볼 수 있다. 그러나 공공성의 앞선 두 가지의 속성에 비해서 공개성의 측면은 현실 정치와 결부될 때 한계가 있다고 사료된다. 전술했듯이 공개성이 높은 제도는 제도 자체가 공중이 자율적으로 참여해서 민주적 의견과 합리적 의사소통 구조를 수

36) Ibid., 579.

37) 테오도르 런연, 『새로운 창조』, 313.

38) Ibid., 314.

반해야만 한다. 또한, 체제의 내부적으로 어떤 저지도 받지 않는 의사소통과 공적 논의가 허용되어야 한다. 그러나 현 감리교회는 이러한 공개성이 높다고 평가할 수 있는 체제인지에 대해서는 의구심이 든다. 앞으로 감리교는 종교적 공론장으로서 세상의 빛과 소금의 역할을 감당하기 위해서는 부족한 공개성을 보완할 수 있는 다양한 의사소통행위가 선행되어야 할 것이다. 그러면 이제 감리교의 종교적 공론장이 가능하기 위해서 생각해볼 몇 가지 인문학적 논의를 끝으로 마치고자 한다.

4. 종교적 공론장의 불/가능성

앞선 장에서 우리는 감리교 구원론의 공공성은 공민성과 공익성의 측면에서 높은 수준을 지향하고 있음을 발견했다. 개인적인 것과 함께 공적인 것을 포기하지 않는 감리교의 구원론은 신학과 신앙의 바탕이 되는 약속/설정(commitment)이기에 사적 영역과 공론 영역을 접속시키며 살아가는 삶은 오늘의 웨슬리안이라면 지향해야 할 삶-의-형식(form-of-life)을 제공한다. 그러나 공민성과 공익성이 아무리 높다 하더라도, 교리의 체계가 고체화되지 않기 위해서 반드시 공중이 자유로운 의사소통 행위를 통해 참여하는 종교적 공론장의 가능성을 계속해서 모색해야만 한다. 그래야만 공민성과 공익성에 비해 부족한 공개성을 확보함으로써 코로나 이후 뚜렷하게 나타난 교회의 사회적 신뢰도 하락과 탈교회화(탈종교화가 아니라) 현상에 대한 나름의 의견을 제출할 수 있을 것이기 때문이다.

이를 위하여 필자가 제언하는 것은 종교적 공론장의 기능은 체제 내부에 존재하는 두 극단의 균형을 맞추는 식의 개혁을 지향하는 것이 아님을 명확히 해야 한다는 것이다. 종교적 공론장 안에서 분열된 주체들의 합리적 의사소통행위에 입각한 절충적인 종합이라는 사유방식은 지나치게 추상적이다. 오히려 공개성이 높은 종교적 공론장을 위해서는 슬라보예 지젝(Slavoj Žižek)의 말처럼 체제의 기준 자체를 바꿀 필요가 있다. 종교적 공론장의 목적은 개혁이 아니라, 혁명이다. 개혁이란 기존 질서하에서의 변화를 의미하는 것이라면, 혁명은 기존 질서의 기준을 바꾸는 것을 의미한다. 이를 위해서는 서두에 밝힌 것처럼 교리는 언제나 사회적 구성물이라는 사실을 전제해야만 한다. 따라서 오늘 우리에게 필요한 종교적 공론장 안에서 이루어져야 하는 정치란 의사 결정 과정에서 모든 것을 문제 삼고, 다시 설정할 수 있는 '용기의 정치학'인 셈이다.

만약 우리가 종교적 공론장이 서로 다른 의견의 종합을 위한 담론의 공간이 필요하기에 만들어야 한다고 생각한다면, 이는 분명 현행하는 기존 질서 내에서 '불가능한' 시도일 것이다. 그러나 만약 우리가 종교적 공론장 안에서 다양한 주체들이 합리적 의사소통 행위를 통해, 지금보다 나은 기존 질서로 발전할 수 있다는 이러한 **'환상'**을 가로지를 수 있는 용기가 있다면, 즉 언제나 이미 하나의 체계는 그 자체로 분열되어 있다는 **'실재'**와 마주할 수 있다면, 종교적 공론장의 불/가능성에 대하여 첫발을 내디딜 수 있으리라 사료된다.

오늘 우리는 다시 처음으로 돌아가 사이토 준이치가 제기한 민주적 공공성을 따라 현 감리교가 지향해야 할 종교적 공론장은 "차이를 지우는 종합을 조건으로 하는 담론의 공간"이라는 '불가능성'을 포기하고, **"차이를 조건으로 하는 담론의 공간"**이라는 '불/가능성'을 파지해야 할 것이다. 감리교 구원론은 분명 객체들 사이에 차등이 존재하지 않는 평평한 관계 안에서 이루어지는 새로운 창조를 추구하고 있음에도 불구하고, 현행하는 감리교회의 모습은 차이를 지우는 동일성의 폭력이 난무하는 실정이다. 그러나 진정한 차이는 기존의 고착화된 동일성을 어떤 형태로든 변화시킬 때, 비로소 진짜 차이의 역할을 한다. 따라서 차이는 두 동일성 사이에서 고정되어야 하는 것이 아니라 각 존재의 내부에서, 각 존재 자체 내에서 시발(始發)되어야 하며, 각 존재들 자체가 타자화(他者化)해 나아갈 때 진정한 차이의 역할을 하게 된다.[39) 현행하는 감리교는 구원론에 나타난 공공성을 다시 진지하게 숙고함으로 모든 혁명적 대전환의 출발점으로 정초시켜야만 한다. 우리는 현행의 질서에서 스스로가 '차이-화'함으로 스스로가 자(自)의 견고한 성을 깨고 타(他)로 움직여 갈 때 변화도 창조도, 혁명도 가능함[40)을 기억해야 할 것이다. 그리고 불/가능한 종교적 공론장에서 다루어야 할 것은 감리교의 미래나 생존의 문제가 아니다. 이미 분열되어 있는 종교적 의견과 차이들을 억지로 끼워 맞추려 타자들과 벌이는 정쟁도 아니다. 과연 이런 것들이 우리에게 어떤 미래를 가져올 수 있겠는가?

우리의 싸움은 피와 살을 가진 사람들을 상대로 하는 것이 아니라, 통치자와 권세자들과 이 어두운 세계의 지배자들과 하늘에 있는 악한 영들을 상대로 하는 것이다(에베소서 6:12). 그리고 지젝의 말처럼 이 진리의 구절은 오늘날의 언어로 이렇게 바꾸어야 한다. "우리의 투쟁은 타락한 구체적 개인들에 대항하는 것이 아니라, 일반적인 권력자들과 그들의 권위, 그리고 전지구적 질서와 그것을 존속시키는 이데올로기적 신비화를 상대로 하는 것"[41)이다. 이것이 그리스도와 웨슬리가 구원의 여정에서 제기하는 종교적 공론장이 다루어야 할 공통적인 문제의식이다.

---

39) 이정우, 『진보의 새로운 조건들』 (경기: 인간사랑, 2012), 189.

40) Ibid.

41) 슬라보예 지젝·존 밀뱅크, 배성민·박치현 역, 『예수는 괴물이다』 (서울: 마티, 2013), 13.

웨슬리언 성령론
- 기독교대한감리회 교리와 장정의 성령론 -

양재훈 교수(협성대학교/신약학)

가난한 이내 마음
성령께서 환히 비춰주시니
그분 날 이끄실 때
실족하지 않으리
하여, 나는 그저 예수만 의지하리
- E.P. Stites, 1876

1. 심령대부흥회와 성령의 불

나는 어린 시절 시골에서 목회하시던 아버지를 따라 시골에서 살았었다. 요즘에는 좀 뜸하지만, 1970년대 시골 교회에서는 종종 '심령대부흥회'라는 것이 열렸는데, 이것이 열리면 온 며칠 동안 교회가 북적이고 들썩였다. 특히 시골 교회에서 열리는 심령대부흥회는 그 교회만의 부흥회가 아니라 인근 교회 교인들까지 그 교회에 몰려가서 참석하는 큰 잔치였다. 초등학교 3학년 여름 방학 때 나는 며칠 동안 인근 이웃 교회에서 열리는 심령대부흥회에 참석한 적이 있었다.

그 당시 우리 교회에는 동네 이발소의 이발사 청년 한 명이 출석하고 있었는데, 그 형은 팔뚝에 촌스러운 문신을 새겨넣고 불량배 노릇

하다가 얼마 전 회심하여 뜨거운 신앙의 소유자가 된 분이었다. 여름 방학이 한창이었을 즈음, 나는 그 형이 이웃 교회에서 열리는 심령대부흥회에 간다는 말을 들었다. 그 형의 말에 따르면 부흥회는 며칠 동안 열리기 때문에 자기는 이발소 문을 닫고 아예 짐보따리를 싸서 그 교회에 가서 먹고 자면서 부흥회에 참석한다고 했다. 그래서 이불도 챙겨가고 쌀도 조금 가져가야 한다는 것이었다. 방학 때 개구쟁이 짓도 하루 이틀이라 따분하던 차에 나는 그 말을 듣고 귀가 번쩍 뜨였다. 왜냐하면, 그것은 내 귀에 3박 4일간 열리는 신나는 여름 캠핑으로 들렸기 때문이었다.

아버지를 졸라서 허락을 받은 나는 이발사 형과 함께 얇은 이불과 봉지에 담은 쌀을 챙겨 들고 버스를 타고 이웃 교회로 갔다. 교회 마당에 도착하니 이 동네 저 동네에서 온 수많은 교인으로 북새통을 이루고 있었다. 그들도 우리처럼 각자 쌀 봉지를 챙겨와서 마당 한쪽 쌀을 모으는 큰 항아리에 부어 넣고 있었다. 그 형과 나도 가져온 쌀을 털어 넣고 나서 방석이 잔뜩 깔린 교회 마룻바닥 한구석에 우리의 캠핑 자리를 잡고 짐을 풀었다. 이제부터 신나는 여름 캠핑이 시작되는 것이었다!

저녁쯤이 되자 호스트 노릇을 하는 교인들이 마당에서 장작불을 때서 가마솥에 밥을 짓고 큰 솥에 구수한 국을 끓이는 풍경이 펼쳐졌다. 이것이야말로 내가 기대하고 기대하던 신나는 여름 캠핑이었다. 버스를 타고 오는 내내 하나님에 관해 이야기하던 이발사 형은 밥을 먹을 때도 자기는 한때 나쁜 사람이었기 때문에 이제 두 번 다시 유혹에 빠져서 하나님과 떨어져서 세상으로 돌아가지 않으려 한다고 말했다. 그래서 자기는 기도할 때도 남이 어떤 힘으로도 풀 수 없는 방법으로 손깍지를 세게 쥔다고 시범을 보여주면서 식사 기도를 했다. 합장하는 스타일의 주일학교 어린이의 기도 손에 익숙한 나는 그 형의 손깍지

방법이 좀 특이해서 그것을 따라 연습하느라 그 형이 하나님에 대해 뭐라고 하는 말은 귀에 잘 들어오지 않았다. 이제 캠프에서 저녁밥을 먹었으니 재미있는 여름성경학교 게임이나 목사님의 흥미진진한 만담으로 신나는 저녁 시간을 기대할 차례였다.

모두가 다 교회 안에 모이자 드디어 심령대부흥회 첫날 저녁 집회가 시작되었다. 그리고 내가 기대하던 신나는 여름성경학교 캠핑의 꿈은 여지없이 깨졌다. 여름성경학교 인형극이나 손 안 대고 대야에 담긴 자두를 한입에 꺼내물기 게임을 생각했건만, 그날 밤의 심령대부흥회는 소리를 지르면서 울고불고 데굴데굴 구르는 미친 사람들로 가득한 광란의 시간이었다. 어른들의 부흥회에 처음 참석했던 주일학교 어린이의 눈에 심령대부흥회는 공포의 시간이었다. 앞에서는 북을 치고, 목사님은 강단에서 마이크를 잡고 약장수처럼 목소리를 잔뜩 쥐어짜며 뭐라고 말하는데, 다 큰 어른들이 울면서 목이 터져라 '주여!' 삼창을 외치며 하는 알아듣지도 못할 이상한 혀 꼬부라지는 말은 끊어지지도 않고 그들 입에서 청산유수로 술술 이어지고 있었다. 어떤 이들은 손을 높이 치켜들고 엉엉 울고, 누구는 지난 초여름 장마가 훑고 지난 후 곳곳에 웅덩이가 잔뜩 팬 우리 동네 비포장 여우고개를 넘던 버스에 앉은 사람처럼 들썩들썩 앉았다 일어났다 난리가 났다. 나는 이제 큰일 났다고 생각했다. 꼬마 혼자서 집에 갈 수도 없고, 부흥회가 다 끝날 때까지 3박 4일간 꼼짝없이 이 광란의 도가니 안에 갇혀 있어야 했기 때문이다.

그냥 점잖게 예쁜 목소리로 찬송가를 부르면 얼마나 좋으랴만 그들은 꼭 '둥, 둥' 북소리에 맞춰 손에 불이 나도록 열렬히 손뼉 치면서, 게다가 평소보다 2배속으로 빠르게 찬송을 불렀다. 찬송가 레퍼토리는 똑같다. "불길 같은 성신여, 간구하는 우리게"와 같은 종류의 성령에 대한 노래들이었다. 목사님은 마이크를 잡고 사람들 사이를 휘젓고 다니면서 입으로 '슉, 슉' 바람 소리를 내면서 성령 불을 받으라고 했다. 그리고 기도하는 사람들 머리를 쥐어박듯이 손바닥으로 꾹꾹 누르면서 '성령! 성령!'을 외쳤다. 그러면 몸을 흔들며 기도하던 사람 입에서 희한한 '쉘라, 쉘라' 같은 소리가 나왔고, 이발사 형은 이것이 바로 방언이라고 했다. 이 방언을 못 하는 사람은 어떻게 해서든 목사님에게 머리를 한 대 쥐어 박혀서 자기 입에서 혀 꼬부라지는 소리를 내고 싶어 했고, 이것을 못 하면 집에도 못 가고 '나머지 공부'를 해야 하는 것 같았다. 그래서 나는 혹시 방언 못 해서 집에도 못 가고 붙잡혀 있으면 어쩌나 하고 걱정했던 기억이 난다. 이것이 내가 경험한 성령이라는 분의 첫인상이다.

세월이 많이 흘러 이것도 거의 50년 전 일이 되었고, 세상도 사람도 많이 바뀌어 공포의 심령대부흥회는 아련한 추억으로 남았다. 그러나 그때 내 머리에 새겨진 성령에 대한 이미지는 지금까지도 깊이 남아 있어서 성령이라는 단어를 떠올리면 그때 장면이 머릿속에 펼쳐진다. 열 살짜리 꼬마에게 그 상황은 공포였기 때문에 성령이라는 것은 '인격적 존재'라기보다는 어떤 기이하고도 무서운 '현상'으로 내게 다가왔다. 그래서 '성령은 누구신가?'라는 질문보다 '성령은 무엇인가?'라는 질문이 더 맞는 질문 같았다. 문제는 내가 어린 시절 경험했던 심령대부흥회가 한국교회 대부분 기성세대 성도들이 했던 경험이고, 이런 경험이 우리 머릿속에 깊이 각인되어 성령에 대한 편견을 남겼다는 것이다. 하여, 이즈음 우리 감리교인은 성령을 어떻게 이해하고 고백하는지 살펴볼 필요가 있다. 이 글에서 나는 먼저 교회 전통에서 성령을 어떻게 보았고, 신약성서는 성령을 어떻게 말하고 있는지 살펴볼 것이다. 그리고 우리 웨슬리언은 성령을 어떻게 바라보는지 돌아보면서 감리교 성령론을 정리해볼 것이다.

2. 교회 전통에서의 성령

공식적인 교회의 성령론은 신경(Symbolum)에 잘 나타나 있다. 우리가 잘 아는 '사도신경'에는 성부, 성자와 더불어 성령에 대한 고백이 들어 있고, 그 역사가 매우 초기로 가기 때문에 여기에서 역사적으로 과거 교회가 어떻게 성령을 고백했는지 엿볼 수 있다. 우리가 매 주일 암송하는 사도신경의 원초적인 모습은 '고대 로마신경'(*Symbolum Romanum*)에서 찾아볼 수 있다.[1] '고대 로마신경'은 티라니우스 루피누스(Tiranius Rufinus, 345~410 CE)가 남긴 『사도신경 해설』(*Commentarius in Symbolum Apostolorum*, ca. 404 CE)에서 그가 남긴 인용문으로 남아 있다. 이것은 2세기경 그리스어 사본을 라틴어로 옮긴 것인데, 여기에는 성자의 '음부 하강설'(et sepultus descendit ad inferna) 부분이 들어가 있고, 마지막 부분의 '영원히 사는 것'에 대한 믿음 부분은 빠져 있다. 이 신경에서는 성부와 성자에 대해 상술하지만, 성령에 관해서는 "나는 성령을 믿습니다."(in Spiritu Sancto)라고 별다른 수식이나 표현 없이 간단히 기록한다.

성부, 성자, 성령에 대한 삼위일체적 언급은 70~90년 문서인 마태복음 28장 19절에 나오는 '아버지와 아들과 성령의 이름으로 세례를 주라'는 부분인데, 여기에서 엿볼 수 있듯이 이런 고백은 세례의 맥락에서 출발했음을 추측해 볼 수 있다. 이와 관련해서 속사도 시대의 문서인 『디다케』(*Didache*, ca 100 CE)에도 이런 삼위일체적 고백이 언급된다. 『디다케』 7장에는 세례에 관한 설명이 나오는데, 여기에서는 '예비 교육 후에 아버지와 아들과 성령의 이름으로 흐르는 물에서 세례를

1) 조한규, "신경의 그리스도론적 구조에 대한 신학적 고찰 - '사도신경'과 성사성을 중심으로," 「가톨릭신학」 42(2023), 111-144 [123].

주라'(*Did.* 7:1), '만일 물이 부족하면 아버지와 아들과 성령의 이름으로 머리에 세 번 물을 뿌리라'(*Did.* 7:3)와 같이 단순히 마태복음에 언급된 세례 형식을 그대로 따르는 정도에 그칠 뿐 성령에 관한 별다른 고백이나 설명이 없다. 도리어 『디다케』 10장, 성찬 후 감사기도 예문에서는 성부와 성자에 관해 말하면서도 성령에 관한 부분은 없다.

초기 교부들의 경우 성령을 논할 때 대부분 삼위일체의 교리를 설명하고 논하는 데 집중하는데, 주로 삼위 하나님의 위계를 설명하는 중에 성령을 언급한다. 유스티누스 등 초기 교부들은 성부 하나님의 최고 위치를 전제하고 아들 예수와 성령은 그 아래 종속되는 개념으로 이해했다.[2] 한편, 초기 교부 중 이레니우스(St. Irenaeus, ca 125-202 CE)는 성령에 대해 자세히 다룬다.

> 말씀은 몸을 주시고 실제로 존재하게 하시며, 성령은 다양한 능력에 질서와 형태를 주십니다. [...] 만물 위에 아버지가 계시고, 만물을 통해 아들이 계십니다. 이 아들을 통해 만물은 아버지에 의해 창조되었습니다. 그리고 우리 모두 안에 성령이 계셔서 우리가 아바 아버지라 부르게 하시고, 우리 인간을 하나님의 형상으로 만들어 가십니다. 이제 성령은 말씀을 드러내시니, 이에 선지자들이 하나님의 아들을 선포했습니다. 말씀께서는 성령을 말씀하시니 성령께서는 친히 예언자들의 선포자가 되시어 인간을 아버지께로 인도하시고 이끄십니다. [...] 성부 하나님은 성령으로써 그 아들을 통해 우리를 거듭나게 하십니다. 따라서 자신 안에 성령을 품고 있는 모든 자는 말씀 즉 성자께로 인도

2) 박인호, "니케아-콘스탄티노플 신경의 관점에서 본 비잔틴 삼위일체론 – 주기도문 해석을 중심으로," 「한국개혁신학」 85 (2025), 67-100. [71-73].

> 됩니다. 그리고 아들께서는 그들을 아버지께로 인도하십니다. [...] 성령 없이는 누구도 하나님의 말씀을 뵐 수 없으며, 성자 없이는 누구도 아버지께로 가까이 갈 수 없습니다. 왜냐하면, 아버지를 아는 것이 아들이며, 하나님의 아들을 아는 것은 성령을 통해서 가능하기 때문입니다. [...] 인간은 성령을 통해서 아버지께서는 가장 높으신 분, 전능하신 분, 만군의 주라고 부를 수 있습니다. 우리는 성령을 통해서 천지와 세상 만물을 지으신 분, 천사와 인간을 만드신 분, 만물의 주님이 바로 하나님이시라는 것을 알 수 있으며, 또한 만물이 그분을 통해서 존재하고 유지된다는 사실을 알 수 있습니다.[3)]

이레니우스의 글에는 성령의 역할이 자세히 나온다. 그분은 질서를 부여하고 하나님을 아바 아버지라고 부르게 하며, 우리가 하나님의 형상을 닮아가도록 하나님께로 인도하고 이끌어준다. 성령은 성부 성자와 더불어 우리를 거듭나게 하는 구원의 과정에 역할을 하시고, 우리를 성자 예수께로 이끌어준다. 성령은 성자는 누구시며 성부 하나님은 어떤 분이신지 깨닫도록 해주는 역할을 한다. 이는 성령의 본질이 '지혜'라는 것과 연결된다.[4)] 그러나 이레니우스의 성령에 관한 설명도 자세히 보면 성부, 성자와의 관계를 논하는 가운데 이루어지고 있다는 점에서 당시의 다른 교부들과 결을 같이한다.

오늘날 사도신경에서 성부와 성자와 성령에 대한 고백의 틀은 3세기 초, 로마의 히폴리투스가 남긴 『사도전승』(*Apostolic Tradition*)에 그 흔

---

3) Irenaeus, *The Demonstration of the Apostolic Preaching*, 1.5-8.

4) Irenaeus, *Apostolic Preaching*, 1.6, 9-10.

적이 있다. 이 문서에서 "거룩한 세례의 전통에 대하여"(『사도전승』 21)에는 세례를 받는 과정이 구체적으로 묘사되어 있는데 라틴 사본(L)과 사히딕 콥트어(S), 아라비아어(A), 에티오피아어 사본(E)으로 각각 갈린다. 수세자가 물에 들어가면 집례자가 그에게 세례 문답을 하는데, 여기에서 성부와 성자와 성령에 관한 질문과 이에 대해 '믿습니다'라는 고백, 그리고 세 번에 걸친 입수 과정으로 세례의 과정이 이루어진다. 그런데 L 사본과 S, A, E 사본에서의 내용이 조금 차이를 보인다. L 사본에서는 단순히 성부, 성자, 성령에 대해 간단히 기술되지만, S, A, E 사본에서는 삼위 각각에 대한 설명이 자세히 나온다. 특히 성자와 성령에 대한 부분이 특이하다.

> 한 분이신 전능하신 하느님 아버지와, [외아들 우리 주 예수 그리스도와, **만물을 생활케 하시는 성령**과, 성삼위의 동일한 본질과 하나의 신성과 하나의 주권과 하나의 왕국과 하나의 믿음 그리고 거룩하고 공번되고 사도로부터 전해오는 교회 안의 하나의 세례와 하나의 영원한 생명을 믿나이다. 아멘.] 세례받는 이가 이 모든 것에 따라 "그렇게 믿습니다."라고 말할 것이다... 그가 이것을 고백할 때마다 그를 침수시키기를 세 번 할 것이다. [...] 우리 주 예수 그리스도께서 남자의 정욕 없이 기묘한 방법으로 거룩한 동정녀 마리아 안에서 성령과 함께 알아들을 수 없는 일치를 이루시어 우리를 위해 사람이 되셨으며, [...] 그리고 **거룩하시고 선하시며 성 교회 안에서 우주를 생활케 하시고 정화시키시는 성령**을 믿습니까?"[5]

5) 밑줄과 굵은 글씨는 필자가 편집한 것이다. 히뽈리투스, 이형우 역주, 『사도전승』 (분도: 왜관 출판사, 2019), 129-131.

위 인용에서 꺾쇠(「」)로 표시된 부분은 아래에서 살펴볼 니케아-콘스탄티노플 신경과 평행되며, 따라서 이것은 후대 첨가로 보인다.[6] 우리가 눈여겨볼 것은 성령에 대한 부분이다. 위 인용에서 보듯이 성령은 '만물을 살아 있게 하시는 분', '거룩하신 분', '선하신 분', '거룩한 교회 안에서 우주를 살아 있게 하시고 정화시키는 분'으로 고백된다.

『사도전승』에 남겨진 성령에 관한 이미지는 성령의 성품과 성령의 사역으로 구분할 수 있는데, 성령의 성품으로 '거룩'과 '선'이 있으며 사역은 '생명을 불어넣음'과 '깨끗하게 함'으로 특징지어진다. 성령의 성품으로 거룩함과 선함이 있는 것은 하나님의 주요 본성인 거룩(레 11:45)함과 선함(막 10:18), 그리고 성자 예수의 선한 본성(요 10:10-14)이 각각 반영된 것으로 보인다. 한편, 성령의 사역으로 제시되는 설명은 더러워진 것을 깨끗하게 하고 죽은 것을 다시 살리는 능력이다. 이는 태초에 인간의 코에 생기를 불어넣어 사람이 생령이 되도록 하신 하나님의 사역(창 2:7)을 연상케 한다. 이는 또한 부활하신 예수께서 제자들에게 '숨'을 불어넣으시면서 '성령을 받으라'라고 말씀하신 부분(요 20:22)이나 초막절 마지막 날 물을 붓는 행사장에서 다시 목마르지 않은 생명의 물을 약속하시는 것과 이것이 성령을 가리키는 것이라는 요한 저자의 해설(요 7:37-38, 39)과도 연결된다.

4세기로 넘어오면 니케아 신경(325 CE)과 니케아-콘스탄티노플 신경(381 CE), 성 암브로시우스가 쓴 『신경 해설』(*Explanatio Symboli*) 안에 남겨진 소위 "밀라노 신경"이라고 알려진 신경, 성 아우구스티누스가 쓴 『신앙과 신조』(*de Fide et Symboli*) 9장에 나오는 "성령과 삼위일체의 신비에 관하여"(Of the Holy Spirit and the Mystery of the Trinity)에서 성령 부분을

---

6) 히뽈리투스, 『사도전승』, 130.

참조해 볼 수 있다. 암브로시우스(340-397 CE)가 남긴 '밀라노 신경'의 성령 부분에서는 '성령을 믿습니다. 거룩한 교회와 죄의 용서와 몸의 부활을 믿습니다'(et in Spiritum Sanctum, sanctam Ecclesiam, remissionem peccatorum, carnis resurrecttionem)라고 하여 오늘날 우리가 고백하는 사도신경과 같이 성령에 관해 특정한 설명이 없다. 성 아우구스티누스의 글은 성령과 삼위일체에 관해 논하는데, 이 글에서는 성령의 성품이나 역할을 논하기보다는 다신론적 관점에서 삼위 하나님을 거부한다든지, 뿌리와 줄기와 가지의 구분과 하나의 나무로서의 하나 됨과 같은 비유를 통해 삼위일체를 설명하는 데 집중하고 있다.[7]

니케아 신경은 '고대 로마 신경'(*Symbolum Romanum*)에서 "in Spiritu Sancto"라고 언급하는 성령 부분처럼 '성령을 믿습니다'(kai. eivj to. Agion Pneu/ma)라고 간단히 되어 있다. 다만, '고대 로마 신경'에서는 'Spirit Holy'로 니케아 신경에서는 'Holy Spirit'으로 그 순서가 다를 뿐 별다른 수식이나 설명이 없다는 점에서는 같다.

니케아 신경 후속판인 381년 니케아-콘스탄티노플 신경에서는 성령에 관한 부분이 자세히 적혀 있다.

> 나는 주님이시며, 생명을 주시는 성령을 믿습니다. 성령은 아버지로부터 나오신 분이며, 아버지와 아들과 함께 경배를 받으시고 함께 영광을 받으시는 분이고, 예언자들을 통하여 말씀하시는 분입니다.
>
> kai. eivj to, Pneu/ma to, Agion, to, Ku,rion, to, zwopoio,n, to, evk tou/ Patro,j evkporeuo,menon,

7) St. Augustinus, *De Fide et Symbol*, 9.16-17.

to, su,n Patri, kai. Ui`w|/ sumproskunou,menon kai. sundoxazo,menon, to, lalh/san dia tw/n profhtw/n.

니케아-콘스탄티노플 신경에서 성령의 본질은 '주님', '성부로부터 나오신 분', 다른 두 위격과 더불어 '함께 경배받는 분'(sumproskunou,menon), '함께 영광을 받는 분'(sundoxazo,menon)이다. 그리고 성령의 사역으로는 '생명을 주심'(zwopoio,n)과 '예언자들을 통해서 말씀하심'이 제시된다. 성령의 본질에서 제시된 것들이 지향하는 것은 성령이 하나님과 동일본질(homoousia)이라는 것이다. 성령의 사역으로 제시된 것은 '생명을 주시는 일'과 '말씀하시는 일'인데, 전자는 히폴리투스의 『사도전승』 21에서 S, A. E 사본에서 제시된 성령의 기능과 중복된다. 또한, "예언자들을 통해 말씀하신다"라는 앞서 살펴보았던 이레니우스의 글과도 겹친다.[8] 후자는 성경에서 제시하는 우리를 경책하시고 깨닫게 하시는 성령의 사역과 연결된다.

5세기의 '칼케돈 신경'(451 CE)이나 '아타나시우스 신경'도 앞서 소개한 암브로시우스나 아우구스티누스의 성령에 대한 언급처럼 삼위일체를 논하는 데 집중할 뿐, 성령이 어떤 분이고 어떤 역할을 하는 분인지는 다루고 있지 않다. 이는 고대 교회에서 성령을 논할 때 그들의 주된 관심사가 삼위일체론에 대한 것이었다는 점 때문으로 보인다. 즉, 교부시대에는 기독론을 중심으로 예수는 누구시냐는 질문에 대한 답을 주어야 했고, 이에 따라서 성령의 지위도 함께 고민되었다. 따라서 교부들은 성부와 성자와 성령의 상호 관계와 그들의 동일본질성에 관해 논하는 것에 몰두해 있었다. 그 결과 신경에서조차도 성

8) Irenaeus, *The Demonstration of the Apostolic Preaching*, 1.6.

부와 성자, 특히 성자에 관한 기술이 상세하지만, 성령에 대한 부분은 단순히 '나는 성령을 믿는다.'라는 문구 정도로 간략하게 마무리 지어야 했다.[9)]

3. 신약 성경에서의 성령

신약 성경에서는 성령이라는 존재의 본질이나 정체성보다는 성령의 역할에 집중한다. 특히 성령의 역할은 구원론의 맥락에서 크게 둘로 볼 수 있는데, 첫째는 칭의와 중생까지의 단계이고 둘째는 성화의 단계이다. 첫째, 성령은 죄를 깨닫게 하시는 선행은총의 사역에 관여한다. 예수께서는 성령께서 이 세상이 어떤 죄를 짓고 그에 따른 어떤 심판을 받게 될 것인지 등을 알게 해 주실 것이라고 말씀하신다(요 16:8). 그리고 심판 아래 놓인 인간에게 하나님의 구원에 관한 약속 즉 복음을 인간에게 증언하시는 역할을 한다. 인간이 칭의에 대한 소망을 갖게 되는 것은 이러한 성령의 사역 덕분이다(갈 5:5).

> 그리고 성령도 우리에게 증언하여 주십니다. 먼저 이렇게 말씀하셨습니다. 주님께서 말씀하신다. '그날 이후에, 내가 그들에게 세워 줄 언약은 이것이다. 나는 내 율법을 그들의 마음에 박아 주고, 그들의 생각에 새겨주겠다. 또 나는 그들의 죄와 불법을

9) E.g., 김은수, "'공교회의 고전적 정통 삼위일체 교리'의 형성과 발전 역사에 대한 연구" 「조직신학연구」 27(2017), 308-345; 이성효, "아우구스티누스의 「신앙과 신경」에 나타난 '신경'(symbolum)에 대한 소고" 「가톨릭신학」 11(2007), 5-48; 조동선, "성령을 통한 교회의 연합에 대한 아우구스티누스의 이해" 「조직신학연구」 46(2024), 92-127.

더는 기억하지 않겠다.'(히 10:15-17)

성령은 칭의와 중생의 과정 가운데 역할을 한다. 성령을 힘입어서 우리는 칭의 곧 죄의 용서를 받고 거듭나게 된다. 성령은 우리의 죄를 씻어주시는 사역을 하시며, 이로써 우리는 거룩하고 의롭게 된다(고전 6:11). 우리가 새롭게 되는 것은 성령께서 하시는 일이다(딛 3:5). 성령의 사역 덕분에 죄와 사망에 법에서 생명의 법으로 우리는 옮겨진다(롬 8:2). 그러므로 우리는 성령을 통해서 거듭나고 하나님 나라에 들어갈 수 있게 된다(요 3:5).

둘째, 성령은 우리가 죄의 용서를 받고 거듭난 사람이라는 것을 증언해주는 역할을 하며, 성령의 존재 자체가 우리가 거듭났다는 증거가 된다. 성경은 우리가 거듭나면 성령을 받게 될 것이라고 말한다(행 2:38). 따라서 우리 안에 성령이 있다는 것은 우리가 거듭나서 하나님의 자녀, 하나님의 백성이 되었다는 것을 증명하는 증거가 된다(고후 1:22).

> 그러나 하나님의 영이 여러분 안에 살아 계시면, 여러분은 육신 안에 있지 않고, 성령 안에 있습니다. 누구든지 그리스도의 영이 없으면, 그리스도의 사람이 아닙니다. (롬 8:9-11)

> 하나님의 영으로 인도함을 받는 사람은, 누구나 다 하나님의 자녀입니다. 여러분은 또다시 두려움에 빠뜨리는 종살이의 영을 받은 것이 아니라, 자녀로 삼으시는 영을 받았습니다. 그래서 우리는 그 영으로 하나님을 "아빠, 아버지"라고 부릅니다. 바로 그때 그 성령이 우리의 영과 함께, 우리가 하나님의 자녀임

을 증언하십니다. (롬 8:14-16)

성령은 우리가 완전히 구원을 이루는 순간까지 끊임없이 우리가 하나님의 상속자임을 증명해주는 담보물이며(엡 1:14), 우리는 성령의 내주하심을 통해서 그리스도께서 우리 안에 계시다는 사실을 알게 된다(요일 3:24). 따라서 성령을 통해 우리는 하나님을 아버지라고 부르게 되며(롬 8:15), 예수는 우리의 주님이라고 말할 수 있게 된다(고전 12:3).

다음으로 성령의 역할은 칭의와 중생 이후에 주로 이루어진다. 거듭난 이후에 일어나는 성령의 첫 번째 사역은 거듭나서 하나님의 자녀가 된 자에게 자유를 주는 것이다. 진리를 깨달은 자는 자유를 얻게 되며(요 8:32), 성령이 계신 곳에는 자유(고후 3:17) 특히, 죄의 권세로부터의 자유가 있다. 둘째, 성령은 우리가 하나님의 뜻을 알 수 있게 해 주며, 이로써 우리를 인도해 주는 역할을 하신다.

> 사람 속에 있는 그 사람의 영이 아니고서야, 누가 그 사람의 생각을 알 수 있겠습니까? 이처럼, 하나님의 영이 아니고서는, 아무도 하나님의 생각을 깨닫지 못합니다. (고전 2:11)

거듭나서 성령으로 새로운 삶을 얻게 된 하나님의 자녀는 성령의 인도하심을 따라 살아가야 한다(갈 5:25). 성령은 진리의 영이시기 때문에 우리를 진리로 인도하신다(요 16:13). 예수께서는 자신이 비록 떠나고 없지만, 성령께서 그 빈자리를 채워서 제자들에게 모든 것을 가르쳐주시고 그들이 배웠던 것을 생각나도록 알게 하실 것이라고 약속하신다(요 14:26; 16:15).

셋째, 성령의 사역은 하나님의 자녀가 구원의 여정에서 죄의 권세를 이기고 거룩한 길을 걷도록 도와주시는 역할이다. 하나님은 성령을 통해 당신의 자녀들을 강하게 해주시며(엡 3:16), 육신의 욕망을 버리고 성령을 따라 살아감으로써 생명을 얻게 하신다(롬 8:13-14).

> 내가 또 말합니다. 여러분은 성령께서 인도하여 주시는 대로 살아가십시오. 그러면 육체의 욕망을 채우려 하지 않을 것입니다. (갈 5:16)

따라서 성령 안에 살아가면 우리는 선한 것을 지켜낼 수 있고(딤후 1:14), 거룩한 삶을 살아갈 수 있게 된다(벧전 1:2). 성령은 거듭난 하나님의 자녀가 구원의 완성을 이루도록 그들을 거룩하게 만드시고(살후 2:13), 그때까지 날마다 성령의 선한 열매들을 맺도록 하신다(갈 5:22-23).

넷째, 성령은 하나님의 자녀가 구원의 여정에서 때로 넘어질 때 그들을 책망하시고 바른길로 돌아오도록 하시는 역할을 한다. 성령은 우리의 약함을 꿰뚫어 보시며 우리를 위해 중보하시는 중보자이다.

> 이처럼, 성령께서도 우리의 약함을 도와주십니다. 우리는 어떻게 기도해야 할지도 알지 못하지만, 성령께서 친히 이루 다 말할 수 없는 탄식으로, 우리를 대신하여 간구하여 주십니다. 성령께서, 하나님의 뜻을 따라, 성도를 대신하여 간구하시기 때문입니다. (롬 8:26-27)

성령께서는 하나님의 자녀가 마음을 완악하게 먹고 하나님의 음성에 귀를 막지 않도록 경고하신다(히 3:7-8).

다섯째, 성령은 각종 은사의 근원이 되신다. 바울은 고린도 교인들에게 전한 편지에서 각종 다양한 은사가 있는데, 이것들은 모두 하나의 근원 즉 성령에서 비롯됨을 말한다(고전 12:4). 은사는 다양하고 사람마다 각각 다르게 주어지지만, 이 모든 것은 성령을 통해 주어지는 것이고(고전 12:8-9), 그것은 성령의 뜻과 계획에 따라 각각 주어지는 것이다(고전 12:11). 여섯째, 성령의 사역은 하나님의 백성을 하나로 묶는 일이다. 고린도 교인들에게 주어졌던 다양한 은사의 궁극적 목적은 그들이 서로 다른 은사로 분열하고 다투는 것이 아니라 서로 용납하고 사랑하며 하나님 안에서 하나가 되도록 함이었다. 이것이 가능한 것은 성령께서 하시는 본질적 역할이 하나로 묶어주는 것이기 때문이다(엡 4:3). 성령이 한 분이시고 성도들이 나눠 받은 성령도 한 성령이기에 모두가 한 성령 안에서 하나가 되어야 한다. 인종이나 신분, 처지 등 그 어떤 장애물도 이 하나 됨을 가로막을 수는 없다(엡 2:18; 고전 12:13).

마지막으로 성령의 주요 사역은 복음 증거를 위한 능력을 주시는 것이다. 성령께서 거듭난 하나님의 자녀들에게 성령을 주시고 각종 은사를 주신 것은 그들이 복음의 증인이 되게 하시려는 목적이 있으며, 여기에서 성령은 그들이 그 증인의 역할을 잘 감당하도록 그들에게 능력을 주는 역할을 하는 분으로 그려진다. 제자들이 담대히 복음을 증거할 때 필요한 것은 성령 충만이며(행 1:8), 성령을 받았을 때 그들은 담대하게 복음을 전할 수 있었다(행 4:31). 성령은 두려워하던 제자들을 변화시켜서 담대하게 만들었고(행 4:8), 무엇을 말해야 할지 모르는 이들의 입에 할 말을 채워주는 역할을 하신다(막 13:11; 눅 12:12)

4. 웨슬리언의 성령과 감리회 신앙고백

우리는 지금까지 교회 전통에서의 성령 이해와 신약 성경에서 말하는 성령의 속성들을 살펴보았다. 이제 우리는 웨슬리언의 성령 이해를 살펴보고자 한다. 나는 먼저 웨슬리의 성령 이해를 살펴보고 기독교대한감리회는 감리회 신앙고백의 3항에서 고백하는 성령을 돌아보고자 한다. 웨슬리의 성령 이해를 위해 우리는 표준설교 중에서 8번 "성령의 첫 열매", 10번 "성령의 증거 1", 15번 "하나님으로부터 난 자들의 위대한 특권"을 간단히 살펴볼 것이다. 웨슬리가 1749년 7월 18일 더블린에서 작성한 "로마 가톨릭에 보내는 편지"도 살펴볼 것이다.

1745년 6월에 했던 8번 "성령의 첫 열매"에서 웨슬리는 거듭난 하나님의 자녀가 어떻게 사는지 설명한다. 이 설교가 나올 즈음 에드워드 그린필드와 토마스 맥스필드 두 사람이 웨슬리의 삶에 등장하는데, 이 두 사람 모두 예수를 믿고 거듭났다고 한 사람들이다. 그런데, 이후 그린필드의 삶과 맥스필드의 삶의 모습은 서로 대조를 이룬다. 특히 토마스 맥스필드가 신도회 안에서 저질렀던 많은 문제를 보면 과연 성령으로 거듭났다고 하지만 진정으로 거듭난 사람의 모습으로 보기 어려웠다. 이 설교에서는 거듭난 사람에게는 성령의 열매가 맺힌다고 하는데, 이를 통해서 웨슬리는 성령께서 거듭난 신자의 삶에서 어떤 역할을 하는지 소개한다. 거듭난 사람이 맺는 성령의 열매 특징에서 중요한 것은 죄를 짓지 않는다는 것이다(8.1.1; 8.2.1-3). 이는 35번 설교, "그리스도인의 완전"에서 그가 말한 것과 연결된다. 웨슬리는 거듭난 자는 죄의 존재로부터 자유롭지 못하지만, 죄를 이기는 힘을 성령으로부터 받아서 죄의 권세로부터 자유로워진다고 말한다(8.1.3). 성령이 거듭난 자에게 일으키는 두 번째 변화는 그의 말이나 행실에서 거룩한 욕구를 갖고 거룩함을 추구하며 성결한 삶을 사는 것이다(8.1.4-6). 성령을 따라 사는 자는 하나님의 명을 어기지도 않으며 죄와 싸워 이긴다(8.2.4).

웨슬리는 10번 "성령의 증거 1"에서 거듭난 자에게 그가 하나님의 자녀라는 내적 확신을 주는 것이 성령의 사역이라고 말한다. 또한, 그는 거듭남이 자기만의 착각이 아닌지 아니면 진정으로 거듭난 것인지 말해주는 것이 성령의 열매라고 말한다. 즉, 성령의 사역은 사람을 거듭나게 하는 것, 사람이 거듭났다는 확신을 주는 것, 그리고 그가 거듭났다는 것을 증명해주는 역할이다. 이는 우리가 위에서 살펴보았던 신약 성경의 성령 이해와 결이 같다. 웨슬리의 성령 이해를 엿볼 수 있는 또 다른 설교는 표준설교 15번, "하나님으로부터 난 자들의 위대한 특권"이다. 여기에서 그는 하나님의 자녀가 죄를 짓지 않는다는 명제를 두고 씨름하는데, 여기에서 눈여겨볼 것은 거듭난 그리스도인이 어떻게 다시 타락하게 되는지 그 과정을 설명하는 부분이다. 그리스도인은 죄의 권세로부터 자유로우나 죄의 존재로부터 자유롭지 못하며, 악의 쓴 뿌리인 악한 본성 즉 원죄가 남아있기에 늘 유혹을 받는다. 이때 그리스도인이 '태만의 죄'에 빠지게 되면 점점 악의 유혹에 넘어가서 구원에서 완전히 떨어져 나가게 된다. 이때 성령이 하시는 일은 우리 귀에 계속 유혹에 넘어가지 말라는 경고의 말씀을 주시는 것이며, 그가 넘어갔을 때 그를 책망하는 역할이다.

웨슬리가 성령의 존재에 관해 상술하는 것은 그가 1749년에 작성한 "로마 가톨릭에 보내는 편지"이다. 이 편지에서 그는 개신교에 대한 가톨릭의 오해를 풀려고 노력하는데, 여기에서 그는 삼위 하나님에 대한 고백을 하나씩 차례로 상술한다. 웨슬리안이 성령을 어떤 분으로 고백하는지 정리하는 부분에서 그는 다양한 성령의 정체와 역할을 소개한다. 성령의 존재에 대해 성부 성자와 동등한 분으로 그는 고백한다. 또한, 우리의 거룩함의 근본이 되신 분으로 그 정체를 정리한다. 설교 75번, "삼위일체에 대하여"에서 웨슬리는 삼위일체의 교리가 이성적으로 이해하기 쉽지 않은 신비라고 하면서 넘어가는데, 이 편지에서도 삼위일체 교리에 관해서는 상술하지 않는다. 대신에 그는 성령의 사역을 다양하게 소개한다.

> 나는 하나님의 무한하고 영원하신 영이 성부와 성자와 동등하며, 그 자체로 완벽하게 거룩하실 뿐만 아니라 우리 안에 있는 모든 거룩함의 직접적인 원인이시라고 믿습니다. 그분은 우리의 이해력을 깨우쳐 주시고, 우리의 의지와 애정을 바로잡아 주시고, 우리의 본성을 새롭게 하시고, 우리의 인격을 그리스도와 연합시켜 주시고, 우리가 아들로 입양되었음을 확신시켜 주시고, 우리의 행동을 인도해 주시고, 우리의 영혼과 몸을 정화하고 거룩하게 하여 하나님을 온전히 영원히 즐기게 하십니다.[10)]

웨슬리언이 고백하는 성령의 역할은 우리가 깨닫게 하시고, 우리의 의지와 감정을 바로잡아 주시며, 우리의 본성을 새롭게 하시는 일이다. 또한, 성령은 우리를 그리스도와 연합하게 하고, 우리가 하나님의 자녀라는 사실을 확증하시며, 우리가 어떤 행동을 하도록 인도하시는 역할을 하시는 분이다. 그리고 성령은 우리의 몸과 마음과 영혼을 순결하고 거룩하게 만들어주시는 분으로 고백한다. 이런 내용은 앞서 소개한 신약 성경의 성령 이해와 웨슬리의 표준설교들에서 언급했던 성

---

10) J. Wesley, "A Letter to a Roman Catholic", 1749. 7. 18.

령론과 맥을 같이 한다.

이상과 같이 볼 때, 우리는 구원의 과정에 중요한 역할을 하는 존재로 웨슬리가 성령을 이해하고 있음을 발견할 수 있다. 특히 거듭난 이후 성화의 과정에서 성령의 역할이 매우 강조되고 있음을 알 수 있다. 이런 맥락에서 최인식은 감리교와 오순절과 성결교에서의 성령 이해를 비교하면서 성도의 성화에서 중요한 역할을 하는 존재로 성령을 강조하는 것이 감리교의 성령 이해 특징임을 지적한다.[11] 같은 차원에서 아우틀러도 웨슬리언이 성령의 열매를 강조하면서 영성과 윤리 사이의 상관관계를 중시함을 주장했다.[12] 한편, 예정론적 메도디스트였던 조지 휫필드는 그의 신학적 성향에 따라 성령 이해에서도 칭의와 성화뿐만 아니라 "선택"(selection)과 "견인"(perseverance)도 강조한다.[13] 휫필드는 "죄에 대하여, 의에 대하여, 심판에 대하여 세상을 확증하시는 성령"(The Holy Spirit Convincing the World of Sin, of Righteousness, and of Judgment) 이라는 설교에서 성령의 역할로 죄를 확신시키고 그리스도의 의를 확신시키고 우리 영혼의 심판을 확신시키는 역할을 제시한다. 그는 이런 확신이 없다면 아직 거듭나지 않았다는 것을 말한다고 주장한다.

그렇다면 우리 한국 감리교의 성령 고백은 어떠한가? 교리와 장정

11) 최인식, "한국의 웨슬리 신학과 성결 – 오순절 신학의 성령론 비교 연구," 「한국조직신학논총」 57(2019), 287-336.

12) 토머스 오든, 아리스터 롱던 편, 조종남 역, 『웨슬리안의 신학적 유산』 (서울: 선교횃불, 2022), 196, 200, 204.

13) "내가 하나님께 찬송하기는, 그의 성령께서 성자를 통한 성부의 영원한 선택, 그의 피를 믿는 믿음을 통한 우리의 값없는 칭의, 이 칭의의 결과로서 얻는 우리의 성화, 이 모든 것의 결과로서 우리의 마지막 견인과 영광을 나에게 확신시켜 주셨다." Whitefield, Whitefield's Letters for the Period 1734-1742 (Edinburgh: The Banner of Truth Trust, 1976), 129. 박태현, "조오지 휫필드의 설교관: 성령의 사역의 관점에서", 「성경과 신학」 72 (2014), 155-189. [166]에서 재인용.

제1편 제2장 교리 제1절에 나오는 “종교의 강령” 제4조 [성신]에서는 성령은 “성부와 성자께로부터 오신 위이신데 그 본질과 위엄과 영광이 성부와 성자와 더불어 동일하시고 참되시고 영원하신 하나님이시다.”라고 명시한다. 이것은 성령의 위격과 관련한 성령의 정체성을 규정한 것이고 그 기능은 상술하지 않는다. 교리와 장정 제[50] “성화와 완전”에서 성령의 역할이 제시되는데, 여기에서는 깨우치시는 역할, 유혹과 시험을 이기게 하시는 역할이 언급된다. 또한 제[51] “믿음과 선행”에서 성령은 그리스도인이 하나님의 은혜에 응답하여 선한 열매를 맺게 하시는 능력이며 그리스도인을 성숙하게 자라도록 하는 역할을 한다. 제[54] “세상의 종말과 하나님 나라”에서는 “하나님 은혜의 역사가 창조의 완성을 목표”로 하며 이것은 성령 안에서 이루어진다고 고백한다.

교리와 장정 제[62] “교리적 선언”(1930년)과 제[63] “감리회 신앙고백”(1997)에서도 성령에 대한 고백을 명시한다. 이 고백은 위에서 다룬 “종교의 강령”과 감리교 신학은 전통을 따라 웨슬리의 『표준설교』와 『신약 성서 주석』에 나오는 신학을 따른다고 밝힌다. “교리적 선언” 제3조에서 고백 되는 성령의 정체는 “우리와 함께 계시는 하나님”이며, 그분의 역할은 “지도”, “위안”, “힘”이 되는 것이다. 여기에서도 알 수 있듯이 성령의 정체와 역할 중에서 정체 부분은 삼위일체적 관점에 한정되어 있다. 반면에 역할에서는 다소 그 범위를 다양하게 펼치는데, 여기에서 강조하는 것은 우리를 인도하시는 역할, 우리가 구원의 여정을 걸어갈 때 힘이 되시는 역할이다. 앞서 살펴보았던 신약 성경 안에서 제시되는 성령의 다양한 역할 중에서 인도하심과 힘이 되심이라는 두 가지 측면을 강조하고 있음을 우리는 알 수 있다.

한편, “교리적 선언”의 개정판인 “감리회 신앙고백”(1997)의 제3조는 기존의 성령 고백을 좀 더 풀어쓰고 확장했다. 여기에서 성령은 “우리와 함께 계시는 분”이며, 그분의 역할은 “거듭나게 하심”, “완전하게 하심”, “위로”, “힘”을 주시는 것으로 제시된다. “교리적 선언”과의 차이점이라고 하면 첫째, 성령의 삼위일체적 정체성(하나님이심) 부분을 성령의 역할(우리와 함께하심)로 바꾸었다는 것이다. 그 내용에서는 큰 차이가 없을 수 있다고 말할 수는 있지만, 성령의 정체성 특히 삼위일체론적 고백이 명시되지 않았다는 점에서 다소 우려가 될 수 있는 점이다. 이것은 제2조, 성자 예수에 관한 부분도 마찬가지이다. “교리적 선언”에서는 “하나님이 육신으로 나타나신” 분으로서 성자 예수를 삼위일체론적으로 고백하는데, “감리회 신앙고백”에서는 “말씀이 육신이 되어”로 수정함으로써 삼위일체론적 색깔이 희미해졌다. 이런 점에서 1997년 수정본은 삼위일체론적 고백에 있어서 후퇴한 느낌을 준다. 둘째, 성령의 역할에서는 더욱 풍성해진 느낌을 준다. 특히 “교리적 선언”에 없던 “거듭나게 하심”과 “완전하게 하심”을 추가함으로써 칭의/신생, 그리고 성화/그리스도인의 완전을 명시했다. 이것은 구원론이라는 관점에서 성령의 역할을 고백했다는 점에서 바람직한 수정으로 보인다.

5. 맺음말

지금까지 우리는 교회의 전통, 신약 성서, 웨슬리언의 관점에서 성령을 살펴보았다. 고대 교회 전통에서는 주로 기독론 논쟁의 흐름 속에서 성자에 관한 정체성에 집중하고, 특히 고기독론과 저기독론의 차원에서 성부와 성자 간의 관계에 집중하는 모습을 발견했다. 따라서 성령에 관한 기술은 별다른 수식이나 설명 없이 “나는 성령을 믿습니다.”처럼 간단해졌고, 이런 현상은 다양한 신경(Symbolum)에 반영되어 나타난다. 고대 교부들의 성령에 대한 관심사도 삼위일체 논쟁의 맥락에 집중되어 있다. 따라서 성령의 역할에 대한 부분보다는 삼위일체를 증명하거나 논하는 것에 쏠려 있다. 다만, 이레니우스나 히폴리투스에서 보듯이 성령이 좀 더 자세히 기술된 지점도 있는데, 여기에서 성령은 구원의 과정과 연결되어 정결케 하심, 씻어냄, 그리고 깨닫게 하심이나 인도하심 등의 맥락에 연결되어 있다.

신약 성경에서의 성령의 모습은 더 다양해진다. 신약 성경에서 성령은 구원론적 관점에서 주로 기술되는데, 칭의와 중생의 단계, 그리고 성화의 단계 등 두 단계에서의 성령 사역으로 구분해볼 수 있다. 성령은 선행은총, 인간의 악한 본성을 깨닫게 하는 은총, 죄의 용서와 깨끗하게 하심, 거듭남과 관련된 사역을 하시는 분으로 제시된다. 또한, 중생 이후 성화의 과정에서 하시는 성령의 역할에 대해 신약 성경은 여러 가지를 소개한다. 이 사역은 죄의 권세로부터의 자유함을 얻게 하는 일, 하나님의 자녀를 인도하는 일, 성도가 거룩한 길을 가도록 힘을 주시는 일, 때로 성도들이 어긋난 길로 벗어날 때 그들을 견책하고 바른길로 돌아오게 하는 사역 등이다. 이 외에도 성화의 여정 가운데 하시는 성령의 사역은 하나님의 자녀가 서로 하나 되게 하시고 서로를 용납하며 섬기도록 각종 은사를 주시는 일, 복음 전파를 할 수 있는 능력을 주시는 일 등이 있다. 웨슬리언의 성령 이해는 주로 성화의 과정에 집중되어 있다. 성령은 신자가 자신이 하나님의 자녀라는 확신을 하게 하시며, 죄의 권세를 이기고 거룩한 삶을 살도록 하는 사역을 하신다.

한국 감리교의 성령 이해는 교리와 장정에서 찾아볼 수 있다. ‘종교

강령'에서는 성령이 하시는 역할보다는 성령이라는 존재의 삼위일체론적 본질에 관한 것만 고백한다. 그런데 성령의 역할은 제[50]단과 [51]단과 [54]단에서 간략히 소개된다. 여기에서는 깨우치시고 유혹을 이기게 하시는 역할, 선한 열매를 맺고 성숙의 길을 걷게 하시는 역할이 성령의 역할로 제시된다. [62]단 "교리적 선언"(1930년)과 [63]단 "감리회 신앙고백"(1997)은 미묘한 차이를 보인다. 전자에서는 성령의 삼위일체적 정체성과 역할 모두를 다루지만 후자는 전자를 생략하고 후자에만 집중한다. 또한, 그 역할의 범위를 구원론적 차원에서 더 넓게 확장했다. 물론 삼위일체 신앙고백은 다른 곳에서도 표현되지만 감리교의 신앙고백을 압축한 "감리회 신앙고백"에서는 삼위일체 신앙고백이 없다는 점에서 다소 우려스럽다. 따라서 1930년 "교리적 선언"에서와 같이 성자와 성령 항목에서 삼위일체 신앙고백을 다시 살리는 것에 대한 논의가 필요하다.

타자를 위한 기독론

이진경 교수(협성대학교/신약학)

감리교 『교리와 장정』에 나타난 기독론의 의미와 한계

한국의 개신교 내에는 수많은 교파 및 종파가 존재한다. 그리고 신학과 조직의 특수성과 차별성을 강조하는 각각의 교파들은 그에 걸맞게 자신들만의 고유한 신학을 천명함과 동시에 모임의 형식과 내용을 규정하는 문서들을 지니고 있다. 이런 맥락에서 기독교대한감리회(이하 '감리교')가 타 교단과 차별되는 자신의 교리적 입장을 천명하고 조직의 성격과 운영을 규정한 문서가 바로 『교리와 장정』이다. 이 『교리와 장정』과 함께 이제부터 살펴볼 주제는 교회의 전 역사를 통틀어 가장 오래된 주제이자 가장 치열하게 토론된 주제인 기독론에 관한 것이다. 『교리와 장정』의 제1편을 구성하는 '역사와 교리' 속에는 감리교가 예수 그리스도를 어떻게 이해하고 있는가가 여러 항목에 걸쳐 담겨 있는데, 그 구체적인 항목은 다음과 같다.

【18】 제2조 말씀 곧 하나님의 아들이 참 사람이 되심

성자는 곧 참되시고 영원하신 하나님 아버지의 말씀이요, 성부와 동일하신 본질인데 복 받은 동정녀의 태중에서 사람의 성품을 가지셨으므로 순전한 두 성품, 곧 하나님의 성품과 사람의 성품이 나뉘지 못하게 일위 안에 합하였다. 그러므로 그는 참으로 하나님이시요, 참으로 사람이신 한 분 그리스도이신데 참으로 고난을 당하시고 십자가에 못 박혀 죽으시고 매장되시어 우리로 하여금 하나님 아버지와 화목하게 하시고 또한 제물이 되시었다. 이는 사람의 원죄만 위할 뿐 아니라 범죄한 것까지 위함이시다.

【19】 제3조 그리스도의 부활

그리스도께서 과연 죽은 자 가운데서 다시 일어나시어 완전한 인성이 붙은 모든 것과 육체를 다시 가지시고 천국에 오르시며 마지막 날에 만민을 심판하시려고 재림하실 때까지 거기 앉아 계시다.

【62】 교리적 선언(1930년)

2. 우리는 하나님이 육신으로 나타나사 우리의 스승이 되시고 모범이 되시며 대속자가 되시고 구세주가 되시는 예수 그리스도를 믿으며

【63】 감리회 신앙고백(1997년)

2. 우리는 말씀이 육신이 되어 우리 가운데 오셔서 하나님의 나라를 선포하시고 십자가에 달려 죽으셨다가 부활승천 하심으로 대속자가 되시고 구세주가 되시는 예수 그리스도를 믿습니다.

『교리와 장정』에 나타난 기독론적 명제들은 매우 단순하게 기술되어 있고 분량 역시 단출하다. 따라서 이 선언들을 읽다 보면 감리교만의 독특한 기독론이 배어 있다는 느낌보다는, 이미 우리가 이미 알고 있는 기독론에 관한 교리적 상식을 무난하게 정리한 느낌이 들 뿐이다. 이렇게 기독론에 대한 언급이 간단한 이유는 비교적 명확하게 설명할 수 있다. 기독론, 즉 하나님의 아들이요 그리스도이신 예수(막 1:1)의 인격과 사역에 대한 이론이야말로 기독교 내부에서 이단을 판별하는 가장 중요하고도 본질적인 시금석이기 때문이다. 제도화된 교회의 역사는 이단을 판별하고 정죄하면서 기독교의 정통성을 순수하게 지켜온 역사라 해도 과언이 아니다. 이때 교회의 정통적인 기독론은 특별히 그리스도의 인격과 관련하여 그 시작부터 예수 그리스도를 '참 하나님이요 참 사람'(vere deus vere homo)으로 고백했다. 이와 같은 그리스도의 신성과 인성의 일치에 대한 고백은 이후 모든 이단을 구별하는 가장 확실하고 가장 분명한 기준이 되었다.

당연한 말이겠지만 감리교의 기독론은 〈사도신경〉을 중심으로 전 세계 기독교가 함께 고백하고 있는 전통적 신앙을 공유한다. 이 점에 관해서는 『교리와 장정』이 본격적으로 감리교의 교리를 천명하기 시작하는 '제2장 교리, 제1절 신앙과 교리의 유산'에 다음과 같이 분명하게 언급되어 있다. "기독교대한감리회는 모든 개신교인들의 전통적 기독교 신앙을 함께 고백한다. 이 신앙은 하나님의 말씀인 성경에 기초를 두었으며, 기독교의 역사와 전통으로 이어져 왔다. 고대교회는 성경을 거룩한 정경으로 확정하고, 니케아(325년), 콘스탄티노플(381년), 칼케돈(451년) 신조들과 사도신경을 기독교 신앙의 표준으로 확립했다. 이는 복음의 본질을 선포하고 기독교 교리의 정통성을 보존하려는 교회의 노력이었다." 감리교의 기독론이 세계 기독교의 역사와 전통을 이어받았다는 사실이 의미하는 바는 분명하다. 감리교의 기독론은 지금의 모든 그리스도교인들에게 익숙한 일반적인 기독론에서 크게 벗어나지 않는다. 내용적으로도 크게 다를 바 없으며, 타 교단과 차별되는 감리교만의 독특하고 고유한 기독론에 대한 기술 또한 찾아보기 힘들다. 이단 정죄를 위한 빌미를 제공하지 않기 위하여 이견의 여지없이 안전한 보편성만을 추구하는 간명한 기술인 셈이다.

하지만 간명한 진술은 복잡한 현실의 상황 속에서 언제나 더 깊은 해석을 필요로 하기 마련이다. 그런 의미에서 성경이 그런 것처럼 기독론 역시 시대와 상황에 따라 끊임없이 새로운 해석이 요구된다. 지금 이 자리에서 예수 그리스도를 누구로 보느냐는 기독론의 문제는 교리의 문제를 떠나 현실의 문제, 태도의 문제, 삶의 문제이기 때문이다. 따라서 우리는 『교리와 장정』에 너무나도 평이하게 기술된 기독론을 시대와 상황에 맞추어 확장해야 할 필요가 있다. 일반적인 문장 너머에 존재하는, 그 문장의 저변에 잠재하는 가능한 행동의 원리를 찾아야만 한다. 특별히 지금 우리가 처해 있는 이 시대는 정치와 종교 영역에서 강력한 우경화 경향이 감지되고, 이와 더불어 혐오와 증오가 빠르게 증가하며, 이를 표현하는 폭력마저 정당화되어 가는 위태로운 시대다. 더욱이 이에 올바르게 대응해야 할 교회는 최소한의 공공성마저 견지하기 어려운 형편이다. 이러한 시대적 상황을 염두에 두고 우리는 이제 기독론의 본질적 질문, 즉 그리스도는 누구인지, 그리고 그리스도는 무엇을 하셨는지를 성찰해 보고자 한다.

십자가에 달린 그리스도와 속성의 해체

신약에서 최초로 기록된 복음서인 마가복음은 복음서의 마지막 장면에서 이미 부활하신 그리스도에 대해 매우 이상한 표현을 사용한다. 안식일이 지나고 무덤에 안치된 예수께 기름을 바르기 위해 찾아온 여인들은 예수님의 시신이 사라진 것과 그 사라진 자리에 흰옷을 입은 한 청년이 있는 것을 발견한다. 크게 놀란 여인들에게 청년은 놀라지 말 것을 당부하면서 다음과 같이 말한다.

> ζητεῖτε Ἰησοῦν τὸν Ναζαρηνὸν **τὸν ἐσταυρωμένον·** ἠγέρθη, οὐκ ἔστιν ὧδε.
>
> "너희는 나사렛사람이요 **십자가에 달린 자**인 예수를 찾는구나. 그는 일으켜졌고 여기에 있지 않다."(막 16:6)[1)]

놀랍게도 청년은 부활한 예수에 대해 '십자가에 달린 자'라고 말한다. 헬라어의 문법 또한 현재완료형 분사인 '*ἐσταυρωμένον*'을 통해 지금도 여전히 '십자가에 달려 있는 상태'임을 분명하게 강조한다. 하지만 이는 내러티브의 논리와는 상반되는 진술이다. 내러티브에 의하면 예수는 현재 '십자가에 달린 자'가 아니라 과거에 '십자가에 달렸었던 자', 그러나 이제는 부활하여 '더 이상 십자가에는 달려 있지 않은 자'여야 하기 때문이다. 이러한 객관적인 사실에도 불구하고, 예수의 부활을 선포하는 청년은 예수를 '십자가에 달린 자'(*ἐσταυρωμένος*에스타우로메노스)로 선언한다. 이것은 객관적인 사실에 따른 진술이 아니라

---

1) 이하에도 몇 차례 헬라어 원문과 함께 제시된 성경의 번역은 개인적인 번역이며, 이를 제외한 성경의 우리말 번역은 대부분 〈새번역〉을 따를 것임을 밝혀둔다.

명백하게 신학적이며 기독론적인 진술이다. 놀라운 점은 이와 같은 신학적인 진술이 마가복음 고유의 발명이 아니라는 점이다. 부활하신 그리스도를 '십자가에 달린 자'로 표현하는 이 독특한 신학적 진술은 마가복음 이전에 기록된 바울의 편지들에서도 이미 결정적인 의미와 함께 등장하고 있기 때문이다.

> ἡμεῖς δὲκηρύσσομεν Χριστὸν **<u>ἐσταυρωμένον.</u>**
> "하지만 우리는 그리스도를 **<u>십자가에 달린 자</u>**로 선포합니다."(고전 1:23)

> οὐγὰρ ἔκρινά τι εἰδέναι ἐν ὑμῖν εἰμὴἸησοῦν Χριστὸν καὶτοῦτον **<u>ἐσταυρωμένον.</u>**
> "왜냐하면 나는 예수를 그리스도로, 또한 이분을 **<u>십자가에 달린 자</u>**로 아는 것 외에는 여러분 가운데서 아무것도 알지 않기로 작정하였기 때문입니다."(고전 2:2)

> Ὦἀνόητοι Γαλάται, τίς ὑμᾶς ἐβάσκανεν, οἷς κατὀφθαλμοὺς Ἰησοῦς Χριστὸς προεγράφη **<u>ἐσταυρωμένος</u>**;
> "오, 어리석은 갈라디아 사람들이여, 누가 여러분을 홀렸습니까? 여러분들의 눈앞에 예수 그리스도가 **<u>십자가에 달린 자</u>**로 생생하게 그려져 있거늘."(갈 3:1)

즉, 마가복음에 앞선 바울에게도 예수는 언제나 '십자가에 달린 그리스도'였던 것이다. 그렇다면 '십자가에 달린 그리스도'가 의미하는 바는 무엇일까? 이에 대한 실마리는 바로 바울서신 중에서 이 표현이

처음으로 등장하는 고린도전서 1장에서 찾아볼 수 있다. 바울은 십자가에 못 박힌 그리스도가 표적을 구하는 유대인에게는 거리끼는 것이요 지혜를 찾는 이방인에게는 미련한 것이지만, 부르심을 받은 자들에게는 그가 유대인이든 헬라인이든 그리스도는 하나님의 능력이요 하나님의 지혜라고 설명한다.(고전 1:22-24) 이때 바울은 십자가에 못 박힌 그리스도가 유대인들에게 거리낌이 되는 이유를 '토라'로부터 끌어낸다. 바울은 신명기 21:23을 근거로 나무에 달린 자는 율법에 따라 모두 하나님께 저주를 받은 자라는 사실을 밝힌 바가 있다.

> "그리스도께서 우리를 위하여 저주를 받은 사람이 되심으로써, 우리를 율법의 저주에서 속량해 주셨습니다. 기록된 바 '나무에 달린 자는 모두 저주를 받은 자이다' 하였기 때문입니다."(갈 3:13)

저주를 내린 대상이 갈라디아서 본문에는 분명하게 나타나 있지 않지만, 갈라디아서가 인용한 신명기에는 그 주체를 다음과 같이 하나님으로 분명하게 표기한다.

> "나무에 달린 사람은 하나님께 저주를 받은 사람이기 때문입니다."(신 21:23)

그러므로 그리스도는 우리를 위하여 하나님께 저주를 받은 것이며, 하나님께로부터 받은 저주의 명백한 증거가 바로 그분이 달려 돌아가신 나무인 십자가다. 다시 말해 바울이 그리스도와 관련해 가장 중요하게 생각했던 '십자가에 달린 그리스도'라는 개념의 핵심 요소는 그리스도께서 나무에 달리셨다는 사실, 즉 그리스도가 하나님의 저주를 받은 자가 되었다는 사실이라는 것이다. 바울은 유대인들에게 십자가에 못 박힌 그리스도가 거리낌이 된다는 점을 강조함으로써 이 사실을 더욱 확실하게 부각시킨다. 십자가에 달린 그리스도는 율법에 따라 하나님의 저주를 받은 자이다.

그런데 바울이 이 점을 강조한 이유는 하나님 자신이 저주를 내리신 자를 하나님께서는 다시금 당신의 아들로 계시하셨다는 사실을 말하기 위해서이다. 갈라디아서 1장에서 바울은 자신이 사도가 된 내력을 이야기하면서 그리스도 계시를 언급한다.

> "그 복음은, 내가 사람에게서 받은 것도 아니요, 배운 것도 아니요, 예수 그리스도의 나타나심으로 받은 것입니다."(갈 1:12)

그리고 이 예수 그리스도의 나타나심은 예수께서 자신의 의지로 스스로 바울에게 나타나신 것이 아니라, 하나님께서 그렇게 만드신 것이다. 바로 몇 절 후에 바울은 다음과 같이 말하고 있기 때문이다.

> "그 아들을 이방 사람에게 전하게 하시려고, 그를 나에게 기꺼이 나타내 보이셨습니다."(갈 1:16)

문장의 주어가 하나님이라는 사실은 그 전 절로부터도 분명하다. 다시 말해 하나님은 자신의 '아들'을 바울에게 계시해 주신 것이다. 바로 이렇게 바울은 자신에게 계시된 '하나님의 아들'을 '십자가에 달린 자', 즉 '하나님께 저주받은 자'로 선언한다.

하나님께 저주받은 자가 하나님의 아들이라는 사실은 가장 극단적인 역설이다. 하나님께 저주받은 인간은 속성(屬性)으로 따지자면 가장 형편없고 가장 낮은 질(質)에 속하는 인간이다. 반면 하나님의 아들이 된 인간은 가장 고결하고 가장 높은 질(質)에 속하는 인간이다. 가장 먼 대척점에 놓인 이 둘이 같은 존재라는 사실이 지니는 의미는 무엇일까? 그것은 이 둘을 가르는 기준, 즉 질(質)이라 부를 수도 있고 속성(屬性)이라 부를 수도 있는, 인간을 측정하는 가치체계의 기준이 해체되고 파괴되었다는 것을 의미한다. 간단히 말해 속성(屬性)이란 인간의 '어떠함'을 의미한다. 즉, 인간의 '어떠함'은 인간이 타인과 자신을 구분하고 판단하는 가장 기본적인 기준이 된다. 이때 인간의 속성을 구성하는 요소로는 키, 얼굴, 체형, 인종, 성별 등의 외형적 요소뿐 아니라, 성격, 판단력, 지식, 신분, 권력 등 무형적 요소도 포함된다. 인간은 이러한 속성에 따라 인간을 구분하고, 또 그렇게 구분된 각각에 다른 가치를 부여하여 차등을 주며, 같은 가치를 지닌 것들을 하나로 모아 하나의 개념 아래 소속시킨다. 그러므로 최종적으로 속성과 소속의 시스템이 작동하는 세상에서는 그 소속에 따라 인간의 가치가 결정되며, 부여된 가치로 인간을 대하는 차별이 사회의 상식이자 기본 질서가 된다. 바울은 자신이 속한 사회 속에서 이 속성과 소속의 시스템을 통해 확정된 구분과 차별이 가장 두드러지게 드러나는 세 가지 영역에 대해 언급하는데, 그것이 바로 종교, 사회계급, 그리고 성별로 인한 차별의 영역이다.

> "우리는 **유대 사람**이든지 **그리스 사람**이든지, **종**이든지 **자유인**이든지, 모두 한 성령으로 세례를 받아서 한 몸이 되었고, 또 모두 한 성령을 마시게 되었습니다."(고전 12:13)

"여러분은 모두 세례를 받아 그리스도와 하나가 되고, 그리스도를 옷으로 입은 사람들이기 때문입니다. **유대 사람**도 **그리스 사람**도 없으며, **종**도 **자유인**도 없으며, **남자**와 **여자**가 없습니다. 여러분 모두가 그리스도 예수 안에서 하나이기 때문입니다."(갈 3:27-28)

바울은 모든 그리스도인들이 그리스도 안에서 하나라는 점을 강조할 때마다 사회에서 그들 사이의 차이점을 부각시키는 구별을 분명하게 밝히고 있는데, 그것이 바로 위의 구절들에 나타난 유대 사람과 그리스 사람, 종과 자유인, 남자와 여자의 구별이다. 유대 사람과 그리스 사람의 구별은 구원과 관련된 종교적·문화적 차별에 해당하며, 종과 자유인의 구별은 사회적·계급적 차별에 해당하고, 남자와 여자의 구별은 성차별에 해당한다. 이처럼 상반된 가치의 속성을 지닌 그룹들은 그 소속에 따라 차별하는 자와 차별받는 자로 결정된다. 흥미롭게도 바울이 자신이 속한 시대의 예로 들었던 이 차별들은 지금의 사회에도 여전히 거의 동일하게 적용된다.

십자가에 달린 그리스도는 바로 이 속성의 시스템을 해체하고 파괴한다. 하나님께 저주받은 자가 하나님의 아들이라는 역설을 속성의 시스템은 감당할 수 없기 때문이다. 가치에 있어 정반대의 두 속성이, 즉 결코 동일하지도 동일할 수 없는 가치의 두 속성이 동일한 존재로 선포됨으로써, 십자가에 달린 그리스도는 인간이 규정해 놓은 모든 속성을 해체하고, 모든 속성을 넘어서며, 속성과 상관없이 모든 인간을 동일하게 받아들이는 하나님의 평등한 은혜를 계시한다. 십자가에 달린 그리스도를 통해 은혜의 보편주의가 가능하게 된 것이다. 이것은 갈라디아서 3장 28절 속에 선명하게 각인되어 선언된다.

> "유대 사람도 그리스 사람도 없으며, 종도 자유인도 없으며, 남자와 여자가 없습니다. 여러분 모두가 그리스도 예수 안에서 하나이기 때문입니다."(갈 3:28)

이 바울의 진술 속에서 결정적인 것은 바울이 유대 사람과 그리스 사람, 종과 자유인, 남자와 여자를 구별한 채로 그 둘이 하나님 앞에서 동등한 가치와 동등한 자격을 가지고 있다고 말하지 않았다는 점이다. 바울은 둘이 동등하다고 말하지 않고 그 둘 사이의 구별 자체가 없다고 선언한다. 즉, 바울은 이렇게 말하지 않는다. "유대 사람과 그리스 사람이 평등하며, 종과 자유인이 평등하며, 남자와 여자가 평등합니다." 구별하여 분리된 각각이 평등한 것이 아니라, 구별 자체가 철폐된다. 이것은 모든 차별이 구별로부터 시작한다는 점을 생각해 볼 때 더욱 의미심장하다. 단순하게 말하자면 차별이란 인간들 사이에 임의의 기준을 세워 구별하고, 그렇게 구별된 각각에 다르게 가치를 부여하는 것에 불과하다. 그런 의미에서 볼 때 구별이 없다면 당연히 차별도 없다. 바꾸어 말하자면 차별을 없애기 위해서라면 먼저 구별을 없애면 된다. 따라서 하나님의 차별 없는 은혜를 말하기 위하여 바울은 하나님 앞에 선 모든 인간들에게 속성에 따른 구별이 철폐되었음을 선언한다. 그럴 때에야 비로소 하나님의 은혜는 누구에게나 적용이 가능한 보편주의적인 성격을 획득하기 때문이다.

십자가에 달린 그리스도를 통한 보편주의(universalism)의 확립

하나님의 은혜가 인간의 어떠함을 고려하지 않고 모든 인간에게 차별 없이 내린다는 점이야말로 하나님 은혜의 가장 중요한 본질적 성격이다. 이 은혜의 보편주의를 바울은 '십자가에 달린 그리스도'를 통해 발견한다. '하나님께 저주받은 자'와 '하나님의 아들'이라는 두 극단에 속하는 속성의 충돌을 통하여 속성과 그에 따른 소속의 시스템은 해체되고 마침내 은혜의 보편주의가 확립된다. 하지만 이 보편주의는 단지 기독교적 은혜에만 해당하는 것이 아니다. 무신론자를 자처하는 철학자 알랭 바디우는 자신의 책 『사도 바울 - '제국'에 맞서는 보편주의 윤리를 찾아서』(서울: 새물결, 2008)에서 갈라디아서 3장 28절에 나타난 바울의 선언을 서구사회에 보편주의의 기초를 놓은 선언이라고 설명한다. 종교와는 가장 거리가 먼 이 프랑스 좌파 정치철학자가 기독교의 초석을 놓은 사도 바울에게 관심을 가지게 된 결정적인 계기는 자국 프랑스에서 거세게 일어나고 있는 우경화의 물결 때문이었다. '톨레랑스'(tolérance), 즉 '관용'을 국가의 기본 가치로 여기고 있는 프랑스에서, 공공장소에서 히잡을 쓰는 것을 금지하자는 법안들이 꿈틀대는 것을 철학자는 탄식과 통탄으로 바라보며 다시금 보편주의의 가치를 깊이 숙고해 보고자 시도한다. 그런 그가 서구 보편주의의 시발점으로 사도 바울을 언급하고 있는 것이다.

속성을 해체하는 보편주의의 반대는 속성을 강조하면서 구별과 차별을 강화하려는 모든 경향이다. 이러한 맥락에서 세계적인 우경화 속에 등장하는 배타적 민족주의나 인종주의적 태도와 보수적 가치를 공고히 하려는 다양한 노력들은 모두 속성을 강조하고 강화하려는 시도로 볼 수 있다. 그런 의미에서 속성을 강조하여 구별을 강화하고 차별과 혐오를 실행하는 세계적 우경화의 흐름은 결국 십자가에 달린 그리스도를 통해 획득된 하나님의 보편주의를 파괴하는 시대정신인 셈이다.

사도 바울은 여전히 계급 차별과 성차별이 지배적인 시대, 배타적인 신의 선택과 구원에 대한 확신으로 타종교인을 정죄하던 시대 속에 살아가는 동시대인들을 '그리스도인 됨'으로 초대하면서 특별히 입교 예식으로서의 '세례'를 강조한다. 침례(浸禮)의 형식으로 진행된 세례(洗禮) 예식은 '세례'라는 말 속에 포함된 한자어 '洗'가 뜻하는 것처럼 '죄를 씻는다'는 의미를 분명하게 포함하고 있다. 하지만 세례가 지니는 일차적이며 본질적인 요소는 씻음이 아니라 죽음이다. 무엇보다 세례는 호흡이 있는 생물이 물속으로 들어가 죽는 것을 형상화한 예식이다. 그러나 이 죽음을 통과한 후 다시 물 밖으로 나왔을 때, 세례자는 이전과는 완전히 다른 새로운 생명체로 거듭난다. 이처럼 세례는 죽음을 통해 이전과 단절되고, 부활을 통해 새로운 존재로 돌입하는 예식이다. 그러므로 그리스도가 모든 세례자들의 원형이 됨은 지극히 당연한 일이다. 바울은 이에 대해 분명하게 다음과 같이 말한다.

> "세례를 받아 그리스도 예수와 하나가 된 우리는 모두 세례를 받을 때에 그와 함께 죽었다는 것을 여러분은 알지 못합니까? 그러므로 우리는 세례를 통하여 그의 죽으심과 연합함으로써 그와 함께 묻혔던 것입니다. 그것은, 그리스도께서 아버지의 영광으로 말미암아 죽은 사람들 가운데서 살아나신 것과 같이, 우리도 또한 새 생명 안에서 살아가기 위함입니다."(롬 6:3-4)

세례를 통하여 모든 세례자들은 그리스도와 하나가 되며, 동시에 그리스도 안에서 모든 세례자들이 하나가 된다. 세례는 지금까지의 인간에게 부여된 모든 차별된 속성을 해체하고, 해체된 속성의 자리에 새로운 존재성을 부여하는 역할을 수행한다. 그리스도인은 세례를 통해 과거의 속성과 단절된 완전히 새로운 창조물이 된 것이다.

> "누구든지 그리스도 안에 있으면, 그는 새로운 피조물입니다. 옛 것은 지나갔습니다. 보십시오, 새 것이 되었습니다."(고후 5:17)

따라서 바울이 그리스도 안에는 그 어떤 속성의 구별도 없음을 논하는 자리에서 세례를 언급한 것(고전 12:13; 갈 3:27)은 지극히 자연스럽고 당연한 논리적 귀결이다.

보편주의에 근거한 환대의 윤리

알랭 바디우와 마찬가지로 바울 역시 속성의 해체를 통한 보편주의의 확립이 단지 하나님의 은혜에 대해서뿐 아니라 세속 사회 질서에도 동일하게 적용되어야 한다고 믿었던 것처럼 보인다. 이 점을 가장 잘 드러내 주는 성경은 아마도 바울의 서신들 중 가장 짧은 서신인 〈빌레몬서〉일 것이다. 그리스도인 주인과 노예의 관계를 바탕으로 한 〈빌레몬서〉를 토대로 그리스도 안에서는 종도 자유인도 없다는 은혜의 보편주의적 선언이 과연 바울의 설교를 들었던 1세기 기독교 세계에서는 어떻게 적용되고 있었을까를 상상해 보는 것은 여러 면에서 흥미로운 일이 아닐 수 없다. 당시 바울의 선교를 통해 그리스도인이 되었을 사람들 가운데에는 실제로 노예를 소유했던 사람들도 있었을 것이고,

노예로서 주인을 섬겨야 했던 사람들도 있었을 것이다. 그런 상황에서 그리스도 안에는 종도 자유인도 없다는 바울의 설교를 들은 그리스도인 주인들은 즉시로 자신의 노예들을 해방시켰을까? 지금의 인간 본성을 비춰보더라도 당시의 모든 그리스도인 주인들이 그렇게 했을 가능성은 희박하다. 그렇다면 그리스도인 주인과 노예들이 함께 기독교 예배에 참여했을 때의 모습은 어땠을까? 교회공동체 내에서는 서로를 동등하게 형제자매로 부르다가 집으로 돌아와서는 다시 주종관계의 호칭으로 서로를 부르며 대했을까? 복음을 받아들인 후에도 그리스도인 주인과 그리스도인 노예가 주종관계를 유지한 채 한집에 존재했을지, 그런 경우 서로에 대한 관계와 모습이 정확히 어떠했을지 성경을 통해 알 수 있는 방법은 없다. 하지만 적어도 바울이 남긴 가장 짧은 서신은 다른 그리스도인들은 몰라도 바울 자신만큼은 이와 관련하여 어떠한 입장을 지니고 있었는지를 분명하게 보여준다.

한마디로 〈빌레몬서〉는 그리스도인 주인인 빌레몬에게서 도망친 노예 오네시모를 바울이 다시 빌레몬에게 돌려보내면서 들려 보낸 편지다. 결론적으로 바울은 빌레몬을 향해 오네시모를 더는 종이 아니라 사랑하는 형제로 받으라고 권면한다.

> "이제부터는 그는 종으로서가 아니라, 종 이상으로 곧 사랑 받는 형제로 그대의 곁에 있을 것입니다. 특히 그가 나에게 그러하다면, 그대에게는 육신으로나 주님 안에서나 더욱 그러하지 않겠습니까? 그러므로 그대가 나를 동지로 생각하면, 나를 맞이 하듯이 그를 맞아 주십시오."(몬 1:16-17)

이 결론을 위해 바울은 빌레몬에게 사정을 하기도 하고, 심리적으로 압박을 가하기도 한다. 사정을 할 때 바울은 오네시모를 자신의 '심장'[2]이라고까지 칭하기도 하고(몬 1:12), 압박을 가할 때는 오네시모가 끼친 손해를 자신이 갚겠다면서 네가 나로 인해 그리스도인이 된 은혜의 빚을 네게 갚으라 하진 않겠다고 말하기도 한다(몬 1:18-19). 더 나아가 바울 자신 역시 마침내 복음으로 그리스도인이 된 한 노예를 하나님 앞에서 자신과 동등한 인간으로 여긴다. "나를 맞이하듯이 그를 맞아 주십시오." 바울은 노예였던 오네시모를 하나님 앞에서 자신과 동등한 은혜의 수혜자로 선언하고 있는 것이다. "그를 맞아 주십시오!" 문법적으로 볼 때 이 말은 〈빌레몬서〉에 처음으로 등장하는 명령형 문장이다. 바울이 빌레몬에게 내린 첫 번째이자 가장 중요한 명령이 환대에 대한 명령이라는 사실은 의미심장하다. 그 대상이 충분한 혐오와 적대감의 이유를 지닌 대상이었기 때문이다. 도망친 노예가 주인과 좋은 관계였을 리 없다. 바울이 불가피하게 '그대에게 잘못한 것'(몬 1:18)[3]을 언급한 것도 필경 그런 이유에서일 것이다. 그럼에도 불구하고 바울은 빌레몬에게 환대를 명령한다.

이 환대는 단순한 환대 자체를 넘어 상대와 나 사이에 수평적 관계를 설정할 것도 요구한다. "이제부터는 그는 형제로 그대의 곁에 있을 것입니다."라는 말을 통하여 바울은 빌레몬에게 수직적 관계에서 낮은 신분에 놓인 노예 오네시모를 이제는 자신과 대등한 형제로 여길 것

---

2) 헬라어 원문의 단어는 '내장'(內臟, σπλάγχνον스플랑히논)이지만 고대 사람들에게 '내장'은 감정을 담당하는 기관으로서 현대인들에게는 '심장'에 해당한다. 따라서 우리말 성경에서는 보통 이 헬라어 '내장'이 '심장'이나 '마음'과 관련되어 번역되곤 한다. 비슷한 예로 "내가 그리스도 예수의 심정으로, 여러분 모두를 얼마나 그리워하고 있는지는, 하나님께서 증언하여 주십니다."(빌 1:8)에서 우리말 '심정'으로 번역한 단어 역시 헬라어 '내장'이다.

3) 사실 이 부분에 대한 우리말 번역은 〈새번역〉의 '그대에게 잘못한 것'보다 〈개정개역〉의 '네게 불의를 하였거나'가 헬라어 원문의 의미에 더 가까운 것으로 보인다.

을 요구한다. '형제'와 '자매'라는 말이 지금의 교회 생활 속에서는 다소 관례화되고 정형화된 호칭으로 사용되고 있는 실정이지만, 바울의 권면은 이 '형제'와 '자매'라는 호칭이 그것이 처음으로 발설되는 자리에서 얼마나 파격적이고 혁명적이었는지를 분명하게 보여준다. 형제와 자매가 한 아버지와 어머니 아래에서 평등하고 대등한 자식들인 것처럼, 세례를 통해 새롭게 거듭난 모든 그리스도인들은 한 분이신 하나님 아래서 서로에 대해 평등하고 대등한 형제와 자매가 된다. 이 형제와 자매들 사이에는 이전에 지녔던 모든 인간적인 속성들이 지양되고 폐기된 채 오직 한 하나님의 자녀라는 새로운 수평적 평등 관계만 존재한다. 따라서 그리스도인들의 모든 환대는 상대가 지녔던 이전의 모든 속성을 제거하는 환대이며, 그로 말미암아 정립된 수평적 관계로 진입하는 환대다. 교회 안에서 우리가 서로를 형제자매로 부르는 것 역시 바로 이런 의미에서인 것이다.

결론: 타자를 위한 기독론을 향하여

독일의 베를린 시내 한복판에는 부서진 채로 남아 있는 한 기념교회가 있다. 이 교회의 정식 명칭은 카이저-빌헬름-기념교회(Kaiser-Wilhelm-Gedächtniskirche)로, 제2차 세계대전의 상흔을 입은 이 교회를 독일의 그리스도인들은 복원하지 않은 채 그대로 보존하고 있다. 이 교회 안에는 역시 교회처럼 팔이 하나 잘려 나간 예수님의 조각상이 있다. 그 부서진 예수님의 조각상에 대해 이 역시 복원하지 않기로 결심하면서 독일의 그리스도인들은 우리가 주님의 팔이 되자고 말했다 전해진다. 이 아름다운 작은 상징이 보여주는 것처럼 교회는 세상에서 그리스도의 손과 발이어야 한다. 하지만 유감스럽게도 감리교를 포함한 지금의 한국 교회는 세상에서 그리스도의 손과 발이 되기는커녕, 교회가 마땅히 지녀야 할 공적(公的) 성격조차 잃어가면서 '타자를 위한 교회'로부터 점점 더 멀어지고 있는 것처럼 보인다.

교회가 다시금 그리스도의 몸이 되고 손과 발이 되기 위해서는, 이기적인 교회가 타자를 위한 교회로 다시 서기 위해서는, 분명 이와 관련된 그리스도에 대한 이해, 즉 타자를 위한 기독론도 필요할 것이다. 그리고 어쩌면 이러한 맥락에서 바울이 자신의 전 신학의 출발점이요 근거로 삼은 '십자가에 달린 그리스도'는 타자를 위한 교회를 고민하는 이들을 위해 필요한 그리스도 이해를 제공해 줄 수도 있을 것이다. 바울은 '십자가에 달린 그리스도'를 통하여 은혜의 보편주의를 발견했고 수평적 환대의 윤리를 실천했다. "나는 예수를 그리스도로, 또한 이분을 십자가에 달린 자로 아는 것 외에는 아무것도 알지 않기로 작정하였습니다."(고전 2:2) 비유하자면 바울의 마음속에 자리 잡고 있는 십자가는 우상숭배를 피하고 부활을 강조하기 위해 예수의 형상을 없앤 개신교의 십자가 모양보다는 예수께서 매달려 계신 형상을 담은 가톨릭의 십자고상(十字苦像)을 닮았다고도 말할 수 있을 것이다. 십자가는 그 자체로 철저한 이타성의 상징이다. 타자를 위한 그리스도의 고난과 죽음이야말로 십자가의 핵심이며 기독교의 핵심이기 때문이다. 타자를 위한 기독론의 출발점이 십자가에 달리신 그리스도로부터라는 사실은 어쩌면 가장 당연하고도 자연스러운 일일 것이다.

기독교대한감리회의 성서관

민경식 교수(연세대학교 학부대학)

1. 서론: 연구 목적과 문제의식

기독교대한감리회는 다른 많은 개신교 전통과 마찬가지로 성서를 신앙과 삶의 최종적이고도 궁극적인 기준으로 고백한다. 이는 단순히 성서가 교리적 권위의 근원이라는 의미를 넘어, 감리교회의 역사와 전통 전체가 성서라는 토대 위에 세워져 있음을 선언하는 것이다. 성서는 교회의 신앙적 정체성을 형성하고, 교회의 가르침과 실천을 규정하며, 신자 개인의 신앙 여정에 길잡이가 된다. 따라서 감리교가 성서를 강조하는 것은 교단의 자기 이해와도 직결되는 문제이며, 성서관은 곧 감리교 신학과 목회의 성격을 드러내는 중요한 열쇠라 할 수 있다.

특히 감리교의 헌법적 문서인 『교리와 장정』(2023)은 이러한 성서 이해를 제도적으로 확립하고 있다. 그 가운데 62단 '교리적 선언' 5항과 63단 '감리회 신앙고백' 4항은 감리교 성서관을 가장 공식적이고도 권위 있게 표명한 조항들이다. 두 조항은 모두 '성서가 신앙과 행위의 규범'임을 분명히 밝히며, 성서가 교회의 가르침과 신앙생활 전반에 미치는 의미와 기능을 천명한다. 여기서 드러나는 감리교의 성서관은 단순히 추상적 신념을 기록한 것이 아니라, 교회와 신자가 실제로 어떻게 성서를 대하고 살아가야 하는지를 규정하는 고백적 선언이다.

이 글은 이러한 문제의식을 바탕으로, 먼저 감리교 성서관의 역사적, 신학적 맥락을 개관한다. 감리교가 어떤 전통을 이어받았는지, 웨슬리의 성서 이해가 어떠했는지, 그리고 감리교의 성서관이 근대 이후 어떤 영향을 받아 형성되었는지를 살펴볼 것이다. 이어서 『교리와 장정』 62단과 63단의 두 조항을 분석하면서, 그 안에 담긴 신학적 의미와 목회적 함의를 드러내고자 한다. 동시에 두 조항이 지닌 한계, 곧 해석학적 방법론의 부족이나 현대사회의 문제 상황에 대한 대응의 미흡함을 비판적으로 짚어낼 것이다.

궁극적으로 본 논문은 감리교 성서관의 특징과 그 한계를 균형 있게 평가하면서, 앞으로 감리교회가 추구해야 할 성서 이해의 대안적 방향을 모색하고자 한다. 다시 말해, 성서의 권위를 존중하면서도 변화하는 시대와 다양한 신학적 도전을 수용할 수 있는 새로운 성서관의 선명한 제시를 제안할 것이다.

2. 감리교 성서관의 역사적, 신학적 배경

1) 로마 가톨릭과 성서

로마 가톨릭의 권위 구조는 '전통'과 '성서'를 바탕으로 한다. 마르틴 루터(Martin Luther, 1483-1546) 시대에도 가톨릭의 공식 입장은 이와 크게 다르지 않았다. 중세 가톨릭은 성서만이 아니라 사도전승(Traditio), 곧 교부들의 가르침, 교황과 공의회의 결정 등을 성서와 같은 권위로 간주하였다. 루터 이후에 계속된 종교개혁의 흐름에 대응해, 가톨릭교회는 '트리엔트 공의회'(Concilium Tridentinum, 1545-1563)에서 성서와 전통의 동등성을 공식화하였으며, 더 나아가 성서의 진정한 의미를 해석하는 권위는 교회에만 있다고 주장하기에 이르렀다.

이러한 로마 가톨릭의 공식 입장은 오늘날까지 이어지고 있다. 이는 "거룩한 전통과 성서는 모두 교회와 신앙의 최고 규범"이라는 제2차 바티칸 공의회(1962-1965)의 공식 문서인 "계시헌장(Dei Verbum)"(1965)에 잘 드러나 있다. 이 문서는 성서와 전통이 서로 대립하거나 경쟁하는 것이 아니라, 같은 원천(하나님의 계시)에서 흘러나온 '하나의 성스러운 유산'이며, 서로 분리될 수 없이 긴밀한 관계에 있다고 한다(2장). 그리고 성서는 성령의 영감을 받은 책으로, 구약과 신약 전편 모두 오류 없이 구원의 진리를 전달하며, 해석 과정에서는 저자의 의도, 문학적 장르, 역사적, 문화적 배경을 고려해야 하며, 성령 역시 해석을 인도한다고 고백한다(3장).

로마 가톨릭은 성서를 '하나님의 계시'로 이해한다. 그러나 성서 해석은 '교회의 가르치는 권위' 즉 '교도권'(Magisterium)을 통해 이루어진다. 즉 성서 자체가 자동으로 '최종 권위'가 되는 것이 아니다. 로마 가톨릭에서 성서는 사도들로부터 이어져 내려오는 교회의 신앙 전승인 '전통'(구전, 예배 관습, 교부들의 해석, 교회의 신앙고백 등) 안에서 권위를 행사한다.

2) 종교개혁과 성서

개신교의 역사는 교권에 대한 저항과 함께 시작되었다. 중세의 종교개혁자들은 성서와 전통이 계시의 원천이라는 가톨릭교회 입장에 도전하고, 교황의 교도권 독점에 저항하였다. 독일에서 종교개혁운동이 일어나기 전에 이미 유럽 각지에서 반(反)교황청 운동들이 일어났다. 최종적으로는 실패하였지만, 14세기 말에는 잉글랜드에서 존 위클리프(John

Wycliffe, 1328-1384)가, 15세기 초에는 보헤미아 지역에서 얀 후스(Jan Hus, 1369-1415)가 로마교황청과의 결별을 선언하는 급진적인 개혁운동을 일으켰다. 이 개혁운동들의 공통 특징들 가운데 하나는 '교(황)권에 대한 저항'이다. 종교개혁자들은 교황에게 반기를 들고(프로테스트), 가톨릭교회를 떠나, 새로운 공동체를 형성하였다. 그런데 이 새로운 공동체에는 권위의 상징인 교황이 없었으며, 따라서 교황을 대신할 새로운 '권위'가 필요하였다. 그래서 이들은 교황을 대신할 권위의 유일한 상징으로 성서를 내세웠다. 이것은 개신교가 태생적으로 성서를 중요시한 이유이며, '오직 성서'(Sola Scriptura)라는 종교개혁운동 모토의 배경이다.

마르틴 루터 역시 성서를 유일한 최종 권위로 여겼다. 면죄부를 비판하는 95개 조항(1517)을 발표하면서, 교황은 성서를 근거로 하지 않는 한, 죄 사함을 선언할 권한이 없다고 선언하였다. 또한 보름스 제국회의(Reichstag zu Worms, 1521)에서는 신성로마제국 황제 카를 5세(Karl V)와 제후들 앞에서 자신의 저서를 철회할 것을 요구받았을 때, "내 양심은 하나님의 말씀에 사로잡혀 있습니다. 나는 성서에 의해 확신하지 않는 한, 교황이나 공의회의 권위만으로는 내 양심을 굽힐 수 없습니다. … 나는 여기 서 있습니다. 나는 달리 할 수 있는 것이 없습니다. 하나님! 나를 도우소서."라고 하였다. 교황이나 공의회나 교회의 전통보다 성서의 권위가 최종적 기준이라는 루터의 사상이 잘 드러난다. 종교개혁자들이 성서를 강조한 이유는 교황이 없는 상황에서 새로운 공동체가 의지할 권위를 세우기 위해서였다. 성서는 교황 및 로마 가톨릭과 대결할 수 있는 가장 효과적이며 강력한 무기였다. 이후 개신교는 교회의 전통(교황, 공의회 등)에서 탈피하여 성서 자체를 신앙과 실행의 표준으로 고백하고 있다. 감리교 역시 이러한 개신교 성서관의 유산을 토대로 출발하였다.

3) 존 웨슬리와 성서

감리교회의 성서관은 감리교 창시자인 존 웨슬리(John Wesley, 1703-1791)의 신학적 관점에서 비롯된다. 웨슬리는 철저하게 성서를 권위의 유일한 상징으로 삼는 종교개혁 전통 가운데에서 신학과 운동을 전개하였다.

웨슬리는 자신을 "homo unius libri"("한 책의 사람", 즉 성서의 사람)라고 불렀다. 이는 자신의 신앙과 사역의 최종적인 권위와 규범은 오직 성서에 있다는 고백적 표현이다. 웨슬리는 성서를 신앙과 삶을 이끄는 '유일한' 기준으로 본 것이다. 웨슬리에게는 성서가 모든 교리와 신앙의 근거였다. 성서야말로 성령의 영감으로 주어진 살아 있는 하나님의 말씀이었기 때문이다.

웨슬리는 성서에 오류가 없다고 하였지만, 오늘날의 근본주의자들과 같은 문자주의자는 아니었다. 역사비평 이전 시대에 살았던 웨슬리는 그 시대의 한계 안에서 성서의 신적 영감을 받아들였으며, 성서를 무오(無誤)한 책으로 받아들였다. 구원에 필요한 모든 것을 성서가 충분히 담고 있다고 믿었다. 그럼에도 웨슬리는 성서를 문자적으로 이해하기보다는 적극적으로 '해석'하였다.

웨슬리는 노예 제도나 성평등(차별)과 같은 사회 문제에서 성서 본문을 문자적으로 따르지 않고, '성서의 전체 정신'(holiness, love)을 기준으로 해석하였다. 가령, 소책자 *Thoughts Upon Slavery*(1774)에서 웨슬리는 노예제도를 강하게 비판하면서, 성서의 '노예 순종' 본문(엡 6:5; 골 3:22 등)을 문자적으로 따르지는 않았다. 오히려 그는 노예제도가 사랑의 계명(마 22:39, 이웃 사랑)에 정면으로 배치된다고 강조하였다. 또한 웨슬리는 여성 설교자와 여성 지도자의 활동을 허용하였는데, 이는 당시 영국 국교회와 사회 분위기에서는 상당히 파격적인 일이었다. 그는 성서의 몇몇 본문(딤전 2:12, "여자는 가르치지 말라")을 문자적으로 적용하지 않고, 복음의 전체 정신과 성령의 역사를 기준으로 해석했던 것이다.

웨슬리는 성서'만'을 강조한 것이 아니다. 성서를 어떻게 해석해야 하는가, 삶 속에서 어떻게 실천할 수 있는가에 대해 폭넓은 신학적 틀을 제시하였다. 흔히 '웨슬리 사변형(Wesleyan Quadrilateral)'이라고 하는 틀 안에서 자신의 성서관을 발전시켰다. 즉 성서의 권위를 강조하는 개신교의 전통을 수동적으로 따르는 것에 머물지 않고, '성서 + 전통 + 이성 + 경험'(웨슬리 사변형)이라는 독자적 틀로 자신만의 독창적인 성서관을 형성하였다.

웨슬리는 교회의 신앙 유산이라고 할 수 있는 '전통(tradition)'을 존중하였다. 성서를 읽고 이해하는 데 있어 교회의 전통을 무시하지 않았다. 초기 기독교 저술가들의 저술, 초기 교회의 신앙고백, 전통적인 기도와 예배 형식을 존중하였다. 그러나 전통은 성서를 보조하는 해석의 틀일 뿐, 성서와 동등한 권위를 갖는다고 생각하지는 않았다. 잘못된 전통은 성서의 빛 아래서 비판받아야 한다고 생각하였다.

웨슬리는 논리적, 합리적 사유를 가능하게 하는 '이성(reason)'을 존중하였다. 그는 이성을 하나님의 선물로 이해하였다. 신앙은 맹목적일 수 없으며, 성서를 읽고 이해하는 과정에서 이성은 필수적이라고 생각하였다. 이를 통해 신앙은 단순히 감정적 열정이 아니라, 이해되고 설명될 수 있는 합리적 신앙이 될 수 있었다. 다만 이성이 신앙을 지배할 수는 없으며, 어디까지나 성서를 이해하고 적용하는 도구로서의 위치를 차지한다고 생각하였다.

웨슬리는 성령의 내적 증거로서의 '경험(experience)'을 존중하였다. 이는 웨슬리 신학의 독특한 점인데, 그는 자신의 회심 체험(1738년, 올더

스게이트 경험)을 통해 신앙은 단순히 머리로 동의하는 교리가 아니라 삶 속에서 체험되는 은혜임을 강조하였다. 그러나 성령의 역사, 성령의 실제적 체험, 구원과 성화의 검증이라고 할 수 있는 '경험' 역시 성서의 권위를 뛰어넘을 수는 없다고 여겼으며, 이 체험은 개인적 차원에 머무는 것이 아니라 사회적 성화로 이어져야 한다고 주장하였다.

웨슬리는 성서, 전통, 이성, 경험, 이 네 요소를 존중하였지만, 네 요소가 동등한 비중을 갖는다고 생각하지는 않았다. 그에게는 성서가 최종적이고 결정적인 권위였으며, 나머지 셋은 보조적인 역할을 할 뿐이었다. 그러나 이러한 성서관은 당시 일반적이던 성서의 문자적 권위주의를 탈피하고, 신앙과 삶의 실질적 지침으로서의 성서를 전통과 이성과 경험을 토대로 '해석'해서 이해하는 결과로 이어졌다.

3. 웨슬리의 성서관과 한국 감리교회

한편으로 한국 감리교회는 웨슬리 성서관을 부분적으로 계승하고 있으며, 다른 한편으로는 웨슬리 전통에서 벗어나서 변형된 성서관을 드러내기도 한다. 성서, 전통, 이성, 경험의 균형을 강조하는 '웨슬리 사변형'에서 한국 감리교는 성서를 지나치게 강조함으로써 전통과 이성과 경험을 상대적으로 약화시키는 결과를 낳았다.

1) 최종적인 권위로서의 성서

한국 감리교는 '최종적이고 유일한 권위로서의 성서'라는 개신교 전통을 이어받고 있다(성서중심주의). 신앙과 교리의 기준으로서의 성서라는 개념은 한국 감리교뿐 아니라 절대 다수의 개신교 교단들의 공통 특징이기도 하다. 한국 감리교의 공식 입장을 드러내는 『교리와 장정』(2023)에도 이러한 사상은 분명하게 드러낸다. 성서는 "성령의 감동으로 기록된 하나님의 말씀"으로 "구원에 이르는 도리와 신앙생활에 충분한 표준"이 된다.

2) '이성'의 상대적 약화

웨슬리가 중요시했던 합리적 신앙 이해는 한국의 맥락에서 크게 강조되지 못하고 있다. 웨슬리는 신앙이 맹목적이거나 비합리적이어서는 안 된다고 강조하였다. 성서를 이해할 때 논리적 사고와 비판적 검토가 필요하다고 하였다.

그런데 감리교를 포함한 한국 교회 주요 교단들의 성서관은 주로 '경건'과 '체험' 중심으로 흘렀고, 신학적 성찰은 이에 미치지 못하였다. 웨슬리는 합리적 사고를 바탕으로 성서를 이해하고자 하였으나, 한국 감리교에서는 성서를 합리적, 비판적으로 해석하기보다는 순종과 경건을 더 강조하는 경향이 나타났다. 특히 20세기 이후 미국의 복음주의와 근본주의 성서관의 영향으로, 이성을 토대로 하는 합리적 성서 해석보다는 문자적 해석과 '성서무오설'이 강조되었다. 성서에 보도되는 내용은 문자적으로 진실이고, 따라서 무조건 믿고 순종할 것이 강요되고 있다. 현대 신학계의 열매라고 할 수 있는 역사비평적 성서 연구는 성서에 대한 불경건한 도발로 여겨지고 있다. 창조과학에 대한 열풍을 이러한 맥락에서 설명할 수 있을 것이다.

3) '전통'과의 단절

웨슬리는 초기 기독교 공동체들의 신학과 초기 기독교 저술가들의 신학 등의 '전통'이 성서보다 우위에 있을 수는 없지만, 이러한 전통이 성서 이해를 더욱 풍부하게 하고 신앙의 균형을 잡아주는 역할을 한다고 보았다. 그런데 한국 감리교의 맥락에서 전통에 대한 존중은 크게 약화되었다.

19세기 말에 미국 감리교 선교사들에 의해 조직된 한국 감리교는 19세기 미국 감리교 전통을 그대로 수용할 수밖에 없었다. 그 결과 한국 감리교는 초기 영국 감리교의 '웨슬리 사변형'보다는 당시 미국 감리교 선교사들이 전해준 복음주의적 또는 근본주의적 요소에 의존하게 되었다. 성서 이해에서도 미국 감리교의 영향으로 실용주의적, 복음주의적 성서 이해가 강하게 나타났다. 결과적으로, 초기 기독교로부터 이어진 유산이 아니라 근대 미국 감리교 내의 일부 근본주의자들의 성서관이 한국 감리교의 '전통' 역할을 하게 되었다. 오늘날 한국 보수 개신교 집회에서 성조기가 등장하는 현상은 이러한 전통의 흔적을 보여준다.

4) '경험'의 협소화

한편으로 한국 감리교는 성서 이해에서 '경험'을 중시하는 웨슬리의 입장을 이어받고 있다고 할 수 있다. 웨슬리는 성서가 단순히 교리적 규범이 아니라 삶의 변화를 불러일으키는 능력이라고 하였다. 1907년에 있었던 장로교 중심의 '평양대부흥운동' 이후, 감리교회는 말씀을 통한 내적 회심 경험을 강조하며, 전국적으로 대중적 신앙 운동을 활발하게 전개하였다. 성서는 단순히 '믿어야 할 교리'가 아니라, '거룩한 삶으로 변화시키는 능력'이라는 웨슬리의 주장이 개인 차원의 성결 운동으로 이어진 것이다. 또한 한국 감리교는 웨슬리가 강조한 '성화의 길'을 사회 참여 운동의 형태로 물려받기도 하였다. 웨슬리 정신은 감리교가 한반도에 들어왔을 때부터 감리교회의 사회 참여 운동으로 구체화되었다. 19세기 말부터 시작된 교육 선교와 의료 선교, 20세기 초의 항일 운동, 해방 이후의 구제 활동, 사회봉사, 인권운동 등의 사회운동이 구체적인 실례이다.

그러나 오늘날 한국의 감리교 운동은 '공동체적 경험'보다는 '개인의 경험'을 중심으로 전개되고 있다. 웨슬리가 강조한 '경험'은 한국에서 개인적 경건과 신비적 체험으로 좁혀지는 경향을 보이고 있다. 가령, 웨슬리 운동에서의 간증은 속회와 같은 소그룹 내에서 서로의 삶을 점검하고 권면하는 공동체적 성화 과정이었는데, 오늘날 한국 감리교에서는 개인의 신비적 체험을 나누는 방식으로 바뀌었다. 웨슬리의 부흥 운동은 구원과 성화의 '공동체적' 체험을 강조하였지만, 오늘날 한국 감리교회의 부흥회는 주로 개인의 문제 해결에 집중되는 경향을 보인다. 웨슬리의 '경험'은 성화, 사회개혁으로 이어졌으나, 한국 감리교의 영성은 개인의 내적 평안이라든지 개인적인 문제 해결에 치중하는 경향으로 발전한 것이다. 그 결과, 교회는 청년들을 위해 상담 센터나 치유 프로그램을 적극적으로 마련하지만, 교회의 청년들이 사회적 정의와 공공선을 실천하는 데까지 이끌지 못하는 경우가 많다. 그래서 웨슬리가 강조했던 공동체 차원의 '사회적 성화'는 개인의 선행과 자원봉사 활동으로 한정되는 경우가 두드러진다.

4. 대한기독교감리회 『교리와 장정』의 성서관

1) 62단 '교리적 선언' 5항

원문: "우리는 구약과 신약에 있는 하나님의 말씀이 신앙과 실행의 충분한 표준이 됨을 믿으며"

(1) "구약과 신약에 있는 하나님의 말씀"

'하나님의 말씀'은 정경(canon)으로 확정된 문서로, 구체적으로 구약성서에 들어 있는 39권의 책과 신약성서에 들어 있는 27권의 책을 가리킨다. 구약이 먼저 언급된 것은, 기록된 역사적 순서에 따른 것이지 결코 구약의 우선성을 의미하지 않는다. 오히려 구약과 신약이 병렬적으로 언급되는 것은 구약성서와 신약성서의 동등한 권위를 강조한다. 어느 하나가 다른 하나보다 우월하거나 열등하지 않다. 이 표현은 또한 구약과 신약의 통일성을 강조한다. 구약은 하나님의 구원 사건을 예표적으로 증언하며, 신약은 그 사건의 성취를 증언한다. 따라서 구약과 신약이 단절된 각각의 책이 아니라 하나로 이어지는 하나님의 말씀이라는 의미이다.

(2) "신앙과 실행"

'신앙'은 삼위일체라든지 그리스도의 구속과 같은 교리를 의미하고, '실행'은 신앙이 구체적으로 드러나는 삶을 가리킨다. 따라서 이 문장은 '무엇을 믿을 것인가'와 '어떻게 살 것인가' 모두에 대해 성서가 기준이어야 한다는 의미이다. 다만, '실행'에는 감리교회의 예전과 제도까지 포함될 수 있을 것이다. 따라서 기독교의 경전으로서의 성서(구약과 신약)는 감리교회의 교리, 제도, 예전, 윤리적 실천 등을 판단하는 최종적인 근거가 된다.

(3) "충분한 표준"

여기서 '충분한'은 성서가 '신앙과 행위'에 필요한 모든 것을 제공한다는 의미이다. 그러나 배타적 의미로서의 '충분'은 아니다. 웨슬리 전통은 '전통'과 '이성'과 신앙의 '체험'이 성서 해석과 적용에 필요함을 인정하기 때문이다. 그리고 '표준'은 규범, 기준, 잣대를 의미한다. 즉 성서가 '충분한 표준'이라는 표현은 성서가 감리교 교리와 감리교인들의 삶을 판단하는 최종권위라는 점을 강조하지만, 그렇다고 해서 신앙생활에서 전통과 이성과 경험이 가치가 없다는 뜻은 아니다. 다만, 성서가 감리교인들의 믿음과 삶을 위한 가장 중요하고 최종적인 잣대라는 의미이다. "신앙과 실행의 충분한 표준"은 63단 4항에서 "구원에 이르는 도리와 신앙생활에 충분한 표준"으로 다시 한 번 강조된다.

2) 63단 '감리회 신앙고백' 4항

원문: "우리는 성령의 감동으로 기록된 하나님의 말씀인 성경이 구원에 이르는 도리와 신앙생활에 충분한 표준이 됨을 믿습니다."

(1) "성령의 감동으로 기록된"

'성령의 감동'은 디모데후서 3:16, 베드로후서 1:21 등을 반영하는 전통적인 표현이다. 성서는 인간의 순수한 저술이 아니라 성령의 역사(감동, inspiration)로 기록되었다는 고백이다. 즉 성서의 영감설을 지지하는 선언이다. 그런데 한편으로 이 표현은 다양한 신학적 스펙트럼을 포괄하려는 성격이 있지만, 다른 한편으로는 구체적으로 '축자영감설'을 지지하는지 '저자영감설'을 지지하는지 분명한 입장을 드러내지 않는 것 같다. 그러나 어떤 경우이든, 성서를 단순한 '인간의 문서'로 축소하지는 않는다.

그런데 웨슬리 전통 안에서 볼 때, 이 표현이 '축자영감설'을 의미하는 것으로 해석될 수는 없다. 웨슬리는 성서를 구원과 신앙생활에 충분한 기준으로 보면서도, 성서의 기록 과정에서 인간 저자의 역할과 한계를 인정하였다. 따라서 웨슬리는 '저자영감설'에 더 가까운 견해를 드러냈다고 할 수 있으며, 문자적 의미의 '성서무오설'과 '축자영감설'은 감리교 전통과 다소 거리가 있다고 평가할 수 있다. 즉, 성령이 저자에게 사상과 메시지를 불어넣었고, 그 메시지는 틀림없는 구원의 진리를 전한다는 의미에서 성서는 영감을 받은 문서이다.

(2) "하나님의 말씀"

성서는 하나님의 계시이다. 하나님이 자기 자신을 드러내며, 또한 하나님의 구원 역사를 드러내는 계시이다. 62단을 설명하는 부분을 참고하라.

(3) "충분한 표준"

여기서 '충분'은 최종적, 결정적 기준으로서 부족함이 없다는 뜻이지, 모든 면에서 세부 문제에 성서가 하나하나의 해법을 문자 그대로 제시한다는 뜻은 아니다. 구원과 신앙의 근본 원리와 지침이 성서에 담겨 있다는 의미이다. 62단을 설명하는 부분을 참고하라.

(4) "구원에 이르는 도리(에 ... 충분한 표준)"

'구원에 이르는 도리'는 기독교의 핵심 교리로 '구원을 받게 하는 가르침'을 뜻한다. 즉, 복음, 회개, 믿음, 죄 사함, 그리스도의 사역, 성화 등 구원과 관련되는 교리가 성서 안에 충분히 제시되어 있다는 고백이다. 여기서 '구원'을 종교개혁 전통에서 이해할 때, '구원에 이르는 도리'는 기본적으로 '죄 사함과 영생', '믿음으로 의롭다 함을 얻음'이라는 개인적 차원의 구원 의미를 포함한다. 그러나 감리교 전통에서 '구원'은 개인적 차원의 '영혼 구원'에만 국한되지 않는다. 웨슬리 전통을 고려하면, 여기서 '구원'은 개인적 차원의 영혼 구원과 공동체적 차원의 사회 구원 모두를 포괄하는 것으로 이해하는 것이 적절할 것이다.

(5) "신앙생활(에 충분한 표준)"

신앙생활을 하는 데 필요한 기준으로 성서가 충분하다는 의미이며, 신앙생활에는 예배, 성례, 기도 등과 같은 제의적 규정과 윤리, 공동체 생활 등과 같은 실천적 행위가 포함될 수 있을 것이다. 그러나 웨슬리 전통에서 볼 때, 개인의 경건은 사회적 성화로 확대되어야 한다. 즉, '신앙생활'은 교회 울타리 안에서 출발하지만, 그 울타리를 넘어 사회 속에서 사랑과 정의와 거룩을 실천하는 삶까지 포함한다. 감리교 전통에서 신앙인의 사회적 책임은 단순한 선택사항이 아니라, 성화의 필연적 결과이다.

3) 한계

비판적 시각으로 평가하자면, 『교리와 장정』 62단 5항과 63단 4항의 진술은 성서 해석의 다양성과 역사적 비평 방법론 같은 현대 신학적 논의에 충분히 응답하지 못한다는 한계를 드러낸다. 장정에 언급되는 공식적인 한국 감리교의 성서관은 성서의 권위에 대한 명확한 고백을 제공하지만, 해석학적 과제는 여전히 남아 있다고 할 수 있다.

"성령의 감동으로 기록된"이라는 표현은 성서의 신적 기원을 확언하지만, 영감이 축자적인지, 아니면 성령이 저자에게 사상을 불어넣은 것인지가 명확히 규정되어 있지 않다. 그 결과, 이 표현이 축자영감설과 성서의 문자적 무오설로 해석되어 웨슬리 전통이 왜곡될 여지가 있다. 웨슬리는 역사비평 이전 시대에 살았지만, 본문을 문자적으로 해석하는 당시의 관행에 갇히지 않고, 전통과 이성과 경험을 토대로 본문을 해석하였다. 따라서 성서가 '충분'하니 모든 것을 문자대로 적용하자는 식의 경직된 문자주의는 경계해야 한다. 장르(서사, 시, 법, 예언, 서신 등), 저자와 각 문서의 역사적, 문화적 정황 등을 고려한 역사비평적 해석이 필요하다는 것을 명시적으로 표현할 필요가 있다.

5. 결론

기독교대한감리회의 『교리와 장정』(2023)의 62단 '교리적 선언' 5항과 63단 '감리교 신앙고백' 4항은 성서를 신앙과 신앙생활의 충분한 기준으로 고백한다. 이런 고백은 감리교회의 성서관을 분명히 보여주는 것으로, 웨슬리의 신학 전통에서 비롯된 성서 중심 신앙과 삶으로 드러나는 실천적 믿음의 정신을 이어받은 것이라 할 수 있다. 즉, 감리교는 성서가 신앙의 토대이자 삶의 지침임을 분명히 밝힘으로써 교회의 정체성을 확고히 드러내고 있는 것이다.

그러나 여기에는 아쉬운 점도 있다. 웨슬리는 성서를 해석할 때 단순히 문자 그대로 받아들이는 것에 머물지 않았다. 그는 성서를 이해할 때 전통, 이성, 그리고 경험을 함께 고려해야 한다고 보았다. 이것이 소위 '웨슬리의 사변형'이라 불리는 해석 원리이다. 그런데 현재 감리교의 공식적인 성서 고백에서는 성서가 충분한 표준이라는 사실만 강조될 뿐, 이러한 해석의 틀은 잘 드러나지 않고 있다. 다시 말해, 성서의 권위는 강하게 천명되지만, 그 말씀을 어떻게 해석하고 오늘의 삶 속에서 살아낼 것인지에 대한 구체적인 방법은 부족한 셈이다.

오늘날 교회가 직면한 현실을 생각해 보면, 이 부분은 더욱 중요한 과제가 된다. 우리는 다양하고 빠르게 변화하는 사회 속에서 살아가고 있다. 사람들은 성서의 말씀을 어떻게 오늘의 삶과 연결해야 하는지, 또 그 말씀이 지금 여기서 어떤 의미가 있는지 묻는다. 그렇기 때문에 교회의 성서관은 단순히 '성서가 기준이다'라는 선언만으로는 충분하지 않다. 성서의 메시지를 새롭게 풀어내고, 현대의 신학적 성찰과 다양한 성서 해석 방법을 어떻게 받아들일 것인지에 대한 고민이 필요하다. 예를 들어 본문의 역사적, 문화적 배경을 살펴보는 연구, 본문을 문학적으로 읽는 시도, 오늘날의 사회와 윤리에 비추어 본문을 해석하는 방식 등은 성서를 더 깊이 이해하는 데 도움을 줄 수 있을 것이다.

결국 감리교의 성서관은 웨슬리 전통을 보존할 뿐만 아니라, 오늘의 맥락 속에서 성서 해석의 틀을 제공하는 방향으로 확대되어야 할 것이다. 성서를 신앙과 삶의 기준으로 붙드는 전통을 굳게 지키되, 동시에 '전통'과 '이성'과 '경험'을 통한 성찰을 더 적극적으로 드러낼 필요가 있다. 그리고 다양한 해석의 가능성을 열어 두면서 현대사회와 진지하게 대화할 때, 감리교의 성서관은 선언적인 고백을 넘어 실제로 살아 있는 신앙고백으로 자리 잡을 수 있을 것이며, 이것이 장정에 분명하게 표명되어야 할 것이다.

감리교회가 고백하는 종말론

이찬석 교수(협성대학교/조직신학)

그리스도교 종말론은 마지막 때의 일들에 대한 그리스도인의 기대이므로 영원한 하나님의 나라, 그리스도의 재림, 죽은 자들의 부활, 최후 심판, 천국, 지옥 등 이와 관련된 주제들을 포함한다.[1] 많은 사람에게 종말은 최후의 심판, 파국, 징벌, 두려움 등 어둡고 부정적인 이미지를 지니고 있다. 그러나 종말은 크게 두 가지, 즉 '마지막'과 '완성'의 의미가 있다. 종말을 어두움, 두려움, 파멸, 절망 등 부정적인 이미지로 보게 되는 주된 이유는 종말을 마지막으로 이해하는 데서 비롯된다. 마지막, 끝은 절망을 가리키기 때문에 두려움과 공포를 야기하고 그래서 종말 사건에 대하여 부정적으로, 비관적으로 보게 만드는 것이다.

그러나 종말의 또 다른 의미는 '완성'이다. 현존하는 사물의 목적이 완전히 성취되는 것을 종말로 인식하는 것이다. 성경은 종말적 완성을 새로운 시작으로 선포하는 특징이 있다. 완성은 하나님의 창조적 행동에 의하여 주어지는 것이다. 이처럼 종말을 완성 또는 새로운 시작으

1) Ted Peters, 이세형 역, 『하나님: 세계의 미래: 새로운 시대를 여는 조직신학』 (서울: 컨콜디아사, 2006), 543.

로 이해할 때, 종말에 대한 느낌은 승리, 희망 등 긍정적인 것이 된다.[2)]

본 글은 감리교회가 고백하는 종말론을 고찰하려고 한다. 감리교회의 신학은 존 웨슬리(John Wesley)로부터 시작하였고, 그의 신학에 근거하고 있으므로 먼저 '존 웨슬리의 종말론'을 그의 설교를 중심으로 살펴본다. 그의 종말에 대한 이해를 '미래적 종말론'과 '현재적 종말론'으로 나누어 고찰한다. 다음으로 한국 감리교회의 『교리와 장정』을 중심으로 '기독교대한감리회의 종말론'을 살펴본다. 『교리와 장정』에서 〈종교의 강령〉, 〈감리교 신앙의 강조점〉, 〈교리적 선언〉 그리고 〈감리회 신앙고백〉에 나타난 종말론을 살펴본다. 마지막으로 감리교회와 감리교도는 희망과 기대로 종말을 기다려야 하지만, 종말을 적극적으로 살아가야 함을 강조하려고 한다. 즉, 감리교인은 종말을 살아가는 '종말론적 감리교인'이 되어야 한다.

1. 존 웨슬리의 종말론[3)]

그리스도의 종말론이 일반적으로 '이미/아직'의 구조를 갖듯이, 웨슬리의 종말론도 '이미와 아직'의 요소를 갖고 있다. 그러므로 본 글에서는 웨슬리 종말론에서 '아직'의 측면을 '미래적 종말론-실현될 종말론'으로, '이미'의 측면을 '현재적 종말론-실현된 종말론'으로 기술하려고 한다.

---

2) 최태영, "21세기 초 종말론의 주요주제들", 김동건 엮음, 『21세기 신학의 과제』 (대한기독교서회, 2006), 86-87.

3) 존 웨슬리의 종말론은 이찬석, "존 웨슬리의 종말론" 한국조직신학회 엮음, 『종말론』 (대한기독교서회, 2012)을 수정/보완/축소하였으므로, 더 자세한 내용은 위의 자료를 참조.

1) 미래적 종말론-실현될 종말론

웨슬리는 그가 세상을 떠나기 3년 전 1788년에 쓰여진 "인간이란 무엇인가?"(What is Man?)라는 설교에서 인간의 삶의 목적은 '영원을 준비하는 것'이라고 지적하면서 현재의 삶보다는 죽음 이후의 영원한 삶을 강조한다. 그는 말한다.

> ...무슨 목적 때문에 인간들에게 생명이 부여되었습니까? 왜 우리가 세상에 보냄을 받았을까요? 다른 목적이 아닌 오직 한 가지 이유, 바로 영원을 준비하는 것입니다. 이것 때문에 우리가 살고, 다름 아닌 바로 이것 때문에 우리에게 생명이 부여되고 연장되고 있는 것입니다.[4]

인간이 살아가는 목적이 영원을 준비하는 것이라는 진술은 종말의 현재적 측면보다는 미래적 측면을 강조한다고 볼 수 있다. 실제로 웨슬리는 그의 설교, '산상설교VI'에서 "하나님께서 시간을 재촉하사 그의 은혜의 나라가 곧 임하게 하시며…"[5]라고 기도하면서 종말인 하나님 나라를 미래에 속하는 것으로 전제한다. 웨슬리에게 있어서 미래적 종말론의 모습은 그의 죽음, 황천(Hades), 대심판 등에 대한 이해를 통하여 드러난다.

모든 인간에게 있어서 개인적 종말의 미래적 차원은 죽음과 더불어 시작한다. 초기의 웨슬리는 죽음이 영혼을 정결하게 하는 것으로 이해

---

4) 한국웨슬리학회 편역, 『웨슬리 설교전집 7』(대한기독교서회, 2012), 206.

5) 한국웨슬리학회 편역, 『웨슬리 설교전집 2』, ibid., 189.

한 적이 있었다. 그의 초기 설교인 "선한 사람들의 고뇌와 쉼"(The Trouble and Rest of Good Men)에서 죽음이 우리를 "아픔과 병으로부터뿐 아니라… 죄로부터도 구원할 것이다"라고 주장한다.[6] 역시 그의 초기 설교라 할 수 있는 1725년에 작성된 "죽음과 구원"(Death and Deliverance)이라는 설교에서도 죽음을 행복한 삶으로 가는 입구로 설명한다. "우리는 죽음이 안식처일 뿐 아니라 지상의 가나안과 같이 젖과 꿀이 흐르는 곳이 아니라 끝을 모르는 기쁨이 흘러넘치는, *훨씬 더 바람직한 나라로의 입구*라는 것을 성경을 통해 압니다."[7]

그러나 웨슬리는 후기로 접어들면서 죽음을 통하여 인간의 영혼과 몸은 분리되고, 영혼은 죽지 않는다는 측면을 강조하였다. 1786년에 쓰여진 "영원에 대하여"(On Eternity)라는 설교에서 웨슬리는 다음과 같이 주장한다. "죽음이 육체뿐만 아니라 영의 죽음이라는 어떤 자들의 생각은 허망한 것입니다… 몸이 그 본래 있던 흙으로 돌아가면, 영은 그것을 주신 하나님께 돌아갑니다. 따라서 죽음의 순간에 영은 말할 수 없이 기쁘거나 말할 수 없이 비참할 게 분명합니다. 그리고 그 비참함은 끝날 날이 없을 것입니다."[8] 1788년에 쓰여진 "인간이란 무엇인가?"(What is Man?)라는 설교에서는 현재의 몸은 흙으로 돌아가도 부활 이후에 새로운 육을 가질 것으로 주장한다.

> 나? 대체 나는 어떤 존재란 말입니까? 두말할 나위 없이 나는 내 몸과 다른 존재입니다. … 몸이 썩어 흙이 되어도 이 스스로

---

6) Kenneth Collins, 이세형 역, 『거룩한 사랑과 은총: 존 웨슬리의 신학』 440.

7) 한국웨슬리학회 편역, 『웨슬리 설교전집 4』, ibid., 18.

8) 한국웨슬리학회 편역, 『웨슬리 설교전집 6』, 301.

> 움직이고 생각하는 원리는 자신의 정열과 기질을 가지고 계속 존속할 것임을 나는 믿어 의심치 않습니다. 진실로 이 몸은 영과 아주 긴밀히 결합되어 있어 나는 이 둘로 구성되어 있는 것처럼 보입니다. 나의 현재의 존재 상태 가운데 나는 확실히 영과 육으로 구성되어 있습니다. 그러므로 나는 부활 이후 영원토록 다시 영과 육을 가질 것입니다.[9]

많은 그리스도교인은 인간이 죽은 이후에 곧바로 천국이나 지옥으로 간다고 생각한다. 그러나 웨슬리는 죽음 이후에 천국/지옥으로 직접 향하지 않고 황천(Hades)[10]이라는 중간지대를 거친다고 보았다. 그는 황천, 하늘나라, 지옥을 구분한다. "황천은 지옥(Hell)과 하늘나라(Heaven)에 이르는 대기실"[11]이며 지옥은 저주받은 이들만이 거하는 곳이고, 황천은 믿음에서 떠난 자들과 의로운 영혼들이 거하는 공간이다. 웨슬리는 의로운 영혼들의 거처를 낙원(Paradise)이라고 불렀고, 골고다 언덕에서 회개한 강도에게 하신 말씀 "오늘 네가 나와 함께 낙원에 있으리라"에서의 낙원이다. 그러나 믿음에서 떠난 자들의 거처에 대하여 웨슬리는 이름을 붙이지 않았지만 다른 사람들은 '타르투수'(Tarturus)라고 명명하였다.[12] 즉, 웨슬리에 따르면, 인간이 죽으면 천국이나 지옥이 아니라 황천으로 향한다. 황천에는 낙원과 타르투수라

---

9) 한국웨슬리학회 편역, 『웨슬리 설교전집 7』, 204.

10) 『웨슬리 설교전집』 7권에 들어 있는 "믿음에 대하여"라는 설교에서 'Hades'를 '음부'로 번역하였다. 그러나 이세형 교수는 콜린스의 『존 웨슬리의 신학』을 번역하면서 'Hades'를 '황천'으로 번역하였다. 본 글에서는 이세형 교수의 번역인 '황천'이라는 번역을 따른다.

11) Kenneth Collins, 이세형 역, 『거룩한 사랑과 은총: 존 웨슬리의 신학』, 443.

12) Ibid., 444.

는 두 공간이 있고, 믿음에서 떠난 자들은 타르투수라는 공간으로, 의로운 영혼들은 낙원으로 향한다. 낙원에 거하는 자들은 천국의 동료들과 예수님과 대화하는 동안 더 성결해지고 전적인 하나님의 형상이 새겨진다. 그러나 황천의 비참한 곳(타르투스)에 남아 있는 악인들은 예비된 영원한 불에 던져지기까지 울부짖으며 하나님을 모독하고 저주하며 위를 쳐다보고 있을 것이라고 웨슬리는 보았다.[13)]

웨슬리의 이해에 따르면, 죽음 이후에 황천에 거하던 사람들은 '대심판'이라는 과정을 거치면서 '하늘나라'와 '지옥'으로 나누어진다. 대심판에서 성부 하나님은 심판의 권세를 인자(人子)에게 일임하시고, 인자이신 주님은 이 세상에 강림하셔서 생존자나 이미 죽은 자를 다 심판하신다. 이 땅에서 살다가 죽은 자 모두 그 앞에 나타날 것이며, 각 사람은 주님의 심판대 앞에서 생전에 행한 모든 일이 선하든 악하든 관계없이 모두 진실하게 말하게 된다. 여기에서 사람의 행동만이 아니라 입에서 나온 모든 말도 폭로된다.[14)] 이 심판에서 "의인은 그의 지난날의 죄과 때문에 고민하고 부끄러워하기보다 오히려 즐거워한다. 왜냐하면 그의 죄과는 어린양의 피로 깨끗이 용서받아 없어졌기 때문이다. 의인을 판단하신 이후에 주님은 왼편에 있는 무리를 심판하신다. 오른편에 있는 사람들에게는 면죄와 축복의 선언을, 왼편에 있는 자들에게는 정죄와 심판의 선고를 할 것이고, 이 선언은 다시 변하지 않는다. 대심판에서 이루어진 형벌이나 상급은 영원히 계속된다. 의인들은 아버지의 나라에서 해와 같이 빛나고, 아버지의 오른편에 있는 즐거움의 강물을 마신다. 반대로 악인들은 지옥에서 영원한 형벌을 받는다. 그들은 자만

13) 한국웨슬리학회 편역, 『웨슬리 설교전집 7』, 386-391.

14) 한국웨슬리학회 편역, 『웨슬리 설교전집 1』, 301-303.

심, 악의, 분노, 공포심, 절망 등으로 끊임없이 고통당하게 된다.[15)]

웨슬리에 따르면, 심판 이후에 펼쳐지는 세계는 새 하늘과 새 땅이다. 모든 사람은 다 즐거움으로 충만할 것이며 하나님은 모든 눈물을 씻겨 주실 것이다. 다시는 죽음이 없고, 슬픔도 울부짖음도 고통도 없을 것이다. 하나님의 영광스러운 성품이 그들의 모습에서 여실히 나타날 것이다.[16)]

2) 현재적 종말론-실현된 종말론

웨슬리의 신학에서 현재적 종말론은 그의 구원론에서 나타난다. 그는 구원이 죽음 이후에만 이루어진다고 주장하지 않는다. 그는 '성경적 구원의 길'(The Scripture Way of Salvation)이라는 설교에서 '구원의 현재성'을 강조한다.

> '너희는 구원을 얻었나니'(You are saved) 이것은 먼데 있는 어떤 것이 아니라 현재의 것을 말합니다. 곧 값없이 주시는 하나님의 자비로 말미암아 지금 가지고 있는 축복을 말하는 것입니다. *이 말씀은 '너희가 구원을 얻어 가지고 있느니라'(You have been saved)고 현재완료로 번역될 수 있습니다.* 그러므로 여기서 말하고 있는 구원은 우리 영혼에 처음으로 은혜의 동이 틀 때부터 그것이 영광으로 완성될 때까지 하나님의 전 역사에 미치는 것입니다.[17)]

---

15) Ibid., 306-308.

16) Ibid., 311.

17) 한국웨슬리학회 편역, 『웨슬리 설교전집 3』, ibid., 147. 강조는 필자의 것임.

1789년경에 쓰여진 것으로 추정되는 "꿈과 같은 인생"(Human Life a Dream)이라는 설교에서 웨슬리는 시간과 영원은 너무나 밀접하게 연결되어 있어서 따로따로 생각하는 것이 불가능하다고 지적하면서 가장 지혜로운 것은 보이는 세계와 보이지 않는 세계, 즉 세속적인 것과 영적인 것, 죽는 것과 불멸의 것을 연결하는 일이라고 지적한다.[18] 계속하여 그는 다음과 같이 말한다. "이 종교의 뿌리는 무엇입니까? 그것은 하나님이 우리와 함께하신다는 임마누엘입니다! 사람 안에 하나님이 거하시고, 하늘이 땅과 연결되어 있습니다! 유한한 것과 불멸의 것이 말할 수 없을 정도로 아름답게 연합되어 있습니다."[19] 웨슬리는 임마누엘을 근거로 하늘과 땅, 보이는 세계와 보이지 않는 세계, 시간과 영원의 연결을 강조하며, 이 연결을 생각하는 것이 가장 지혜롭다고 주장한다.

웨슬리는 영원한 생명이 인간의 죽음 이후에만 또는 대심판 이후에만 주어진다고만 보지 않는다. 웨슬리에 따르면, 예수 그리스도는 식물과 동물을 포함하여 모든 생명의 근원이다. 또한 예수 그리스도는 성부 하나님의 긍휼로 죽은 자 가운데서 부활하심으로 우리를 거듭나게 하사 산 소망이 있게 하시며 썩지 않고 더럽지 않고 쇠하지 아니하는 기업을 잇게 하신다. 그러므로 영원한 생명은 예수 그리스도 안에 있다. "…영원한 생명은 '그의 아들'에 의하여 얻어졌고, 그의 아들 안에서 소중하게 간직되며, 이 아들은 그 자신 안에 있는 그 생명의 근원과 충만을 갖고 있으면서 그의 지체, 즉 교회와 사귀고 있습니다."[20] 그러면 그리스도인들에게 영생이 언제 주어지는가? 예수 그리스도를

18) 한국웨슬리학회 편역, 『웨슬리 설교전집 7』, ibid., 294.

19) Ibid., 294-295.

20) 한국웨슬리학회 편역, 『웨슬리 설교전집 5』, 44.

알고 성령에 의하여 예수 그리스도를 주라고 부르게 될 때 영생은 우리에게 주어진다고 웨슬리는 주장한다.

> *이 영생은 아버지가 기쁘신 가운데 우리의 심령에 아버지의 아들을 계시할 때 시작됩니다.* 그때란 우리가 처음 그리스도를 알아, '성령에 의하여 그를 주라고 부르게' 될 수 있을 때이며, '오직 내 안에 그리스도께서 사신 것이라 이제 내가 육체 가운데 사는 것은 나를 사랑하사 나를 위하여 자기 몸을 버리신 하나님의 아들을 믿는 믿음 안에서 사는 것이라'고 우리의 양심이 증거 할 때입니다. 그리고 그때 행복, 즉 참되고 견고하며 본질적인 행복이 시작됩니다. *바로 이때 천국이 우리의 영혼 안에서 열리고, 올바른 천국의 상태가 시작되어,* 우리를 사랑하시는 하나님의 사람이 우리의 심령에 부은 바 되어 모든 사람을 향한 사랑이 즉각적으로 흘러나오게 됩니다.[21]

웨슬리에 따르면, "영원한 세계는 죽음과 더불어 시작할 뿐 아니라 '신생'에서 우리 심령에 자신의 아들을 계시하는 아버지를 기쁘게 할 때 시작한다."[22] 웨슬리 신학에서 '신생'(新生, New Birth)은 구원의 긴 여정 가운데서 한 부분이다. 그의 구원론은 '선행은총-회개-칭의/신생-성화-그리스도인의 완전'으로 이어지는 순례의 과정이다. 하나님의 은총(선행은총)으로 회개하고, 예수를 그리스도로 고백함으로 죄를 용서받는 것은 칭의이고, 신생은 성령의 인도하심으로 하나님에 의하여 새

21) Ibid., 45. 강조는 필자의 것임.

22) Kenneth Collins, 이세형 역, op. cit., 436.

롭게 태어나는 것이다. 칭의와 신생의 관계에 있어서 논리상으로는 칭의가 신생에 선행하지만 시간상으로 동시에 일어난다고 웨슬리는 주장한다. '신생의 본질이 무엇인가?'하고 웨슬리는 물으면서 이렇게 대답한다. "그것은 하나님의 형상을 따라 갱신할 때에 … 하나님께서 우리의 영혼 안에서 일하시는 위대한 변화입니다."[23] 칭의는 성자의 역사로 우리를 위해(for us) 일어나는 사건이라면, 신생은 성령의 역사로 우리 안에서(in us) 일어나는 사건이다. 웨슬리는 또렷하게 말한다. "진실로 진실로 나는 여러분에게 말합니다. 당신들도 또한 거듭나야 합니다. 당신들은 거듭나지 않고서는 결코 하나님 나라를 볼 수 없습니다."[24] 칭의/신생에서 하나님의 은총으로 그리스도인들의 변화가 일어나기 시작하며 하나님의 나라를 볼 수 있으며, 영생이 주어진다. 이러한 측면에서 웨슬리에 따르면, 구원은 칭의/신생에서 주어진다.

> 이것(예수 그리스도임-필자의 주)을 믿는다면 하나님의 나라는 당신의 것입니다. 믿음으로 인하여 당신은 그 약속을 얻는 것입니다. 하나님께서는 마음으로 회개하고 거짓 없이 그 거룩한 복음을 믿는 자를 용서하며 무죄로 해 주시는 것입니다. 하나님께서 당신의 마음에 '안심하라, 네 죄가 사해졌다.'(마9:2)고 말씀하시자마자 하나님의 나라는 임하는 것입니다. 당신은 '의와 평화와 성령 안에서 누리는 기쁨'(롬14:17)을 얻는 것입니다.[25]

---

23) Theodore Ryunyon, 김고광 역, 『새로운 창조』, (기독교대한감리회 홍보출판국, 1998), 100.

24) 한국웨슬리학회 편역, 『웨슬리 설교전집 2』, ibid., 32.

25) 한국웨슬리학회 편역, 『웨슬리 설교전집 1』, 147-148

그러면 신생의 순간에 하나님의 나라는 어디에 임하는가? 웨슬리는 하나님의 나라는 그리스도인들의 마음속에 임한다고 주장한다. 하나님의 나라는 그리스도인들의 마음속에, 영혼 속에 임한다. "'영생은 참 하나님과 그 보내신 자 예수 그리스도를 아는 것'이라고 했듯이, 하나님의 나라는 믿는 사람의 마음속에 임하는 것입니다."[26] 그러나 웨슬리가 제시하는 구원은 칭의/신생에서 머무르지 않고 성화와 그리스도인의 완전으로 이어진다. 그러므로 그리스도인의 마음속에 임한 하나님의 나라는 사회로, 우주로 확장해야 한다. 웨슬리에 따르면, "그리스도교는 근본적으로 사회적 종교"[27]이다. 그리스도교는 근본적으로 사회적 종교이므로 사회를 떠나서는 전혀 존재할 수 없다. 그러므로 웨슬리 신학에 있어서 칭의/신생을 통하여 역사 속에서 현재 누리는 영원한 행복은 개인의 내면적 마음속에만 머무르지 않고 사회적 성화로 확장되어 희년 사회의 실현을 통해서 현재적으로 경험된다. 사랑의 구체적 나눔을 통하여 자유와 평등을 동시에 실현해 가는 희년 운동을 통하여 실현된 종말론을 경험한다. 더 나아가서 영원한 행복은 우주적 차원으로 확산되어 간다. 작은 겨자씨앗이 순이 돋고 줄기가 뻗고 가지가 자라 능히 아름다운 꽃을 피우고 열매를 맺고 새들이 깃들이는 큰 나무가 되듯이 인간의 마음속 내면에서 시작된 하나님 나라는 사회와 역사를 넘어서 마침내 자연과 우주로까지 확장되어 가는 진보의 과정을 만들어 간다.[28]

26) 한국웨슬리학회 편역, 『웨슬리 설교전집 2』, 188

27) Ibid., 134.

28) 김홍기, 『존 웨슬리의 구원론』 (성서연구사, 1996), 212.

2. 한국 감리교회가 고백하는 종말론

기독교대한감리회의 종말론에 대한 근거는 『교리와 장정』의 교리 부분에서 찾을 수 있다. 『교리와 장정』은 총 13편으로 구성되어 있으며, 제1편은 역사와 교리이고, 1편의 제2장이 교리에 관한 부분이다. 여기에서 종말에 관한 고백은 〈종교의 강령〉 〈감리교 신앙의 강조점〉 〈교리적 선언(1930)〉 〈감리회 신앙고백(1997)〉에서 나타난다. 〈종교의 강령〉은 존 웨슬리가 영국 성공회의 종교강령 39개조를 수정하여 25개조로 줄여 발표한 것이고, 〈감리교 신앙의 강조점〉은 존 웨슬리의 신학에 근거하여 ① 선행적 은혜, ② 칭의와 확증, ③ 성화와 완전, ④ 믿음과 선행, ⑤ 은혜의 수단과 교회, ⑥ 선교와 봉사, ⑦ 세상의 종말과 하나님 나라를 제시하고, 〈교리적 선언〉은 1930년 기독교조선감리회가 출범하면서 선포한 신앙고백이고, 〈감리회 신앙고백〉은 1997년에 〈교리적 선언〉을 수정 보완하여 선포한 것이다.

〈종교의 강령〉은 종말에 관한 고백을 담고 있지 않다. 다만 제14조에서 연옥에 대해 언급하면서 천주교의 연옥은 하나님의 말씀에 반항하는 것임을 다음과 같이 고백한다. "【30】 제14조 연옥: 연옥과 사죄와 우상과 유물에 경배하고 존중함과 성인의 이름으로 기도함에 관한 로마교의 도리는 허망하고 위조한 것이다. 성경에 빙거할 수 없을뿐더러 하나님의 말씀에 반항하는 것이다."[29] 존 웨슬리는 사람이 죽은 후에 예수를 그리스도로 고백하여 칭의와 신생을 성취할 수 있는 기회가 주어짐을 인정하지 않았기 때문에 연옥에 대한 영국 성공회의 '종교강

29) 장정개정위원회, 『기독교대한감리회 교리와 장정(2023년)』 (도서출판 kmc, 2024), 39. 이하에서 이 책은 『교리와 장정』으로 표기하겠음.

령'을 그대로 수용하였다. 그러므로 웨슬리는 연옥의 교리를 비판하면서 분명하게 부정한다.

〈감리교 신앙의 강조점〉은 〈종교의 강령〉과 다르게 종말에 관하여 언급하고 있다. '⑦ 세상의 종말과 하나님 나라'에서 복음의 중심을 하나님의 나라로 규정하고, 이 하나님의 나라를 종말과 관련시키면서도 창조의 완성, 즉 새로운 창조와 관련시키면서 다음과 같이 언급한다.

> "【54】 7) 세상의 종말과 하나님 나라: 감리교인들은 하나님의 은혜의 역사가 *창조의 완성*을 목표로 하여 성령 안에서 이루어지고 있음을 믿는다. *하나님의 나라*는 예수 그리스도에 의해 이 세상에 선포된 복음의 중심이다. 하나님의 나라는 은혜가 죄를 이기고 인간을 구원하는 경륜이 시작되었음을 말한다. 또한 하나님의 나라는 장래에 영광중에 임하는 예수 그리스도의 재림과 심판, 모든 신자의 몸의 부활, 그리고 영원한 하나님의 다스리심을 가져오는 *세상의 종말*을 말한다. 성화의 삶은 인간과 사회에서 출발하여 자연과 창조 세계 전체에까지 미친다. 하나님의 창조계획은 결국 만물의 회복과 갱신을 통해 완성될 것이다. 이러한 *새 창조*의 원동력은 오늘날 죄의 타락의 굴레 아래 신음하고 있는 우주 만물에게 희망을 주며, 우리로 하여금 책임을 가지고 하나님의 총체적 구원의 경륜에 참여하게 한다."[30]

〈감리교 신앙의 강조점〉이 언급하는 종말에 관한 내용은 세 가지로

---

30) 『교리와 장정』, 49-50. 강조는 필자의 것임.

정리할 수 있다. 첫째, 종말을 새로운 창조로 간주한다. 창조에 관한 성서적 ·신학적 이해는 창세기의 창조로 제한하지 않고 태초의 창조, 현재의 창조, 새로운 창조 세 가지로 펼친다. 창세기의 창조는 '태초의 창조' 또는 '처음의 창조'이다. '땅이 혼돈하고 공허하며 흑암이 깊은 위에'(창 1:2) 있는 상태에서 하나님은 빛을 시작으로 우주, 식물, 동물 그리고 사람을 창조하신다. 이 창조는 태초의 창조이고 처음의 창조이다. 그러나 하나님께서는 태초의 창조 이후에 아무런 일을 하시지 않고 계속하여 일을 하신다. 예수는 "내 아버지께서 이제까지 일하시니 나도 일한다"(요5:17)라고 말씀하신다. 성부 하나님께서 현재에도 계속하여 일을 하신다면, 그 일은 무엇일까? 사람을 포함한 모든 생명의 구원을 위하여 일하시고, 그 구원은 계속적인 창조 또는 현재의 창조로 말할 수 있다. 더 나아가서 요한계시록에 21장 1절에 근거하면, 종말이 오면 처음 땅과 바다는 다시 있지 않고 새 하늘과 새 땅이 열린다. 새 하늘과 새 땅은 새로운 창조라 할 수 있다. 그러므로 하나님께서 펼치시는 창조는 태초의 창조, 현재적 창조, 새로운 창조로 나누어 이해하는 것이 더 적합하다. 〈감리교 신앙의 강조점〉은 세상의 종말을 창조의 완성으로 표현하여 종말을 창조와 연관시키면서 '새로운 창조'로 고백한다.

둘째, 종말을 '하나님의 나라'의 완성으로 이해한다. 하나님의 나라에 대한 가장 일반적인 정의는 하나님께서 지배하고 통치하는 나라로 하나님의 정의와 평화가 이루어지는 나라이다. 종말은 삼위일체 하나님의 주권과 통치가 완성되는 때를 가리키므로 종말은 '하나님의 나라'의 완성이다. 〈감리교 신앙의 강조점〉은 하나님의 나라는 복음을 중심으로 예수 그리스도에 의하여 시작되었고, 예수 그리스도의 재림과 심판, 모든 그리스도인의 몸의 부활, 영원한 하나님의 다스리심을 가져오는 세상의 종말을 의미함을 고백한다.

셋째, 종말에 이루어지는 구원은 인간의 구원을 넘어서 자연을 포함하여 창조 세계 전체가 구원의 대상임을 선포한다. 〈감리교 신앙의 강조점〉은 그리스도인의 성화의 삶이 자연과 창조 세계 전체에까지 확대되어야 함을 강조하고, 창조의 완성과 하나님 나라의 완성을 의미하는 종말은 인간만이 아니라 우주 만물에게 희망을 준다는 점을 고백하면서 구원의 지평을 전 피조물로 확장한다. 그러므로 〈감리교 신앙의 강조점〉은 종말에 이루어지는 구원을 인간중심주의가 아니라 생명중심주의의 관점에서 제시하면서 온 생명(피조물)의 구원을 지향한다.

〈교리적 선언〉은 1930년에 기독교조선감리회(현재 기독교대한감리회)가 출범하면서 선포한 신앙고백이다. 한국의 감리교는 1885년 4월 5일 부활주일에 아펜젤러(Henry G. Apenzeller) 선교사가 한국 땅을 밟으면서 시작되었다. 그러나 아펜젤러를 파송한 미국의 감리교는 정치적으로 미감리회(북감리교회)와 남감리회(남감리교회)로 분열되어 있었고, 미감리회와 남감리회는 각각 한국 땅에 선교사들을 파송하고 선교활동을 하였다. 그러므로 한국 땅에서도 감리교는 두 개로 나누어져 있었다. 한국에서 활동하는 미감리회와 남감리회 지도자들은 3·1운동 이후로 한국 내에서 두 감리교의 통합을 시도하였고, 마침내 1930년 12월 2일에 창립총회를 개최함으로 '기독교조선감리회'가 출범하였고, 미국의 감리교회로부터 독립하여 자치 시대를 열었다.[31] 〈교리적 선언〉은 기독교조선감리회가 출범하면서 선포한 한국 감리교(기독교대한감리회)의 신앙고백이다. 교리적 선언은 모두 8개 조항으로 이루어져 있으며, 종말과 관련된 고백은 7조와 8조가 담고 있다.

---

31) 이찬석, 『감리교는 무엇을 믿는가?』 (신앙과 지성사, 2016), 13-15. 『교리와 장정』, 24-25.

7. 우리는 하나님의 뜻이 실현된 인류 사회가 천국임을 믿으며
하나님 아버지 앞에 모든 사람이 형제됨을 믿으며
8. 우리는 의의 최후 승리와 영생을 믿노라. 아멘.

〈교리적 선언〉이 고백하는 종말은 두 가지로 모을 수 있다. 첫째는 하나님의 뜻이 실현된 인류 사회를 하나님의 나라로 고백한다는 점이다. 종말은 하나님 나라의 완성과 동일시할 수 있다. 그렇다면, 〈교리적 선언〉은 종말에 그리스도인이 하나님의 나라(천국)으로 향하여 가는 차원보다는 여기 이 땅 위에 하나님의 나라가 이루어짐을 고백한다. 일반적으로 많은 그리스도인은 사람이 종말에 이 지구의 세계와 다른 차원으로 존재하는 하나님의 나라로 가는 것으로 이해한다. 그러나 〈교리적 선언〉은 사람이 다른 차원의 나라로 들어가는 것이 아니라 지금 현재 살아가고 있는 이 땅에 하나님의 나라가 이루어지는 것으로 선포한다. 몰트만(Jürgen Moltmann)은 그의 종말론에 관한 단행본의 제목을 "오시는 하나님"(The Coming of God)으로 삼으면서 사람이 종말에 들어가기보다는 종말이 사람(이 세계)에게로 다가오고 있음을 강조하였다. 〈교리적 선언〉도 '하나님의 뜻이 실현된 인류 사회가 천국임을 믿으며'라는 고백을 통하여 종말(하나님의 나라)은 이 세계로 다가온다는 측면을 강조한다.

둘째, 종말이 내포하는 두려움, 공포의 이미지보다는 희망을 강조한다. 일반적으로 종말은 최후의 심판을 연상하게 하고, 최후의 심판대에 오른다는 것은 두렵고 떨리는 일이다. '천국으로 향하게 되는가? 반대로 지옥으로 향하게 되는가?'의 마지막 결정이 이루어지는 자리이므로 최후의 심판은 편안한 자리가 아니라 긴장되는 공포의 이미지가 지배적이다. 그러나 〈교리적 선언〉은 기독교의 종말론이 자주 언급하는

최후의 심판을 포함하지 않음으로 종말에 관한 두려움의 이미지를 지우고, 반대로 '의의 최후 승리'를 고백함으로 '희망의 종말론'을 제시한다. 종말은 하나님 나라의 완성으로 하나님의 통치가 이루어지는 때이므로 하나님의 정의가 완성됨을 포함한다. 이 세상에서의 삶을 살아가면서 불의한 세력과 구조에 의하여 억울하게 희생당한 사람들의 한(恨)은 종말에 풀어져야만 한다. 그래야만 하나님의 정의가 이루어지고, 진정한 평화의 세계가 펼쳐진다. 결국, 〈교리적 선언〉은 심판의 종말론보다는 희망의 종말론을 고백하고 제시한다.

〈감리회 신앙고백〉은 1997년에 〈교리적 선언〉을 수정 보완하여 선포한 신앙고백이다. 『교리와 장정』에 따르면, 〈감리회 신앙고백〉을 제정하게 된 배경과 이유는 다음과 같다. 기독교대한감리회는 〈교리적 선언〉을 1930년에 채택하여 신앙을 고백하였다. 이 선언은 한국 감리교인들뿐만 아니라 미국 연합감리교회에서도 애용되었다. 그러나 21세기를 맞이하면서 변화하는 환경 속에서 새로운 신앙고백의 필요성을 느끼게 되어 〈감리회 신앙고백〉을 제정하여 고백한다.[32] 결국, 20세기 후반으로 들어서면서 한국 사회는 교리적 선언이 제정된 1930년대와 상황이 많이 달라져서 새로운 신앙고백의 필요성을 느끼기 시작하여 1997년에 〈감리회 신앙고백〉을 제정하여 신앙을 고백하게 되었다. 〈감리회 신앙고백〉은 교리적 선언을 기본으로 삼으면서 수정, 보완하였으므로 구조적으로나 내용적으로 〈교리적 선언〉과 큰 차이성을 보이지는 않는다. 그러나 종말에 관하여는 차이점이 현저하게 드러난다. 〈감리회 신앙고백〉에서 종말에 관한 고백은 8조가 담고 있다. 8조

---

32) 『교리와 장정』, 54.

의 전문은 다음과 같다.

> 우리는 예수 그리스도의 재림과 심판, 우리 몸의 부활과 영생 그리고 의의 최후 승리와 영원한 하나님 나라를 믿습니다.[33]

〈감리회 신앙고백〉이 고백하는 종말론의 내용은 크게 4가지이며, 1) 예수 그리스도의 재림과 심판, 2) 몸의 부활과 영생, 3) 의의 최후 승리, 4) 영원한 하나님 나라로 분류할 수 있다. 전통적으로 기독교의 종말론은 예수 그리스도의 재림과 밀접하게 연관시키면서 그리스도의 재림을 종말의 시작으로 간주하였다. 현재는 주목받지 못하나 과거에 종말론에서 중요했던 전천년설, 후천년설, 무천년설은 그리스도의 재림과 통치를 중심으로 나누어진다. 〈교리적 선언〉은 예수 그리스도의 재림과 심판을 삽입하지 않았지만, 〈감리회 신앙고백〉은 종말에 대한 고백에 있어서 가장 우선적으로 삽입하면서 분명히 한다.

두 번째로는 '몸의 부활과 영생'을 고백한다. 여기에서 간과하지 말아야 하는 점은 '몸의 부활'이다. 많은 그리스도인은 그리스도교는 '영혼 구원의 종교'라고 선언한다. 그렇다면, 몸의 구원은 생략된다. 엄밀하게 말한다면, 기독교는 '영혼 구원'이 아니라 '영육(靈肉 구원'을 추구한다. 〈감리회 신앙고백〉은 몸의 부활을 분명하게 고백하고, '영생'을 고백함으로 감리교회는 '영혼 구원'보다는 '영육 구원'을 지향하고 있음을 고백한다.

세 번째로, '의의 최후 승리'를 고백함으로 〈교리적 선언〉에서 언급된 종말에 관한 고백을 되살리면서 반복한다. 결국, 감리교회는 종말

---

33) Ibid., 56.

에 하나님의 정의가 이루어져서 불의한 구조(세력)에 의하여 희생당한 억울한 생명들의 해방이 완성됨을 고백한다고 보아야 한다.

네 번째로, 〈감리회 신앙고백〉은 영원한 하나님의 나라를 고백한다. 하나님의 나라는 예수 그리스도의 복음 선포에 의하여 시작되었다. 그러나 하나님의 나라는 이미/아직의 긴장 관계에 있으며 완성의 때는 종말이다. 〈감리회 신앙고백〉은 영원한 하나님 나라를 고백함으로 하나님의 나라는 시작되었으나 완성되지 않았음을 전제하면서 종말에 이루어지는 하나님의 나라는 영원한 나라임을 분명하게 고백한다. 전체적으로 〈교리적 선언〉은 이 세상에서 이루어지는 종말론적 측면을 강조하고 있다면, 〈감리회 신앙고백〉은 이 세상의 끝, 이후에 일어나는 차원에 더 집중한다고 볼 수 있다.

3. '종말'을 사는 종말론적 감리교인

기독교대한감리회의 『교리와 장정』에서, 〈교리적 선언〉은 '하나님의 뜻이 실현된 인류 사회가 천국'임을 고백하면서 종말이 이루어지는 공간으로 '저 세계'보다는 '이 세계'임을 강조한다. 그러나 〈감리회 신앙고백〉은 예수 그리스도의 재림과 심판, 몸의 부활과 영생, 영원한 하나님 나라를 고백하면서 '이 세계'보다는 '저 세계'를 더 강조한다. 〈감리교 신앙의 강조점〉은 종말에 이루어지는 하나님 나라를 '창조의 완성'으로 고백하면서 종말을 '새로운 창조'로 이해하여 구원의 지평이 인간을 넘어서 온 피조물(생명)으로 확장된다. 그러나 〈교리적 선언〉은 천국을 '인류 사회'로 규정함으로 인간중심주의적 요소를 보이고 있다.

웨슬리의 신학에서 종말은 미래에 이루어지는 차원과 이미 이루어진 차원을 모두 지닌다. 이 둘은 어떻게 연결되는가? 웨슬리는 주기도문 해설에서 '나라이 임하옵소서'라는 부분을 해설하면서 하나님 나라의 현재적 측면을 땅 위에 있는 '은혜의 나라'로, 미래적 측면을 영광스러운 '영원한 하늘나라'로 구분하지만, 하늘의 '영원한 하늘나라'는 땅 위의 '은혜의 나라'의 연속이요 완성이라고 설명한다. 하나님 나라는 사람이 회개하고 복음을 믿을 때 임하는 것이며, 하나님을 알고 그리스도, 곧 십자가에서 죽으신 분을 알 때 임한다. 하늘에서 이루어진 하나님의 뜻이 땅에서도 완성되는 것은 "그리스도가 사랑으로 통치하실 때 즉각적이고 필연적으로 오는 결과"[34]이다.

더 나아가서 웨슬리는 주기도문의 이 기도는 수동적인 기도가 아니라 적극적인 기도라고 강조한다. 천사들이 하나님의 뜻을 기쁘게 듣고, 실행하며 하나님 섬기기를 그치지 않는 것과 같이 "지구에 있는 모든 사람, 인류의 모든 종족이 천사가 행한 것처럼 기쁜 마음으로 하늘에 계시는 아버지의 뜻을 행하게 해 달라"[35]는 기도라는 것이다. 결국 칭의/신생을 통하여 주어지는 하나님의 나라는 그리스도인들의 마음과 영혼 속에 임하는 것이지만 그리스도인들은 하나님 나라의 완성을 위하여 적극적인 삶을 살아가야 한다. 그러므로 웨슬리에게 있어서 종말은 '이미'와 '아직'의 긴장 관계 속에 있다. 종말은 그리스도인의 마음과 영혼에 이미 현실적으로 실현되지만, 개인적 성화, 사회적 성화, 우주적 성화를 통하여 종말의 충만한 완성을 위하여 적극적인 삶을 살아가야 한다. 그러므로 웨슬리에게 있어서 종말은 기다리는 것보다는 종말(영원)을 준비하며 종말을 적극적으로 살아가는 삶이 소중하다.

---

34) 한국웨슬리학회 편역, 『웨슬리 설교전집 2』. ibid., 190.

35) Ibid., 191.

시인 황지우는 “너를 기다리는 동안”이라는 시에서 누군가를 기다리는 상황을 자세하게 묘사한다. 누군가를 그리며 지금 당장 오지 않음에도 희망을 버리지 않고, 시간이 오래 걸리더라도 먼 거리여도 계속해서 오고 있다고 표현한다. 그리고 그 기다리는 마음과 생각을 담아 결국 오고 있는 사람에게 나도 가고 있다고 말한다. 그리운 사람을 기다리는 기다림은 우리를 적극적으로 바꾸어 놓아 우리로 하여금 그리운 사람에게로 달려가게 만든다. 진정한 기다림은 아무것도 하지 않고, 앉아서 기다리는 것이 아니다. 참다운 기다림은 우리로 하여금 마중을 나가게 만들고, 기다리는 이에게로 달려가게 만든다.

종말은 이미 시작되었으나 아직 완성되지 않았다. 웨슬리적으로 말한다면, ‘은혜의 나라’는 이미 우리 안에 이루어졌으나, ‘영원한 하늘나라’는 그리스도가 사랑으로 통치하실 때 이루어진다. 결국, 종말은 ‘이 세계’와 ‘저 세계’의 긴장과, ‘이미’와 ‘아직’의 긴장 관계를 유지한다. 실제로 주님은 “인자가 구름을 타고 능력과 큰 영광으로 오는 것을 보리라”라고 말씀하시면서 종말의 미래적 차원(영원한 하늘나라)을 언급하신다. 그러나 “하나님 나라는 너희 안에 있으니라”라고 말씀하시면서 종말의 현재적 차원(은혜의 나라)를 선포하신다. 종말은 이미 이루어졌고, 아직 완성되지 않았다. 그러므로 감리교인들은 종말을 기다려야 하지만 기다림은 황지우 시인의 고백처럼 ‘달려가는 것’이므로 종말을 적극적으로 온몸으로 살아가야 한다.

탈진실(Post-truth)의 시대, 교리교육의 필요성에 대한 고찰[1)]

이은경 교수(감리교신학대학교 학술연구교수)

1. 들어가는 말

오늘날 시대는 사실과 거짓의 경계가 점점 더 모호해져서, 이제는 더 이상 '그것은 거짓이야' 혹은 '그것은 가짜야'라고 말하는 것이 아니라, '그것은 대안적 사실이야'라고 말하는 지경까지 이르렀다. '대안적 사실(alternative facts)'이라는 표현은 2017년 1월 22일, 당시 미국 트럼프 대통령의 수석고문이었던 켈리앤 콘웨이(Kellyanne Conway)가 사용한 것으로, 백악관 공보비서인 션 스파이서(Sean Spicer)가 대통령 취임식의 관중 규모를 부풀려 말한 것을 옹호하면서 표현한 것이다.[2)] 그것은 거짓이 아니라, 대안적 '사실'이라는 의미였다. 그러나 그것은 명백히 허위(虛僞)다. 사실이 아닌 것을 마치 사실인 것처럼 말하거나 타인이 그것을 진실인 것처럼 믿게 하려는 의도에서 사용했기 때문이다.

오늘날에는 점점 더 많은 사람이 이처럼 "현실을 왜곡해 자기 생각에 끼워 맞추려고" 애쓰고 있을 뿐만 아니라, 이것이 전세계적인 트렌

---

1) 이 논문은 〈기독교교육정보〉 제86집(2025년 9월)에 실렸던 논문임을 밝힌다.

2) E. Bradner, "Conway: Trump White House offered 'alternative facts' on crowd size," Jan, 23, 2017, https://edition.cnn.com.

드가 되어 가고 있다. 이것이 위험한 까닭은 특정한 맥락, 예를 들면 정치적 맥락이나 자신이 속한 특정 집단의 맥락에 따라 "어떤 사실이든 마음껏 선별하고 수정할 수 있다는 신념"으로까지 확장될 수 있기 때문이다.[3] 그리고 이렇게 자신의 관심과 특정 주제에 따라 이야기와 사건을 선별하는 것을 또 다른 말로, 네밀 달랄(Nemil Dalal)은 "선택적 사실(selective facts)"이라 부르기도 하였다.[4]

이처럼 진실이 전복되는 경우는 다양하다. 미국 보스턴대학교 철학 및 과학사 연구소의 연구원이자 작가인 리 매킨타이어(Lee McIntyre)는 다음의 세 가지 상황에서 진실은 전복된다고 말한다.[5] 첫 번째는 자신의 의도와는 관계없이 실수로 진실이 아닌 말을 내뱉을 때 진실은 전복된다. 그러나 이것은 화자가 고의로 한 것이 아니므로, 그에게 책임을 묻기는 어렵다. 그가 거짓말을 했다기보다는 그저 거짓인 말을 했기 때문이다.

두 번째로 진실이 전복되는 때는 그것이 사실인지 아닌지를 확인하지 않은 채, 마치 그것이 진실인 것처럼 말하는 경우다. 이것은 화자가 의도적으로 인식을 회피한 것이므로, 부분적으로 화자는 자기가 한 말에 대해 책임져야 한다.

세 번째는 다른 사람을 속이려는 의도를 가지고 거짓 진술을 할 때다. 이것은 명백히 '거짓말'이다. 그러나 매킨타이어는 진실이 전복되는 이 세 가지 경우의 경계가 모호할 뿐 아니라, 한 단계에서 다음 단계로 자연스럽게 이어지기도 한다고 말한다. 왜냐하면 거짓말을 한 번

---

3) L. McIntyre, 김재경 역, 『포스트트루스: 가짜 뉴스와 탈진실의 시대』, (서울: 두리반, 2019), 20.

4) Dalal, 2017; T. Rose-Stockwell, 홍선영 역, 『분노설계자들: 알고리즘이 세상을 왜곡하는 방식에 대하여』, (서울: 시공사. 2024), 393 재인용.

5) McIntyre, op. cit., 22-25.

하기 시작하면, 꼬리에 꼬리를 물고 계속 이어지게 될 가능성이 크기 때문이다. 그래서 상습적으로 거짓된 말과 행동을 일삼는 리플리 증후군(Ripley Syndrome)에 사로잡히게 되기도 한다.

그러나 오늘날에는 이상의 진실이 전복되는 세 가지 상황 외에도 '탈진실(Post-truth)'이라 부르는 것이 빈번하게 일어나고 있다. 이것은 거짓이 일상이 되는 것을 넘어 진실이 아닌 것을 진심으로 진실이라고 믿는 것으로, 이러한 탈진실 현상이 일상에서 급증하고 있다. 이것이 문제가 되는 까닭은 이로 인해 현실 인식이 불가능해지거나 나아가서는 그것을 진짜 현실로 받아들일 수도 있기 때문이다.

우려스럽게도 이러한 경향을 우리는 교회공동체 안에서도 빈번히 맞닥뜨리게 된다. 자신의 신앙 형태에 따라 동일한 사실에 대해서도 다르게 판단하고, 심지어는 그것을 기준 삼아 신앙의 이름으로 다른 이들을 정죄하는 일까지 벌어지고 있으니 말이다. 이러한 현실을 우려하면서, 공적교회연구소 소장인 황창진 목사는 이렇게 말한다.

> 이러한 경향은 교회 내부에서도 명확하게 나타나고 있는데, 교단의 법을 해석하는 데 있어서 공정하고 일관성 있는 법 해석과 이에 따른 공정한 적용을 하지 못하고 있는 것이 그것이다. 감리교회의 경우, 같은 사안이 각 연회의 상황과 진영에 따른 재판부의 입장에 따라서 그 결과가 상이하게 나온 것이 여러 번이었다. 이는 교회가 파벌의 논리를 이겨내지 못함과 온정주의를 극복하지 못하는 것이 원인이거니와 한편으로는 텍스트(text)를 컨텍스트(context)에 의하여 보편타당하게 읽어내는 능력으로서의 해

석학적 소양을 갖추는 데 목회자들이 실패했기 때문이다.[6)]

한국교회 안에서 이러한 문제가 일어나는 원인에는 여러 가지가 있을 수 있지만, 본 논문에서는 '탈진실'이라는 시대적 현상과 '교리교육의 부재'에서 그 원인을 찾아보고자 한다. 이를 위해 먼저 우리의 일상을 서서히 잠식하고 있는 탈진실의 특징들을 살펴보면서 탈진실 시대가 도래했음을 드러내고자 한다. 다음으로는 탈진실이 사용하는 기본적인 전략 세 가지, 즉 인지 편향 자극, 과학 부인주의 및 편파적 미디어 이용을 톺아보고자 한다. 그리고 마지막으로는 오늘날 교리교육의 한계를 짚어보면서, 탈진실 시대에 통전적 교리교육의 필요성을 제기하고자 한다. 이와 더불어 기독교대한감리회의 〈교리와 장정〉을 중심으로, 목회자는 교리교육을 해야 할 의무가 있고, 평신도는 교리교육을 받아야 할 의무가 있음을 기술하고자 한다.

2. 탈진실(Post-truth) 시대의 도래

2016년 옥스퍼드 사전 올해의 단어에 선정된 '포스트 트루스(post-truth)'라는 말은 1992년 세르비아계 출신의 미국 극작가인 스티브 테시치(Steve Tesich)가 잡지 〈The Nation〉에 기고한 글에서 처음 사용한 것으로 알려져 있다. 이때 post-truth는 '진실이 알려진 후'라는 의미를 담고 있었으며, '진실 자체가 무의미해졌다'라는 오늘날의 함의를

6) 황창진, "제언: 리좀(Rhizome)의 해석학을 기대하면서 – 2025 교리와 장정 새롭게 읽기," 공적교회연구소 정기세미나 발표 논문, 미간행, (2025년 3월 31일), 2.

담고 있는 것은 아니었다. 이후 2004년 랄프 키스(Ralph Keyes)의 저서 *The Post-truth Era: Dishonesty and deception in contemporary life*가 출간되었고, 2005년 미국의 배우이자 방송작가인 스티븐 콜베어(Stephen Colbert)에 의해 post-truth는 대중화되었다.

이후 포스트 트루스(post-truth)는 주변적인 용어에서 주류로 자리 잡기 시작했으며, 주요 출판물이나 기사의 헤드라인에서도 명확하게 설명하거나 정의할 필요 없이 자주 사용되고 있다. 또한 post-truth에서 post는 단순히 전후, 경기 후와 같이 특정 상황이나 사건 이후의 시간을 지칭하는 것이 아니라, '특정 개념이 중요하지 않거나 무의미해지다' 혹은 '진실이 무색해질 정도로 퇴색되었다'라는 의미로 사용되기 시작했다.

옥스퍼드 사전은 매년 한 해 동안 많은 관심을 끌었던 단어나 표현을 '옥스퍼드 사전 올해의 단어(the Oxford Dictionaries Word of the Year)'로 선정하는데, 2016년에는 특히 post-truth라는 단어의 사용 빈도가 급증하였다. 그 까닭은 브렉시트와 관련해서 영국에서는 EU 국민투표가, 미국에서는 대통령 선거가 치러졌기 때문이었다. 그래서 그 해 올해의 단어에는 post-truth 외에 '브렉시트 옹호자'를 뜻하는 Brexiteer, '대안 우파'라는 뜻의 Alt-right, '광대나 광대 이미지를 볼 때 두려움을 느끼는 'Coulrophobia 그리고 '수다를 떨다'라는 뜻의 chatter와 robot의 합성어로 '사람과 대화할 수 있는 메신저 프로그램'을 지칭하는 Chatbot 등이 함께 최종 후보에 올랐었다. 이 중에서 'post-truth'가 2016 올해의 단어로 선정되었으며, 옥스퍼드 사전에서는 post-truth를 다음과 같이 정의하고 있다.

> 포스트 트루스(post-truth)는 여론을 형성할 때, '객관적인 사

실보다 개인적인 신념과 감정에 호소하는 것이 더 큰 영향력을 발휘하는 현상'을 의미한다.[7)]

이처럼 사실보다는 개인의 신념과 감정에 호소하는 탈진실이 통용되기 시작하면서, 이와 동시에 사실은 아니지만 마치 사실인 것처럼 느껴지는 것들이 일상을 파고들기 시작했다. 그중 하나가 'truthiness'이다. 이 말은 2005년 post-truth를 대중화시킨 장본인이기도 한 스티븐 콜베어가 만든 신조어로, "실제 사실과는 관계없이 사실처럼 느껴지는지에 따라 설득당하는 현상"[8)]을 뜻하며, 우리말로는 '사실스러움'이라 옮길 수 있다. 다시 말해 사실스러움(truthiness)이란, 자신이 '믿고 싶은 진실' 혹은 '주관적 진실'을 의미한다.

이와 유사한 것으로는 "옳음에 대한 견해"가 있다. 이 표현은 고려대학교 철학과 조성택 교수가 사용한 것으로, 옳음에 대한 자기 생각이 곧 옳음이라고 착각하는 일이 더욱 빈번해지고 있음을 지적한 말이다. 진실과 대안적 사실이 다른 것처럼, 옳음과 '옳음에 대한 견해'도 같을 수 없다. 옳음과 옳음에 대한 견해는 다르다.

사실과 진실의 관계가 그러한 것처럼 사람들은 흔히 옳음에 대한 자신의 생각'을 곧 '옳음'이라고 확신하는 경우가 많다. 인간은 누구나 자신이 생각하는 옳음을 실천하려는 도덕적 본성이 있다. 정의감이 바로 그것이다. 그러나 그 정의를 실현하기

7) Oxford Languages, "Word of the Year 2016," https://languages.oup.com.

8) McIntyre, op. cit., 20.

위한 실천의 방향과 방법은 사람마다 다를 수 있다.[9]

계속해서 조성택은 이 '옳음에 대한 견해'를 오늘날 우리가 마주한 대립과 갈등의 원인 중 하나로 지적하면서, "'나의 옳음'과 '저들의 옳음'이 공존할 수 있고, 서로의 옳음이 어떻게 다른가를 살펴보는"[10] 성찰이 지금 우리에게 필요하다고 역설한다. 만일 포스트 트루스, 사실스러움(truthiness) 그리고 옳음에 대한 견해 등이 널리 통용되는 탈진실 시대가 일상이 되면, 여러 가지 문제들이 발생할 수 있다. 특히 다음의 두 가지는 우리의 가치체계와 신념 체계에도 큰 변화를 일으킬 것이다. 왜냐하면, 탈진실 시대에는 자신이 진실이라고 믿고 싶은 사실이 다른 어떤 사실보다 중요하다고 생각하는 분위기가 만연해질 것이기 때문이다. 다음으로는 소위 '이중 잣대'의 문제로, 자기 생각이나 신념을 정당화하거나 그것을 뒷받침할 수 있는 사실만 선별해서 진실로서 받아들이게 될 것이기 때문이다.

탈진실은 여기서 한 걸음 더 나아가 충분한 근거의 유무와는 상관없이 자신의 신념을 다른 사람에게 강제로 주입하려는 의도를 가지고 있다. 그러므로 탈진실은 "일종의 이데올로기적 우월주의"라고 할 수 있다. 결국 탈진실 시대에는 진실이 존재하느냐 아니냐 하는 '진실 유무'가 아니라, 진실이 개인의 신념, 생각, 취향 등의 '감정'에 종속되는 것이 더 큰 문제로 드러나게 될 것이다.[11] 한 마디로, 사실보다 감정이 더 중요해지는 시대가 도래하게 되는 것이다. 그리고 인간이 지닌 보편적

9) 조성택, "배타적 주장을 어떻게 치유할 것인가: '정의(定義)들'의 화쟁," 김근수 외, 『지금, 한국의 종교: 가톨릭·개신교·불교, 위기의 시대를 진단하다』(서울: 매디치, 2016), 308-309.

10) Ibid., 309.

11) McIntyre, op. cit., 28-29.

인지 편향이 이것을 더욱 심화시키고 있다. 다음 장에서는 우리의 인지 편향에 기대어 탈진실이 어떤 전략을 사용하는지 살펴보고자 한다.

3. 탈진실 시대의 기본 전략

인간은 본래 진리를 추구하는 존재다. 하지만, 인간의 판단이 항상 논리적인 추론 과정을 통해 이루어지는 것은 아니다. 오히려 신체적 조건이나 감정과 같이 비논리적인 것들이 우리의 판단이나 결정에 영향을 미치는 경우도 빈번하다. 이것 역시 인간이 가진 보편적 특질 중 하나로, 우리는 이러한 경향을 '인지 편향(cognitive bias)'이라 부른다. 매킨타이어는 이 인지 편향이 탈진실 시대의 기본 전략으로 널리 사용되고 있으며, 급격한 미디어 기술의 발달로 인한 정보 편향이 여기에 더해져 급기야는 '과학 부인주의'와 '편파적인 미디어 사용'으로까지 발전하고 있다고 말한다. 그리고 바로 이 세 가지, 즉 인지 편향 자극, 과학 부인주의, 편파적 미디어 사용이 탈진실이 주로 사용하는 기본 전략들이다.

1) 인지 편향 자극

탈진실이 사용하는 가장 기본적인 전략은 우리가 가진 인지 편향을 끊임없이 지속적으로 자극하는 것이다. 인지 편향(cognitive bias)이란 "개인의 경험이나 상황에 근거해 다른 사람이나 사건을 판단"[12]하는 것으

12) J. Couch & J. Town, 김영선 역, 『공부의 미래: 디지털 시대, 가르치고 배우는 일에 관한 모든 것』, (서울: 어크로스, 2019), 61.

로, 우리의 판단과 의사 결정 과정이 비논리적인 추론에 따라 이루어지는 경향을 말한다. 특히 인지 편향은 다음의 세 가지 이론 즉, 인지부조화 이론, 집단동조 이론 그리고 확증편향 이론으로 대표된다.

첫 번째는 '인지부조화 이론'으로, 인지부조화는 "태도와 일치하지 않는 행동을 할 때 겪는 인지적 불편함"[13]을 말한다. 본질적으로 사람들은 자신의 신념과 행동 사이에서 조화와 일관성을 유지하려 한다. 그래서 조화가 깨어지거나 일관성이 유지되지 않을 때, 인지적 불편함이나 불안을 경험하게 되고 이를 해소하거나 최소화하기 위해 노력한다. 이 과정에서 갈등을 경험하기도 하지만, 이러한 갈등 해결 과정을 통해 자연스럽게 인성이 함양되므로, 인지부조화는 교육학적으로 중요한 주제이기도 하다. 그러나 인지부조화가 지닌 특성 중 간과해서는 안 되는 것이 있다. 그것은 "주위에 동일한 신념을 가진 사람들이 모여 있을수록 '비합리적인 경향'이 더욱 강화된다"[14]라는 점이다. 이것이 바로 인지부조화가 탈진실 시대의 기본 전략이 되는 이유이며, 인지편향의 두 번째 이론인 '집단동조 이론'과 연결되는 지점이기도 하다.

'집단동조 이론'은 우리가 주위 사람들의 믿음과 조화 이루기를 바라는 성향에 근거하고 있다. 다르게 표현하면, 인간은 "집단의 압력"의 영향을 강하게 받는다는 말이다. 인간은 자신의 내적 신념과 행동 사이의 조화와 일관성을 중요시하는 만큼, 주위 사람 혹은 자신이 속한 사회의 신념과도 조화를 이루고자 하는 습성이 있다. 그래서 부조화 상황에 직면해서도 집단에 순응하기 위해 눈앞에 놓인 증거를 무시하

---

13) 김재봉, "인지부조화 해소 방법 훈련을 통한 인성 교육 방안," 「한국초등교육」, 28(4) (2017), 234.

14) McIntyre, op. cit., 61.

기도 한다.[15] 예일대학교의 심리학자 폴 블룸(Paul Bloom)에 따르면, 이러한 "공감적 충동"은 도덕적 의사결정의 지침으로서 많은 결함을 가지고 있을 뿐만 아니라, 편협하고 일관성도 없다.[16]

세 번째는 '확증편향(confirmation bias) 이론'으로, 우리는 원인을 한 번 단정하고 나면, 이후에는 진짜 원인을 알려고 하기보다는 잠재의식에 따라 자신이 옳다는 것을 증명하기 위해 노력하거나 자신이 진실이라고 믿고 있는 생각을 뒷받침하는 증거를 찾으려고 한다. 한 마디로, 원래 자신이 가진 생각이나 신념을 확인하거나 확증하려는 경향이 있다는 말이다. 노벨경제학상을 수상한 심리학자인 대니얼 카너먼(Daniel Kahneman)은 이것을 "의심을 이기는 확신 편향"이라 부르면서, "인간은 자신이 보는 것의 지속성과 정합성을 과장하는 경향"이 있다고 말한다.[17] 이러한 인지 편향이 탈진실에 미치는 영향에 대해 매킨타이어는 다음과 같이 설명한다.

> 이러한 인지 편향 현상은 명료하게 생각하는 능력을 앗아갈 뿐만 아니라, 명료하게 생각하지 못하고 있다는 사실 자체도 인식하지 못하게 막는다. (중략) 우리가 특정한 주제에 감정적으로 몰두한 경우 올바로 사고할 수 있는 능력이 영향을 받아 제대로 작동하지 않을 수 있다.[18]

---

15) Ibid., 62-63.

16) Rose-Stockwell, op. cit., 43.

17) D. Kahneman, 이진원 역, 『생각에 관한 생각: 우리의 행동을 지배하는 생각의 반란』 (파주: 김영사, 2012), 170-172.

18) McIntyre, op. cit., 82.

한 마디로, 인지 편향은 우리가 올바로 사고하지 못하게 할 뿐만 아니라, 제대로 사고하고 있지 않다는 것조차 인식하지 못하게 한다는 것이다. 또한 인지 편향은 집단 안에서, 즉 개인들이 상호작용할 때 혼자서는 알아차리지 못했을 결론에 도달하기도 한다. 이것은 "상호작용하는 집단 효과(interactive group effect)"[19]라 부르는 것으로, 전체의 합이 부분의 합보다 커지는 현상을 말한다. 특히 오늘날에는 각종 미디어를 통해 자신과 같은 생각을 하는 사람들로만 주위를 가득 채우고, 자신이 원하는 방식으로 교류하는 것이 이전보다 쉬워졌으며, 같은 생각을 공유하는 개인들 간의 상호작용은 더욱 활발해지고 있다. 그 결과 탈진실 현상은 점점 더 만연해지고 있다.

2) 과학 부인주의(science denialism)

과학 부인주의(science denialism)는 널리 인정받는 과학적 사실이나 이론의 존재 자체를 부정하거나 과학적 연구 방식의 정당성을 부정하는 현상을 말한다. 또한 전문가들에 의해 검증된 과학적 합의를 거부하면서 조작된 정보를 믿거나 대안적 이론을 주장하는 경향을 말한다.

과학 부인주의는 그동안 주로 경제적 이유 때문에 발생했지만, 오늘날에는 경제적 이유뿐만 아니라, 정치적, 이념적 그리고 종교적 이유로도 빈번히 행해지고 있다. 과학 부인주의가 진행되는 일련의 과정은 다음과 같다. 먼저 진실에 대해 지엽적인 질문을 끊임없이 던진다. 그리고 계속해서 연구 결과에 의문을 제기하면서, 의혹을 던지기 시작한다. 동시에 결과에 대한 역정보를 퍼트리면서, 대중들이 착각하도록

19) Sunstein, 2006; Ibid., 85 재인용.

만든다. 이렇게 해서 대중 사이에 의심의 씨앗이 뿌려지고, 이렇게 뿌려진 의심의 씨앗은 점점 자라난다. 이후 사람들이 연구 결과에 의혹을 품거나 다른 가능성을 찾게 만드는 것은 그리 어려운 일이 아니게 된다.[20]

대표적인 사례로는 지구온난화 논쟁과 코로나백신 음모론 등이 있다. 2012년 당시 실제로 기후 변화를 반박하는 논문은 0.17%에 불과했지만,[21] 과학부인주의자들이 지속적으로 기후 변화에 의혹을 제기하자, 지구온난화를 일으키는 인간의 활동이 기후 변화의 주된 원인이라고 인식하고 있는 비율은 불과 미국 성인의 27%에 그쳤다.[22] 과학 부인주의는 마치 기후 변화에 대해 대등한 두 가지 입장이 존재하며, 이 두 가지 입장 모두 중요하게 다루어져야 한다고 착각하도록 만들었다.

또한 코로나19가 보여주었듯, 세 번째 팬데믹[23]으로 전 세계가 패닉에 빠져 있을 때 온라인에서는 코로나백신에 대한 가짜 뉴스와 백신 부작용에 대한 음모론이 설득력 있게 유포되었다. 그래서 백신 접종을 거부하는 일이 발생했고, 이로 인해 집단 감염과 사망에 이르는 등 전 세계적으로 큰 물의를 일으켰다.

정말 '사실'이 없고 '해석'만 있다면, 그리고 수백만 명의 미국인이 여러분의 관점을 아무 생각 없이 받아들일 준비가 되어 있다면, 굳이

---

20) Ibid., 36-37.

21) J. L. Powell, "Why climate deniers have no scientific credibility - In one pie chart," Nov. 15. 2012, https://www.desmog.com.

22) C. Funk & B. Kennedy, "The politics of climate," Jan. 04. 2016, https://www.pewresearch.org.

23) 1968년의 '홍콩 독감', 2009년의 '신종 인플루엔자'에 이어 코로나19는 2020년 세 번째 팬데믹(pandemic) 판정을 받았다.

사실과 허구를 구분하는 엄격한 선을 고수할 이유가 있을까?[24)]

린치의 지적처럼, 과학 부인주의는 사실과 허구를 구분하는 엄격한 선을 고수할 이유를 희석하고, 결국에는 "현실을 부정하는 태도"로 이어지게 만든다. 이와 동시에 코로나19 때 보았던 것처럼, 의료적으로 중요한 치료를 거부하게 만들 수도 있다. 그 결과 피할 수 있는 전염을 막지 못하거나 불필요한 인명 피해를 초래할 수도 있다. 과학 부인주의가 더욱 염려스러운 것은 바로 이것 때문이다.

3) 편파적 미디어 이용

뉴스가 우리의 지각을 "체계적으로 왜곡"하는 것은 심각한 문제가 아닐 수 없다. 뉴스 시청자들의 관심을 끌고, 그들의 시선을 사로잡기 위해서 뉴스 제공자들이 전쟁, 재난, 살인과 같은 위험과 갈등 요소를 의도적으로 증폭시키고 있기 때문이다. 그러나 우리가 이러한 소위 '나쁜 뉴스'에 더 끌리는 것은 당연한 일이다. 이것은 진화의 산물로, 역사적으로 볼 때 "잠재적 위험에 주의를 기울이는 것이 우리의 생존에 더 중요"하고, 유리했기 때문이다.[25)]

그뿐만 아니라, 시청자인 우리 역시 객관적 뉴스보다는 당파적인 뉴스 보도를 선호한다. 뉴스 등의 방송을 시청하는 우리의 목적은 이제 더 이상 어떤 새로운 사실을 습득하기 위함이 아니기 때문이다. 그보

---

24) C. Lynch, "Trump's war on environment and science are rooted in his post-truth politics – and maybe in postmodern philosophy," Apr. 01. 2017, https://www.salon.com.

25) R. Kurzweil/ 이충호 역, 『마침내 특이점이 시작된다: 인류가 AI와 결합하는 순간』, (서울: 비즈니스북스, 2025), 165.

다는 내 의견에 동조해 줄 사람, 즉 서로의 생각에 동조할 준비를 한 사람이 누구인지를 알고, 그 안에서 소속감을 느끼기 위해서일 때가 부지기수다. 그러다 보니, 뉴스 제공자들도 있는 그대로 세상을 보여주는 것이 아니라, 시청자들이 보고 싶어 하는 세상을 보여주기에 급급하다.

그 결과 뉴스를 취재하는 기자들이 정보를 수집하고 보도하는 방식에서부터 진실을 왜곡하는 결과가 초래될 수밖에 없다. 이것은 '정보편향(information bias)'이라 부르는 것으로, 편향된 미디어의 문제는 이렇게 또 다른 부정적 경향성을 낳으면서 강화되고 있다. 언론들이 객관성 혹은 공정성이라는 허상에 집착하면서, 서로 다른 입장들 사이에서 '기계적 중립성'을 유지하려 하기 때문이다. 그로 인해 소수 의견, 때로는 '극히' 소수의 의견이 마치 대등한 하나의 입장인 것처럼 보이게 된다. 더 극단적인 경우에는 자기 마음에 들지 않는 뉴스를 '가짜 뉴스'라고 매도하는 일까지 일어나고 있다.[26]

소셜 미디어라는 장치는 사회가 스스로를 비추는 렌즈가 되었으며 인간 담론의 규칙을 근본부터 바꾸고 있다. 우리는 모두 자신의 게시물과 콘텐츠를 통해 이 게임에 참여하면서 순간적인 도파민 분비와 칭찬이라는 소소한 지표로 수익 얻는 법을 익혔다. 그 결과 우리의 말은 어느새 정의와 확신, 극단적 판단으로 물들었다.[27]

소셜 미디어가 개인 맞춤형 알고리즘에 의해 작동하게 되면서, 사람들이 이용하는 정보가 분포되고 확산되는 방식이 극적으로 변하고

---

26) L. McIntyre, op. cit., 110-120.

27) T. Rose-Stockwell, op. cit., 73.

있다. 사용자에게 추천 알고리즘을 보내고, 사용자는 자신이 가장 매력적이라고 여기는 콘텐츠를 원클릭으로 공유할 수 있게 되었다. 이를 통해 바이럴(viral) 시대가 앞당겨졌고, 소셜 미디어 사용자 대부분이 가장 극단적인 관점에 주로 노출되기 시작했다. 그뿐만 아니라, 기술 발달로 인해 급진적으로 진화하고 있는 소셜 미디어를 보다 더 편파적으로 이용할 수도 있게 되었다. 이러한 현상에 대해 로즈-스톡웰(Rose-Stockwell)은 더 이상 엘리 프레이저(Eli Pariser)가 말하는 '필터 버블(filter bubble)은 존재하지 않게 되었다'라고 말한다. 그 결과 "반대되는 견해가 아닌 온건한 견해가 사라지고"[28] 있을 뿐만 아니라, 사실과 의견이 뒤섞이는 현상, 즉 탈진실 현상은 점점 더 가속화하고 있다.

4. 교리교육의 책무와 필요성

코로나 팬데믹 시절의 대표적인 탈진실 중 하나는 코로나바이러스가 '사탄의 음모'라는 주장이었다. 그 결과 다수의 종교 지도자들이 코로나바이러스와의 '영적 전쟁'을 선포하면서 백신 접종 거부를 선동했고, 이로 인해 교회공동체가 사회적으로 큰 파장을 일으키기도 했다. 이것은 앞서 살펴본 것처럼, 인지 편향의 하나인 '집단동조' 성향을 지닌 인간이 자신이 속한 공동체의 지도자를 포함하여 그 공동체의 신념과 조화를 이루고자 하는 습성에 기인한 것이었다. 그래서 팬데믹이라는 전대미문의 상황에 직면해서도 집단에 순응하기 위해 과학적 증거인 백신을 무시할 수 있었다.

---

28) Ibid., 286.

과학 부인주의로까지 나아가는 이러한 인지 편향은 인간의 고유한 유전적 성질이기 때문에 인지 편향 자체를 바꿀 수는 없다. 하지만, "비판적 추론 능력을 주의 깊게 학습하고 훈련"하면, 인지 편향이 우리에게 미치는 영향을 줄이거나 조절할 수 있다. 그래서 김재봉은 "태도를 변화시켜 행동과의 부조화를 해소하는 방법"과 "행동을 변화시켜 태도와의 부조화를 해소하는 방법"을 사용하여 인지부조화를 인성교육을 위한 방안으로 제안하기도 한다.[29)]

그러므로 진실을 외면하거나 하찮게 여기는 탈진실 시대, 진실과 의견이 뒤섞여 현실마저 모호해진 탈진실 시대에 맞서기 위해서는 이전보다 더 세심한 노력이 요구된다. 오늘날처럼 기독교 공동체 안에서도 가짜 뉴스와 대안적 사실 등으로 인한 문제가 심심치 않게 불거지고, 그로 인해 때로는 이단 시비가 일기도 하는 시대에는 더욱 그러하다. 그러므로 오늘날 그리스도인으로서 우리에게 필요한 것은 이러한 시대와 풍조를 피하는 것이 아니라, 진실 즉, 기독교의 진실이라 할 수 있는 교리의 의미를 되새기면서 탈진실에 맞서 싸우는 법을 배우는 것이다. 이러한 세심한 노력은 교회교육, 그중에서도 특히 교리교육의 영역에서 이루어져야 한다. 본래 교리교육의 목적은 삼위일체 하나님과 예수 그리스도의 복음을 전승하는 것이지만, 교리는 기독교 역사와 교회 안에서 진실과 거짓 또는 정통과 이단의 문제와도 깊이 연관되어 있기 때문이다.

기독교와 관련된 가짜 뉴스는 초대교회 시절부터 존재했었다. 특히 기독교가 국교로 공인되기 전, 기독교는 '식인 종교'이며 기독교인은 사람을 먹는 '식인종'이라는 가짜 뉴스가 널리 퍼져 있었으며, 이것이

---

29) 김재봉, "인지부조화 해소 방법 훈련을 통한 인성 교육 방안," 「한국초등교육」, 28(4) (2017).

기독교에 대한 혐오를 가중시켰다. 그것은 기독교 교리에 대한 잘못된 정보와 정보 편향, 특히 성만찬에 대한 오해에서 시작된 것이었다. 박해를 피해 카타콤과 같은 은밀한 장소에서 드려지는 성만찬 예식, 그 중에서도 그리스도의 몸을 먹고 피를 마시는 고백적 행위가 '기독교는 식인 종교'라는 가짜 뉴스가 되어 널리 퍼졌다.[30] 또한 기독교인들이 사용하는 '형제자매'라는 호칭이 '근친상간'을 연상시켜 오해를 불러일으키기도 하였다.

초대교회는 당시의 이런 가짜 뉴스, 탈진실에 맞서기 위해 초심자 교육을 철저히 시행하였다. '카테큐메나테(catechumenate)'라는 세례 예비자를 위한 교육과정을 시행하였으며, 이때 교리교육이 체계적으로 이루어졌다. 이 과정은 최소 2~3년간 지속되었으며, 여기에 참여한 초심자는 '카테큐멘(cathechumen)'이라 불렸다. 그리고 이 과정을 모두 마친 사람만이 세례를 받을 수 있었고, 성만찬에도 참여할 수 있었다.

카테키즘(catechism)은 어원적으로 '카테케인(*κατηχειν*)'과 '카테키스모스(*κατηχισμοσ*)'에서 유래한 것으로, '구두로 가르치다'라는 뜻이다. 또한 이것은 "단순히 가르치는 행위만을 의미하는 것이 아니라, 가르치는 내용까지 포함하는 개념"이었다. 한 마디로, 카테큐메나테 혹은 카테키즘은 기독교 최초의 교리교육이었다고 할 수 있다. 중세 이후 카테키즘이 세례교육을 의미하면서, 동시에 "교리교육을 포괄적으로 지칭하는 개념"으로 확대된 것은 이러한 까닭이었다.[31] 그러나 기독교가 국교로 공인되고, 세례 지원자들이 급격히 늘어나기 시작한 이후 이 교육과정을 철저히 진행할 수 없게 되면서, 카테키즘은 4세기 후반부터 서

---

30) 김동주, 『기독교로 보는 세계역사』(개정판) (용인: 킹덤북스, 2020).

31) 양금희, "이야기가 있는 아동 교리교육 연구," 「장신논단」, 3(54) (2022): 236.

서히 무너지기 시작했다. 그러던 것이 종교개혁을 거치면서 마르틴 루터가 『소교리문답(Der kleine Katechismus)』과 『대교리문답(Der große Katechismus)』을 집필하면서, 교리교육의 중요성을 다시 한번 일깨웠다.[32]

우리나라의 경우, 선교 초기의 "체계적인 교리와 성경공부에 역점을 둔 선교"는 한국교회의 질적 성장의 원동력이었다. 한국교회는 체계적이고 집중적인 교리교육을 통해 "건전한 성도들을 양성"함으로써, 교회의 부흥을 이끌었을 뿐만 아니라, 성도들의 삶은 불신자들의 존경을 받았다.[33] 뿐만 아니라, 교리교육과 성경공부를 통해 기독교인으로서 세상과 정치적 이슈들에 대한 신앙적 기준을 가질 수 있었다. 그러므로 오늘날과 같은 탈진실 시대에는 기독교와 교회에 대한 대안적 사실, 가짜 뉴스 등을 판별하고, 여러 사회적 이슈들을 기독교적인 시각에서 판단할 수 있는 기준으로서의 교리교육은 더욱 절실히 요구된다. 그러나 안타깝게도 대부분 개신교회의 세례교육을 비롯한 교리교육이 형식적 의례에 그치고 있다는 사실을 부인하기는 어려운 실정이다.

1) 현행 교리교육의 한계

현재(2021년)까지 출판된 교리교육 교재를 중심으로 개신교 교리교육 현황을 연구한 장신근에 따르면,[34] 현행 교리교육은 다음과 같은 세 가지 특징을 가진 것으로 보인다. 먼저 보수적인 교단을 중심으로 교리교육에 관한 관심이 고조되는 가운데, "교리교육에 대한 전반적 이해"를

32) 이은경, "교육의 장으로서의 세례와 세례교육," 「기독교교육논총」, 36(2013).

33) 박정희, "한국장로회 5개 교단의 성인구역공과에 대한 교리교육적 분석: 웨스트민스터 신앙고백서를 중심으로," 「기독교교육정보」, 59(2018): 217.

34) 장신근, "통전적 신앙형성을 위한 교리교육의 재개념화," 「기독교교육논총」, 68(2021).

돕기 위한 도서들이 주를 이루고 있다. 특히 그동안 교리교육에 소홀함으로써 신앙적 정체성 형성을 제대로 수행하지 못했음을 지적하면서, 교리교육의 필요성과 중요성을 강조하거나 교리교육의 원리와 방법 등을 소개하고 있다. 두 번째는 나이에 따른 교리교육이 주를 이루는 것으로 드러났다. 유아, 유치, 아동, 청소년 등으로 구분된 교리교육 교재들과 가정예배를 통한 세대 통합 교리교육 교재 등이 여기에 속한다. 마지막 세 번째 특징은 각 교단에서 발행한 교리교육 교재들로, 장로회의 경우에는 교단 〈헌법〉에, 그리고 감리회의 경우에는 〈교리와 장정〉에 명시된 주요 '교리'를 다루고 있다. 특히 이 교재들은 세례 및 입교교육, 새신자교육을 위한 교재들이 주를 이루며, 단기 교육을 위한 속성 교재의 성격을 지니고 있다.

계속해서 장신근은 현행 교리교육의 문제점을 다음과 같이 지적하고 있다.[35] 우선 교리교육의 내용과 관련해서는 첫째, 개신교 교리교육에서 아직도 여전히 루터의 『소교리문답』과 『대교리문답』(1529), 『하이델베르크 신앙고백』(1563), 『제네바 교리문답서』(1542), 『웨스트민스트 신앙고백(소요리문답)』(1647), 존 웨슬리의 『감리회의 종교강령』(1784) 등 수백 년 전의 것을 교리교육의 주요 텍스트로 삼고 있으며, 여기에 사용된 단어나 개념 등이 오늘날 이해하기에는 다소 난해하다는 점이다.

교리교육의 내용상 드러난 또 다른 문제는 최근 작성된 신앙고백서 혹은 우리나라의 정치, 경제, 사회, 문화의 상황과 한국인의 신앙적, 종교적, 영적 특성들을 충분히 반영하고 있지 않다는 점이다. 한국교회에서 작성된 신앙고백서로는 예장통합의 경우에는 1986년에 작성된 "대한예수교장로회 신앙고백서"와 2002년의 21세기 대한예수교

35) Ibid.

장로회 신앙고백서" 등이 있고, 한국 감리교회의 경우에는 1930년에 작성된 "교리적 선언"과 "사회신경" 그리고 1997년에 개정된 "감리회 신앙고백"과 "사회신경" 등이 이에 해당한다.

또한 한국장로회 5개 주요 교단(예장통합, 예장합동, 예장고신, 예장백석, 기장)의 성인 구역 공과를 중심으로 교리교육 현황을 분석한 박정희는 대부분의 구역 공과 교재들이 윤리적 문제를 다루기는 하지만, 구체적인 "성경적 윤리 표준"은 제공하고 있지 않다고 지적한다. 또한 이들 교재가 "사회, 정치, 국가에 대한 높은 관심"을 충분히 반영하고 있지 않은 것에 대해서도 비판하고 있다.[36)]

세 번째 문제점으로는 대부분의 교리교육 교재가 신념과 관련된 내용만 다룸으로써, 신비, 초월, 헌신 등 신앙교육의 또 다른 주요 내용들을 배제하고 있다는 점이다. 이것은 "교리교육을 인지적이고 명제적인 차원에만 국한하는 것"으로 자칫 "교리교육의 협소화"를 초래할 수 있을 것이다.

다음으로 교리교육의 방법과 시기와 관련된 문제로 첫째, 거의 모든 교리교육이 목회자 혹은 교사 중심의 일방적 강의와 암송 중심으로 이루어진다는 점이다. 이에 대한 대안으로 양금희는 이야기를 통한 교리교육을 제안하기도 했다.[37)] 둘째, 현재 대부분 개신교회의 교리교육은 일생에 한 번 실시되는 세례교육 또는 입교교육이 전부이며, 더욱이 이것이 단기 속성으로 행해지고 있다는 점이다.

---

36) 박정희, "한국장로회 5개 교단의 성인구역공과에 대한 교리교육적 분석: 웨스트민스터 신앙고백서를 중심으로," 「기독교교육정보」, 59(2018): 215-261.

37) 양금희, op. cit., 233-260.

2) 교리교육의 책무와 필요성: 기독교대한감리회의 〈교리와 장정〉을 중심으로

교리(敎理, doctrine)의 사전적 의미는 '종교적인 원리나 이치' 또는 '각 종교의 종파가 진리라고 규정한 신앙의 체계'를 의미한다. 또한 기독교적 의미에서 교리는 '성경에 기초하여 교회가 공식적으로 정의하고 선언한 기독교의 가르침'을 뜻하며, 넓은 의미에서는 '성서가 증언하고 있는 신앙에 대한 책임 있는 사유행위'까지 포함하는 포괄적 개념이다. 그러므로 앞서 살펴본 현행 교리교육의 문제점, 특히 구체적인 성경적 윤리 표준을 제시하지 못한 점, 오늘날의 사회, 정치, 국가에 대한 높은 관심을 충분히 반영하고 있지 못한 점, 그리고 한국교회에서 작성한 신앙고백서의 내용을 가르치지 않는 점 등을 해소하기 위해서는 개체교회 차원에서뿐 아니라, 교단 차원의 노력이 함께 이뤄져야 한다. 본 논문에서는 다소 제한적이기는 하지만, 한국 감리교회의 교리와 헌법을 담고 있는 〈교리와 장정〉[38]을 중심으로 교리교육의 책무와 필요성에 대해 살펴보고자 한다.

기독교대한감리회 〈교리와 장정〉은 크게 두 부분으로 구성되어 있다. 제1편에서는 역사와 교리를 다루고, 제2편부터 제12편에 이르는 총 11편은 헌법을 포함하여 조직과 행정법, 의회법, 교역자은급법, 재판법, 과정법 등의 각종 법으로 구성되어 있다. 이 중에서 교리교육과 관련된 부분은 제3편 '조직과 행정법' 그리고 제10편 '과정법'에 명시되어 있다. 특히 제3절 집사의 제13조 '집사의 자격'과 제4절 권사의 제18조 '권사의 자격'에는 각각 "신앙이 돈독하고, 감리회의 〈교리와

38) 기독교대한감리회, 『교리와 장정』 (서울: 도서출판 kmc, 2023).

장정〉을 공부한 이"가 감리교회의 집사와 권사가 될 수 있음을 명시하고 있다. 이것은 장로도 마찬가지이다. 제5절 장로의 제22조 '장로의 자격'에는 "개체교회에서 신천장로로 추천받아 신천장로 고시과정에 합격하고"라고 되어 있으며, 고시과정의 과목 중 하나가 바로 〈교리와 장정〉이다. 고시과정의 과목은 제10편 과정법의 제3장 장로고시 및 진급과정, 제3절 장로과정에 명시되어 있다. 또한 제3편 조직과 행정법의 제5절 장로, 제21조 '장로의 인사 관리'에 따르면, 다른 교파에서 이명해 온 장로의 경우에는 "감리회의 입교인이 된 후, 6개월 이상 〈교리와 장정〉을 공부"하고, "이명장로 고시과정에 합격"해야 함을 명시하고 있다. 이명장로 고시과정 과목에도 물론 〈교리와 장정〉이 포함되어 있다.

한 마디로, "감리회의 〈교리와 장정〉을 공부하고, 이를 지키는 것"이 '감리교인의 의무'(제3편 조직과 행정법, 제2장 교회, 제2절 교인, 제11조 교인의 의무, 제4절)이며, 개체교회 담임자가 "원입인과 세례인에게 〈교리와 장정〉을 가르치는 것"은 행정책임자로서 '담임자의 직무'(제3편 조직과 행정법, 제2장 교회, 제8절 개체교회 담임자, 제46조 담임자의 직무, 제2절 행정책임자) 중 하나에 해당한다. 그러나 안타깝게도 오늘날 〈교리와 장정〉을 가르치고 공부하는 것은 목회자나 평신도 모두 그저 진급 중 고시를 위한 과정에 머물 때가 많으며, 개체교회에서 〈교리와 장정〉을 가르치고 배우는 일은 매우 드문 실정이다.

〈교리와 장정〉에는 '교리와 장정'을 제정한 목적을 다음과 같이 밝히고 있다.

> ... 감리교회의 사명을 완수하기 위해 기독교대한감리회의 역사와 전통적 교리를 밝히고, 헌법과 규칙을 제정함으로 교인

들을 올바로 훈련하고 이끌어 감리교회를 부흥 발전시키는 데 있다.

이러한 교리 제정의 목적이 단지 감리교회에만 해당하는 것은 아닐 것이다. 감리교회에서 감리를 빼고 읽어보면, "교회의 사명을 완수하기 위해 교회의 역사와 전통적 교리를 밝히고, 헌법과 규칙을 제정함으로 교인들을 올바로 훈련하고 이끌어 교회를 부흥 발전시키는" 것은 모든 그리스도교회의 존재 이유에 해당한다. 특히 오늘날과 같이 다양한 종교들의 진리와 전통을 모두 인정하고 중시하는 "다중종교성(multi-religionship)"을 가진 "멀티-신자들(multi-believers)"[39]이 만연하고, 거짓과 진실의 경계가 모호해진 탈진실 시대에는 올바른 기준과 경계를 제시할 수 있는 교리교육이 더욱 절실히 요구된다. 탈진실 시대에 우리에게 필요한 것은 세상에 살면서 기독교인으로서 올바른 선택을 할 수 있는 능력이기 때문이다.

3) 통전적 교리교육을 위한 제언

앞서 살펴본 것처럼, 탈진실이 일상이 되면서 진실과 대안적 사실이 서로의 경계를 넘나들고, 진실과 거짓을 구분하는 선은 점점 희미해지고 있다. 만일 이것이 더욱 심화된다면, 진실을 말하든 대안적 사실을 말하든 각자가 가진 편견이 공개적으로 드러나게 될 것이고, 최악의 경우 잘못된 선택을 하게 될 수도 있다. 그러므로 우리의 잘못된 행동이나 판단, 인지적 편향을 바꾸려면, 먼저 무엇이 문제인가를 알아차

39) 김진호, 『대형교회와 웰빙보수주의: 새로운 우파의 탄생』 (파주: 오월의 봄, 2020), 206.

려야 한다. 그러나 문제가 있는 행동을 '인식'하는 것만으로는 충분하지 않다. 행동을 바꾸려고 노력할 만한 충분한 '동기'가 있어야 하고, 그와 동시에 문제가 있는 행동을 교체할 만한 구체적인 '전략'도 있어야 한다.[40] 그래야 진실과 대안적 사실 사이의 기준선을 파악할 수 있기 때문이다.

신앙인인 우리의 기준선, 즉 탈진실 시대에 신앙인의 기준선은 무엇일까? 그것은 당연히 '기독교의 교리'이며, 이것을 갖기 위해서는 교리에 대한 철저한 교육이 절실히 요구된다. 이런 맥락에서 장신근이 제안하는 '통전적 교리교육'은 시사하는 바가 크다. 장신근이 제안하는 통전적 교리교육을 참고하여 탈진실 시대를 건너기 위한 교리교육을 위해 다음의 네 가지를 제언하고자 한다.

먼저 교리교육의 목적을 재정립해야 한다. 그 목적은 교회공동체 안의 신자뿐만 아니라, 교회 밖의 가나안 신자 나아가 다원주의적 신앙을 가진 이들까지 염두에 둔 교리교육이어야 한다. 특히 다원주의적 신앙을 가진 '다중-신자(multi-believers)'는 기독교 교리를 모르는 이들이 아니라, 그것을 자의적으로 해석하거나 다른 종교의 교리를 대안적 사실(alternative facts)로 받아들인 이들이기 때문이다.

두 번째는 교리의 의미를 재개념화할 필요가 있다. 앞서 설명한 것처럼, 전통적인 교리 이해에 머무는 것이 아니라, 오늘날의 다양한 정치, 경제, 문화, 종교 이슈들에 대한 신학적 이해가 더해져 교리의 의미를 새롭게 읽어내야 할 것이다.

세 번째는 교리교육의 체계를 재구성해야 한다. 일회적이고, 단편

40) J. Nordell, 김병화 역, 『편향의 종말: 우리 안의 거대한 편향 사고를 바꿀 대담한 시도』 (파주: 웅진지식하우스, 2022), 145.

적인 교육과정이 아니라, 정기적으로 혹은 절기에 따른 교리교육을 할 수 있도록 교리교육 과정을 목회에 적극 수용해야 한다. 이와 관련해서 몇몇 교회들에서는 세례갱신예식 등의 이름으로 해마다 교리교육을 하거나, 주일예배, 수요예배 혹은 특별새벽예배를 통해 집중적으로 교리교육을 시행하고 있다.

마지막으로는 한국교회의 신앙고백을 포함하여 교리교육의 내용을 재구성할 필요가 있다. 예를 들면, 한국 감리교회의 '교리적 선언'(1930년)과 '사회신경'(1930년, 1997년 개정) 그리고 '감리회 신앙고백'(1997), 예장통합의 경우에는 '대한예수교장로회 신앙고백서'(1986년)와 21세기 대한예수교장로회 신앙고백서'(2002년) 등이 교리교육의 내용에 포함될 수 있을 것이다.

교리교육을 통해 사람들이 가진 가치관이나 세계관을 전적으로 바꿀 수는 없다. 하지만, 스스로가 자신의 가치에 맞게 살고 있지 않음을 깨달을 수 있는 기준을 갖게 될 것이고, 그 기준에 따라 즉 기독교 교리에 따라 살고 있지 못함을 일깨울 수는 있을 것이다. 그리고 마침내 이것을 알게 되었을 때는 바꾸려고 노력하게 될 것이다.

5. 나가는 말

오늘날 한국교회의 위기를 진단하면서 윤영민은 "성경을 바탕으로 한 정통 신학의 기초 없이 교회를 외형적으로만 성장시켜서 교인 수와 교회의 예산이 교회를 평가하는 지표"가 된 것을 그 원인으로 지적하면서, 이것은 "굉장히 위험한 목회적 가치관"이라 비판한다.[41] 그러므로 한국교회가 오늘날의 위기에서 벗어나기 위해서는 교리교육이 제대로 이루어져야 한다. 왜냐하면 윤영민이 말하는 "성경을 바탕으로 한 정통 신학의 기초"가 바로 '교리'이기 때문이다. 그러므로 '교리교육은 어렵다', '교리교육은 따분하고, 지루하다' 혹은 '교리교육은 오늘날 우리 삶과는 무관하다'라는 편견과 선입견을 깨고, 교리교육의 중요성과 유익을 다시금 일깨워야 한다.

특히 거짓과 진실의 구분이 모호해지고, 대안적 사실이 판을 치는 탈진실의 시대에는 교리교육을 더욱 철저히 해야 한다. 탈진실은 오늘날의 최첨단 미디어를 편파적으로 이용하면서 인간의 본성 중 하나인 인지 편향을 자극하고, 그로 인해 진실과 거짓 혹은 진짜와 가짜에 대한 경계를 흐릿하게 하여, 우리가 제대로 된 선택과 판단을 하지 못하도록 만들기 때문이다. 그 결과 우리의 신앙마저도 혼란스러워지고 있다. 그동안 우리가 확고히 가지고 있던 성서적, 종교적 진리 곁에서 탈진실이 '대안적 (기독교) 진리'를 말하고, 기독교와 교회에 대한 '가짜뉴스'가 판을 치면서 우리의 일상뿐 아니라, 종교적 삶이 무너져 가고 있다.

사회뿐 아니라, 기독교와 교회공동체 안에서 탈진실 현상이 급증하는 까닭은 진실 자체보다 자신이 더 중요하다고 생각하는 무언가를 확고히 하고자 하기 때문이다. 이것을 다르게 표현하면, 일종의 "이데올로기적 우월주의" 또는 "종교적 선민의식"이라 할 수 있다. 이러한 의식 속에서 탈진실을 말하는 이들은 충분한 근거가 있든 없든 상관없이 자신의 신념이나 믿음을 다른 사람에게 강제적으로 주입하려 하기 때

41) 윤영민, "교회를 세우는 교리교육," 「복음과 실천신학」, 40(2016).

문이다. 그리고 이러한 경향이 이제는 종교의 영역에서도 빈번히 일어나고 있다. 그뿐만 아니라, 여기서 한 걸음 더 나아가 탈진실을 넘어 '선진실(Pre-truth)'로까지 나아가고 있다.

> (선진실은) 사실이 발생하기도 전에 자신이 그 사실을 볼 수 있다고 확신할 뿐만 아니라, 자신의 믿음이 그 사실이 일어나도록 만들 수 있다고도 확신하는 상황을 담아내고 있다.[42)]

선진실은 탈진실처럼 진실을 왜곡하는 것에 그치지 않고, 스스로 진실이 일어나도록 만들 수 있다거나 혹은 통제할 수 있다고 느끼는 감정에 기반한 것이다. 그러므로 탈진실이든, 선진실이든 모두 진실을 부정하는 것이다. 그래서 이들 모두 '탈진실론자' 또는 주관적 진리를 추구하는 '사실스러운 자' 또는 '대안적 사실주의자'라 부를 수 있을 것이다. 또한 이들은 자신이 믿고 싶거나 자신의 믿음에 부합하는 사실은 맹목적으로 신뢰하면서도, 자신이 믿고 싶지 않은 사실에 대해서는 '높은 검증 기준'을 들이댄다. 그 결과, 사실 혹은 진실 일부가 무시되거나 버려질 수 있고, 또 믿음을 구축하는 과정 자체가 변질될 수도 있다. 이것은 우리의 신앙 형성에도 큰 위험 요소가 될 것이다. 전통적이고 신뢰할 만한 방식, 즉 제대로 된 교리교육이 아닌 미디어에 의해 조작되거나 사실스러운 것이 신앙으로 둔갑할 수도 있기 때문이다. 그러므로 이러한 때에 교리교육은 더욱 절실해진다.

이와 같은 탈진실의 정신 상태를 제어하고 그 방향성을 재조정하기

42) Moyers, 2017; McIntyre, op. cit., 223 재인용.

위해서는, 다른 무엇보다도, 진실에 좀 더 가까이 있거나 진실에 체계적으로 의존하는 부분, 즉 과학(혹은 학문), 교육, 언론, 정치, 경계 등과 같은 사회제도의 주체들이 스스로를 성찰하고 더 엄격하게 행동하는 것이 필요하다.[43]

기독교 신앙의 영역에서 "스스로를 성찰하고 더 엄격하게 행동할 필요"가 있는 학문의 주체에는 우선 목회자들이 해당할 것이다. 그러나 루터의 만인사제설을 따르는 개신교회에서는 평신도 역시 신앙의 주체들이다. 그러므로 "탈진실의 정신 상태를 제어하고 그 방향성을 재조정하기 위해서는" 즉, 탈진실과 대안적 사실 그리고 사실스러움 사이에서 올바른 판단과 결정을 내리기 위해서는 목회자뿐 아니라, 평신도에게도 신뢰할 만한 기준, 즉 기독교적 교리와 교리교육이 필요하다. 이를 통해 스스로 성찰하는 것이 가능해지고, 더 엄격하게 행동할 수 있기 때문이다.

이를 위해 교회는 바뀌어야 한다. 영국 더럼대학교에서 실천신학을 가르치는 피트 워드(Pete Ward)의 말로 표현하면, '솔리드 처치(solid church)'에서 '리퀴드 처치(liquid church)'로 탈바꿈해야 한다. 기존의 솔리드 처치는 현대 사회가 요구하는 다양한 종교적, 영적 욕망과 필요를 채워주기에 부족할 뿐 아니라, 오늘날의 "역동적이고 형식에 구애받지 않는, 관계에 기초한 교회"를 세우기 위해서는 새로운 문화를 소비하고 생산하는 새로운 방식이 필요하기 때문이다.[44] 그러므로 탈진

43) Ibid., 262.

44) P. Ward, 김승환 역, 『리퀴드 처치, 솔리드 처치: 장소, 전통, 의무를 넘어 관계, 연결, 선택의 공동체로』 (경기: 북오븐, 2025), 17-20.

실의 시대에 기독교적 신앙을 모호하게 만들려는 그 어떤 시도에도 의문을 제기하면서, 탈진실에 맞서기 위해서는 "역동적이고 형식에 구애받지 않는", 그리고 권위적이지 않은 '관계적'이고 '전인적인' 교리교육에 다시 한번 집중해야 할 것이다.